입에서 톡 태국어 회화 첫걸음

초판 2쇄 인쇄 2023년 12월 30일
초판 2쇄 발행 2023년 1월 10일

지은이 김영애
펴낸이 서덕일
펴낸곳 도서출판 문예림

출판등록 1962.7.12 (제406-1962-1호)
주소 경기도 파주시 회동길 366 3층 (10881)
전화 (02)499-1281~2 **팩스** (02)499-1283
전자우편 info@moonyelim.com **홈페이지** www.moonyelim.com
문의사항 카카오톡 '도서출판 문예림' 검색 후 문의

ISBN 978-89-7482-608-6 (13790)

MP3 파일은 문예림 홈페이지 자료실에서 무료 다운로드 가능합니다.

잘못된 책이나 파본은 교환해 드립니다.
이 교재에 대한 저작권은 EBS 교육방송에 있습니다.
서면에 의한 저작권자의 허락없이 교재 내용을 부분을 이용하거나 복제하는 것을 금합니다.

머 리 말

　우리에게 태국은 매우 친숙한 나라이다. 태국을 여행한 분들도 적지 않다. 지금도 태국으로 훌쩍 여행을 떠나려는 계획을 가진 분들도 많을 것이다. 이 책은 태국을 사랑하는 분들이 쉽고 빠르게 태국어를 배울 수 있도록, 그 배운 태국어를 통해 태국이라는 나라와 태국인을 이해할 수 있도록 하는 데 주안점을 두었다.

　이 책은 대학생 기호의 태국여행을 52개의 상황으로 나누어 엮었다. 기호는 인천공항을 출발하여 방콕과 북부, 중부 지역을 여행한다. 방콕에서 한국에 어학연수를 왔던 태국 대학생 잉언과 그녀의 부모님을 만나 자별하게 지낸다. 52강을 통해 태국어를 배우는데 필요한 기본적인 문법과 태국인의 언어생활과 관습을 가볍게 설명했다. 그리고 단원마다 사진과 함께 태국 사회 및 일상에 대해 설명함으로써 보다 빠르게 태국사회를 알 수 있도록 했다.

　태국어는 한국어와 흡사한 부분도 있다. 숫자 삼, 십, 이십, 삼십은 성조만 다르지 정말 같다. 한자어가 한국어에 많은 탓이고, 태국에도 중국인이 많이 이주하여 뿌리를 내린 탓이다. 외국어라면 우리는 중등학교 시절부터 배운 영어를 떠올릴 것이고, 영어문법을 중심으로 외국어 문장을 머리 속에 그릴 것이다. 그러나 태국어는 좀 다르다. 성조어이고 장모음과 단모음의 구별을 반드시 해야 하는 고립어라는 점이 다르다. 한국인이 태국어를 배울 때 성조는 큰 문제가 되지 않는다. 처음부터 신경을 쓰기 때문이다. 그러나 장모음과 단모음의 구별은 자칫 잊기 쉽다. 모음의 길이에 따라 그 뜻이 달라진다는 점에 유의해야 한다. 한 과 한 과 배우다 보면 태국어 문법은 쉬워진다. 생활태국어에서는 그렇다고 답할 수 있다. 단어의 격이나 성, 시제 등의 변화가 없기 때문이다.

　이 책이 나오는 데는 EBS 교육방송사와 문예림 서덕일 사장님의 절대적인 후원이 있었다. 이 자리를 빌어 두 기관의 공익성과 실용 교육에 대한 긴 안목에 깊이 감사하고 존경을 보낸다. 아울러 주한 태국관광공사 소장님의 지원과 자문에도 깊은 감사를 드린다. 그 더운 날씨에 무거운 카메라를 들고 이리저리 달리면서 시청각 자료를 만드신 정정화PD님에게 특히 감사드린다. 입에 안 맞는 음식도 맛 있는 척 먹어주며 적응하려 애쓴 정PD님, 고맙습니다. 교재 녹음에 참여해 준 태국 씨나카린위롯 대학교 태국어과 찐따나 풋타메따 교수님과 그 제자 4분, 고맙습니다. 그리고 방송을 할 수 있게 녹음에 참여해 준 친구 쌍원 팟썬과 문예림 출판사 관계자 여러분에게도 감사드린다.

　방송을 시작하려는 지금, 아쉬움이 적지 않음을 새삼 느낀다. 그러나 우리나라에는 태국을 여행한 분들은 물론 귀동냥으로 태국어와 접하신 분들이 많다고 생각했으므로 조금 욕심을 내 보았다는 점을 밝혀 둔다.

김영애

입에서 톡(talk) 태국어

สารบัญ

태국어문자와 발음 ······ 06
태국어의 성조 ······ 08
태국어 사용에 대한 몇 가지 제언 ······ 11
이책에 대하여 ······ 12

ตอนที่ I | 기호, 쑤완나품 공항에 도착하다. ······ 14
1 안녕하세요! 16 | 2 실례합니다. 20
3 끄룽텝 호텔로 갑시다 24 | 4 숙소는 234호 입니다. 28

ตอนที่ II | 기호, 방콕에서 잉언을 만나다. ······ 32
5 어떻게 지내니? 34 | 6 저는 서울 사람입니다. 38
7 난 카페 라떼 마실래. 42 | 8 오늘 무슨 요일이니? 46

ตอนที่ III | 기호, 국립박물관에 가다. ······ 50
9 먼가요? 52 | 10 국립박물관이 어디 있나요? 56 | 11 4인 예약합니다. 60

ตอนที่ IV | 기호, 잉언 가족과 식사하다. ······ 64
12 우리 가족을 소개할 게. 66 | 13 메뉴 좀 보여주세요. 70 | 14 후식은 무엇을 드시겠어요? 74

ตอนที่ V | 기호, 킥복싱을 보러 가다. ······ 78
15 무슨 일을 합니까? 80 | 16 취미는 무엇인가요? 84
17 태국사람은 정말 킥복싱을 좋아하나 봐요. 88

ตอนที่ VI | 기호, 여행에 대해 이야기하다. ······ 92
18 거기 날씨는 어떤가요? 94 | 19 방콕 기온은 15도 이하로 내려간 적이 없어요. 98
20 몇 시에 일어나? 102

ตอนที่ VII | 기호, 잉언과 쇼핑가다. ······ 106
21 가방 좀 보여주세요. 108 | 22 굽 낮은 구두좀 보여주세요. 112
23 듀티 후리를 하려면 어떻게 하죠? 116

ตอนที่ VIII | 기호, 방빠인에서 ······ 120
24 사진 좀 찍어주시겠어요? 122 | 25 가방을 잃어버렸어요. 126
26 아유타야에 가는 기차가 몇 시에 있나요? 130 | 27 이 케이블 카는 어디로 가니? 134

ตอนที่ IX | 기호. 아유타야에서. ··· 138
28 여기 호텔 목록과 지도 좀 주세요. 140 | 29 오늘 환율이 어떻게 되나요? 144
30 이 버스, 후어람풍에 가나요? 148

ตอนที่ X | 기호. 에메랄드 사원에서. ··· 152
31 이 절은 언제 건축되었나요? 154 | 32 짜오프라야강을 배로 건널 수 있나요? 158
33 방콕에서 전화하고 있어요. 162 | 34 이 공연은 언제 시작하나요? 166

ตอนที่ XI | 기호. 후어힌에 가는 도중에서. ··· 170
35 카오왕은 몇 시에 문을 닫나요? 172 | 36 한국으로 엽서를 보내려고 합니다. 176

ตอนที่ XII | 기호. 치앙마이에서 ··· 180
37 "쏭끄란"은 무슨 날인가요? 182 | 38 중요한 태국 명절은 무엇이 있나요? 186

ตอนที่ XIII | 기호. 대학교에서 ··· 190
39 자족경제정책은 왜 시작되었나요? 192 | 40 쏨땀을 좋아하세요? 똠얌꿍을 좋아하세요? 196

ตอนที่ XIV | 기호. 병원에서 ··· 200
41 머리가 아프고 열도 납니다. 202 | 42 약 주세요. 206

ตอนที่ XV | 기호. 방콕에서 잉언을 다시 만나다. ··· 210
43 북부 여행은 어땠어? 212 | 44 수상 시장이 어디 있니? 216
45 암파와에서는 어디서 묵니? 220 | 46 이번 토요일에 시간 있니? 224
47 내가 집구경 시켜줄 게. 228 | 48 저녁 준비 다 되었어요. 232

ตอนที่ XVI | 기호. 한국으로 귀국하다. ··· 236
49 은혜를 잊지 못할 것입니다. 238 | 50 지금 체크아웃을 하려고 합니다. 242
51 제 짐을 서울로 직접 부쳐주세요. 246 | 52 서울서 다시 만나. 250

부록 | 01 알아두면 편리한 표현 254
02 태국의 공식적 휴일 255

태국어 문자와 발음

태국어도 소리글이지만 한국어와는 다른 점이 좀 있습니다.
그 다른 점은 태국어가 5개 성조를 가진 성조어라는 점과 모음의 장단의 구별이 명확하다는 점입니다.
일상생활에서 사용하는 태국어는 단어의 어간이나 어미의 변화를 비롯하여 격, 수, 시제, 성 등 문장의 조건과 관계에 따른 변화가 없이 독립적으로 사용하므로 배우기 쉽습니다.
단어 하나하나의 뜻과 발음을 정확하게 알아두면 누구든지 쉽게 사용할 수 있습니다.
그러므로 처음부터 성조와 모음의 길이에 주의하면서 공부하면 저절로 태국어 공부가 즐거울 것입니다.
자음과 모음 그리고 몇 가지 법칙만 외우면 그 다음부터는 쉽습니다.

태국어 자음와 발음(초자음/종자음)

ก ㄲ/ㄱ	ข ㅋ/ㄱ	ฃ ㅋ/ㄱ	ค ㅋ/ㄱ
ฅ ㅋ/ㄱ	ฆ ㅋ/ㄱ	ง ng, ŋ/ㅇ	จ ㅉ/ㄷ
ฉ ㅊ	ช ㅊ/ㄷ	ซ ㅆ/ㅅ	ฌ ㅊ
ญ y/ㄴ	ฎ ㄷ/ㄷ	ฏ ㄸ/ㄷ	ฐ ㅌ/ㄷ
ฑ ㅌ/ㄷ	ฒ ㅌ/ㄷ	ณ ㄴ/ㄴ	ด ㄷ/ㄷ
ต ㄸ/ㄷ	ถ ㅌ/ㄷ	ท ㅌ/ㄷ	ธ ㅌ/ㄷ
น ㄴ/ㄴ	บ ㅂ/ㅂ	ป ㅃ/ㅂ	ผ ㅍ
ฝ f	พ ㅍ/ㅂ	ฟ f	ภ ㅍ/ㅂ
ม ㅁ/ㅁ	ย y/이	ร r/ㄴ	ล ㄹ/ㄴ
ว w/우	ศ ㅆ/ㅅ	ษ ㅆ/ㅅ	ส ㅆ/ㅅ
ห ㅎ	ฬ ㄹ/ㄴ	อ ㅇ	ฮ ㅎ

- 위 자음 중 ฃ 와 ฅ 는 현재 사용하지 않는 문자입니다.
  일부 자음은 받침으로 사용되지 않습니다.
  ง 는 우리 한글로는 그 음가를 표시하기 어려운 자음입니다.
  발음기호로 표시하자면 ŋ 발음이 됩니다. 비음(콧소리)입니다.
  받침으로 올 때는 한글의 ㅇ과 발음이 같습니다.
  ณ, ญ, น 도 비음입니다.

ร 는 초자음일 때는 ㄹ로, 종자음(받침)일 때는 ㄴ으로 발음됩니다.
  [예] พร (퍼-ㄴ) กร (꺼-ㄴ) จร (쩌-ㄴ) อิงอร (잉어-ㄴ)
ล 은 초자음일 때는 영어의 L 발음으로, 종자음일 때는 ㄴ으로 발음됩니다.
  [예] พล (폰) กล (꼰) จล (쫀)
ญ 과 ย 는 초자음은 영어의 y로, 종자음으로 올 경우는 각각 ㄴ과 이로 발음됩니다.
  [예] ญาณ (야 – ㄴ) ยาย (야 – 이) หาญ (하 – ㄴ)
ว 은 초자음일 경우는 영어의 W로, 받침으로 올 경우는 우로 발음됩니다.
  [예] คาว (카 – 우) แว่นตา (왠따 –) วาว (와우)

● 태국어 모음와 발음(초자음/종자음)

-ะ 아	-า 아-	-ิ 이	-ี 이-	-ึ 으	-ื 으-	-ุ 우	-ู 우-
เ-ะ 에	เ- 에-	แ-ะ 애	แ- 애-	โ-ะ 오	โ- 오-	เ-าะ 어	-อ 어-
เ-อะ 으어	เ-อ 으어-	เ-ียะ 이아	เ-ีย 이아-	เ-ือะ 으아(어)	เ-ือ 으아(어)-	-ัวะ 우아	-ัว 우아-
ฤ R	ฤา R-	ฦ L	ฦา L-	-ำ 암	ไ- 아이	ใ- 아이	เ-า 아오

• 태국어 단모음 '아' -ะ 는 받침이 붙을 때는 그 모양이 -ั로 변하지만 발음은 변하지 않습니다.
  [예] 예 : กะ + น (กัน) สะ+ด(สัด)

태국어 모음 เ-อะ 와 เ-อ 는 길이만 다를 뿐 한국어의 "으" 와 "어" 의 중간음입니다.
태국어 장모음 으어 เ-อ 는 받침이 오면 그 형태가 -ิ로 변하지만 발음은 변하지 않습니다.
  [예] เดอ+น(เดิน) เกอ+ด (เกิด)

태국어의 장모음 우어 -ัว 는 받침이 붙으면 그 형태가 -ว 로 변하지만 발음은 변하지 않습니다.
  [예] ตัว+ง(ตวง) ชัว+น (ชวน)

태국어의 이중모음 เีย(이아), เือ('으아'와 '으어'의 중간음), 그리고 -ัว는 두 모음을 같은 비중으로 발음하기 보다는 앞 음절에 더 힘을 싣고 따라오는 음절은 자연스럽게 흘리면 어색하게 들리지 않습니다.

1. 태국어의 숫자와 읽기

아라비아숫자	1	2	3	4	5	6	7	8	9	10
태국어 숫자	๑	๒	๓	๔	๕	๖	๗	๘	๙	๑๐
읽기(발음)	능	써-ㅇ	싸-ㅁ	씨-	하-	혹	쩻	빼-ㄷ	까오	씹

- 0 는 태국어로 ศูนย์ 쑤-ㄴ 이라고 합니다.
  태국에서는 아라비아 숫자도 사용되지만 의외로 태국어 숫자도 많이 사용되고 있습니다.
  알아두면 매우 편리합니다.

태국어의 성조

- 태국어의 성조는 유형성조와 무형성조로 나누는데 평성, 1성, 2성, 3성, 4성, 모두 5개 성조가 있습니다.
  5개의 성조에 따른 소리의 높이를 비교한 도표는 아래와 같습니다.

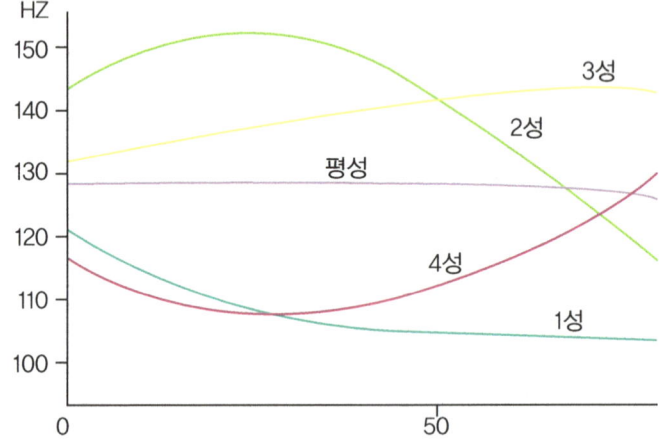

🔵 태국어 유형성조

- 태국어의 음절 위에 성조부호가 붙어 있는 단어에 적용되는 법칙입니다.

  성조부호는 마이 엑, 마이 토, 마이 뜨리, 마이 짯따와 등 4개가 있습니다. 아래 도표에서 ก 위에 붙은 글자입니다.

마이 엑	마이 토	마이 뜨리	마이 짯따와
ก่า	ก้า	ก๊า	ก๋า

- 성조부호가 붙는 위치는 초자음의 오른쪽 위에 붙습니다.

  유형성조를 이해하고 발음하기 위해서는 다음을 알아두어야 합니다.

  자음 44자를 3그룹으로 나누어 기억하고 각 그룹에 따른 법칙대로 발음해야 합니다.

  자음 3 그룹은 아래 도표와 같습니다.

중자음(9 자)	ก จ ด ต ฎ ฏ บ ป อ
고자음(11 자)	ข ฃ ฉ ฐ ถ ผ ฝ ศ ษ ส ห
저자음 (24 자)	ค ฅ ฆ ง ช ซ ฌ ญ ฑ ฒ ณ ท ธ น พ ฟ ภ ม ย ร ล ว ฬ ฮ

중자음, 고자음, 저자음을 구별하실 줄 안 다음에는 다음 도표에 표시된 법칙을 외워야 합니다.

	마이 엑	마이 토	마이 뜨리	마이 짯따와
중자음	1 성	2 성	3 성	4 성
고자음	1 성	2 성	X	X
저자음	2 성	3 성	X	X

- 위의 도표는 중자음에 마이 엑 부호가 붙으면 1성, 마이토가 붙으면 2성…이런 식입니다.
  저자음의 경우는 마이 엑이 붙으면 2성, 마이 토가 붙으면 3성입니다.
  고자음과 저자음에는 마이뜨리와 마이 짯따와가 붙지 않습니다.(외래어 표기는 예외)

태국어의 무형성조

- 무형성조는 음절 위에 아무 표시가 없는 단어에 적용되는 법칙입니다.
  무형성조를 이해하고 발음하기 위해서는 초자음의 종류(중자음, 고자음, 저자음의 구별)와 모음의 길이, 그리고 종자음(받침)의 성격(생음, 사음)을 이해해야 합니다.
  초자음의 종류와 모음의 길이에 대해서는 앞에서(1쪽) 이미 언급했으므로 여기서는 생략합니다.
  생음과 사음의 구별은 다음과 같습니다.

생음	장모음 전체, 모음 อำ ไอ ใอ เอา 자음 ง ญ ณ น ม ย ร ล ว ฬ (ㄴ, ㄹ, ㅁ, ㅇ, y, w)
사음	단모음 전체 (위의 모음 อำ ไอ ใอ เอา 제외), 위의 "ง ญ ณ น ม ย ร ล ว ฬ"을 제외한 전체 자음 (k, t, p)

- 무형성조는 초자음의 종류, 모음의 길이, 그리고 종자음이 있을 경우 종자음의 성격에 따라 결정됩니다. 도표를 참조하시기 바랍니다.

자음의 종류	모음과 종자음	성조	예
중자음	생음	평성	ตา ดู ดี กิน ตัว การ โต บาง ปู เกีย จูง
	사음	1성	จะ ติ ดุ กัด บาป เกิด กอบ ปอด จืด ปิด
고자음	생음	4성	ขา หู ฝัน ผม หัว สวย สาว สอง สงสัย
	사음	1성	ผุ สด ผิด สนุก ขาด ฝาก หด ผูก ผัด สูบ
저자음	생음	평성	ยัง ลม ราคา ฟัน นาน ยาว เมีย มี คอ คน
	장모음 + 사음	2성	มาก มืด ชอบ ลูก รูปภาพ พูด รอบคอบ
	단모음 + 사음	3성	คะ รถ คิด รัก เยอะ คัด คด นัดพบ ลด

- 생음은 저자음에 속한다는 것을 이제는 아셨지요? 그런데 약간의 예외가 있습니다.
  생음이 초자음일 경우 **그 생음 앞에 ห** 이 붙으면 그 생음은 고자음이 됩니다. 이렇게 해서 고자음이 된 경우, 유형성조나 무형성조에서 고자음의 법칙에 따릅니다. ห 은 음가가 사라집니다.
  한 마디로 생음만 고자음으로 만들어주고 자신의 음가는 사라지는 것이지요.
  예 **นา** (평성), **หน่า** (1성), **หน้า** (2성), **น่า** (2성), **น้า** (3성), **หนา** (4성)
  그러나 ห 이외의 다른 고자음은 자신도 소리가 나고 뒤따라오는 생음(저자음)도 고자음화 시켜줍니다.
  예 **สนาม** (싸 나-ㅁ, 1성 4성) **ถนอม** (타- 너-ㅁ 1성 4성) **เขย่า** (카 야오 1성 1성)

- ห 과 같은 역할을 하는 자음이 중자음에도 있습니다. 바로 อ 인데, 이 경우는 **อ 뒤에 ย** 이 따라와서 **อย** 이 됩니다. 물론 ย 은 중자음이 되고 อ 는 발음되지 않습니다. 이러한 경우의 단어는 4 단어밖에 없습니다. 그대로 외워두세요. **อย่า, อย่าง, อยู่, อยาก** 입니다. 성조는 모두 1성입니다.
  그러나 อ 뒤에 다른 생음 자음이 오면 자신도 소리가 나고 뒤따라오는 생음(저자음)도 중자음화 시켜 줍니다.
  예 **องุ่น** (아 응운, 1성 1성) **อร่อย** (아 러이, 1성 1성)

- 이외에 태국어 문장 읽기를 돕기 위한 몇 가지 제언이 있는데 다음과 같습니다.
  태국어에서는 **단모음 오** 가 종종 생략됩니다.
  예 **คน** (콘, 사람) **นม**(놈, 우유) **ลม**(롬, 바람)
  음절의 종자음이 **รร** 일 때, 이 **รร 를 안으로 짧게** 발음합니다.
  예 **บรรทุก** (반툭) **จัดสรร**(짯싼)
  자음 **รร** 가 자음 사이에 까어 있을 경우, **이 รร 를 '아'로 짧게** 발음합니다.
  예 **กรรม**(깜) **ธรรม**(탐)
  자음 **ท** 과 **ร** 가 한 음절 안에서 **ทร 로 나타날 때 대체로 ซ** 로 발음합니다.
  예 **ทราย** (싸-이) **ทรง** (쏭)

● 태국어 사용에 대한 몇 가지 제언

- 태국어 종자음에는 "ㄹ" 소리가 없습니다. "물"이라는 발음이 없고 '문'이 있다는 뜻입니다.
  "ㄹ"음가를 갖는 자음이 종자음으로 사용될 때는 모두 "ㄴ"으로 소리납니다.
- 태국어는 대체로 고립어입니다. 그래서 단어 하나하나를 정확한 발음과 함께 뜻을 알고 있으면 언제 어느 위치에 있어도 그 단어는 그 발음, 그 뜻입니다. 문법에 따라 단어를 이어 말하면 됩니다.
  예 나는 과일을 먹습니다. **ผมกินผลไม้**
  　　이 과일은 맛있습니다. **ผลไม้นี้อร่อย**

  위 문장에서 **ผลไม้** 는 각각 목적어(목적격)와 주어(주격)입니다만 그 형태가 변하지 않습니다.

- 태국어의 수식사는 수식하려는 명사 뒤에 붙습니다. 이 점은 한국어와 반대입니다. 우리나라 말은 "아름다운 꽃"이라고 합니다만 태국어는 "꽃+아름답다"입니다.

    [예] 아름다운 꽃 ดอกไม้สวย
         이 꽃은 아름답습니다. ดอกไม้นี้สวย

    태국어의 문장구조는 원칙적으로 "주어+동사+목적어(또는 보어)"의 형식입니다. 주의할 점은 형용사(부사)가 술어로 올 경우 다른 동사(예를 들어 영어의 be 동사 등)를 사용하지 않고 직접 형용사(부사)가 옵니다. 우리 말의 사용법과 같습니다. "오빠는 친절하다"라는 한국어 문장은 오빠(주어)와 친절하다(술어)의 형식인데, 태국어도 주어(오빠, **พี่ชาย**)+ 술어(친절하다, **ใจดี**)입니다.

    [예] 오빠는 친절합니다. **พี่ชายใจดี** (맞는 문장) **พี่ชายเป็นใจดี** (틀린 문장)

- 태국어 단어 "**แข็ง**"의 "**แข**"위에 붙은 부호는 모음이 짧다는 표시입니다. 짧게 캥(4 성으로발음해야 합니다.

- 이외에도 ๆ, ๆ, ฯลฯ 등이 있습니다.
    ฯ 는 말줄임표 또는 생략부호입니다. 뒤에 더 많은 단어나 철자가 생략되어 있다는 뜻입니다.
    [예] **กรุงเทพฯ**
    ๆ 은 반복부호입니다. 이 부호가 붙었을 경우 앞의 단어를 반복해서 발음합니다. 그러면 명사는 복수가 되거나 의미가 강해지거나 약해집니다. **เพื่อน ๆ, สวยมาก ๆ, วันหนึ่ง ๆ**
    ฯลฯ 은 "예를 들면 등등"과 같은 표현으로 문장 끝에 사용되며, 예로 든 것이 몇 개 더 있다는 의미입니다.

- 태국어문장은 띄어쓰기가 없습니다. 과거에는 모두 붙여서 썼습니다만 근래에는 영어 등 서양언어의 영향을 받아 어느 정도는 띄어쓰기를 하기도 합니다.

- 이 책에서 장모음에는 단어의 한글 표기 뒤에 '-'를 붙여두었습니다만 성조 표시는 하지 않았으니 유념하시기 바랍니다.

เกี่ยวกับหนังสือเล่มนี้ (이 책에 대하여)

등장인물 (**แนะนำตัวละคร**)

คีโฮ (기호)
서울이 고향인 한국남성. 서울대학교 학생. 방학을 맞이하여 태국을 여행한다.
방콕에서 한국에 와서 한국어를 공부했던 **อิงอร**(잉어-ㄴ)을 만난다. 태국의 중부지역과 북부지역을 혼자서 여행한다.

อิงอร(잉어-ㄴ)
태국 여성. 대학생이다. 한국에서 한국어를 공부한 적이 있다.
한국 체류 중에 기호와 친구가 되었다.

อิงอร(잉어-ㄴ) 부모님
방콕에서 만난 기호를 가족처럼 따뜻하게 보살펴 준다.
기호를 집으로 초대한다.

이외에 잉어-ㄴ의 미국인 친구 **อาร์ลิน**(알린)과 **อัลเบิร์ต**(알버트), 태국여성, 택시기사, 호텔안내원, 남녀 종업원, 우체국 직원, 관광청 문화담당자 등이 등장한다.

คีโฮ (기호)의 여정
กรุงโซล(서울) → **กรุงเทพฯ**(방콕) → **บางปะอิน** (방빠인) → **อยุธยา** (아유타야) → **กรุงเพทฯ** (방콕) → **หัวหิน**(후어힌) → **เชียงใหม่** (치앙마이) → **กรุงเพทฯ** (방콕) → **อัมพวา** (암파와) → **กรุงเทพฯ** (방콕) → **กรุงโซล** (서울)

บทสนทนา (대화)
태국인의 삶이 묻어나는 일상생활에서 이루어지는 생생한 표현을 다양한 상황을 통해 나타내고자 하였다.

คำศัพท์ (어휘)
지면의 한계 내에서 대화에 나타난 어휘를 모두 실어 그때 그때의 의미를 알리고자 했다.

การใช้ภาษา (표현)
대화에 나타난 주요한 표현 양식을 위시하여 유사한 표현 방식을 소개하여 독자들이 최대한 활용할 수 있도록 했다.

ไวยากรณ์ (문법)
간략하지만 기본적이고 필수적인 문법 사항을 최대한 다루었다.

วัฒนธรรม (문화)
각 과의 마지막 부분에는 각 과의 상황 설정에 맞추어 태국 문화를 간단히 소개했다. 이 부분을 통해 독자는 태국인의 담백하고 가식없는 자유로운 삶의 방식을 엿볼 수 있을 것이다.

ตอนที่ 1

01 안녕하세요.   02 미안합니다.   03 방콕 호텔로 갑시다.

04 수크 2시에 올갑니다.

기후, 쁘라차니욤 극장에 도착하다.

안녕하세요! สวัสดีครับ 싸왓디-크랍

방콕 행 비행기에 오른 기호. 옆자리에 앉은 여성에게 말을 건넨다.

🎧 บทสนทนา

คีโฮ	สวัสดีครับ คุณเป็นคนไทยใช่ไหมครับ
	싸왓디-크랍 쿤 뻰 콘타이 차이마이 크랍
ผู้หญิง	ค่ะ ดิฉันเป็นคนไทยค่ะ
	카 디찬 뻰 콘타이 카
คีโฮ	ผมชื่อ คิม คีโฮ เป็นคนเกาหลีครับ
	폼 츠- 김기호 뻰 콘까올리- 크랍
ผู้หญิง	หรือคะ ดิฉันชื่อ อารี รักไทยค่ะ
	르-카 디찬 츠- 아 리 락타이 카
คีโฮ	ยินดีที่ได้รู้จักครับ
	인디 티 다이루짝 크랍
ผู้หญิง	เช่นเดียวกันค่ะ
	첸 디아우깐 카

◉ คำศัพท์

สวัสดี 싸왓디- 안녕하세요!

เป็น 뻰 이다

ใช่ 차이 그렇다

ครับ 크랍 남성용 경어조사

คุณ 쿤 당신, 너, ...씨

คนไทย 콘타이 태국인

ไหม 마이 의문수식사

ผม 폼 남성용 1인칭 대명사

ชื่อ 츠- 이름 …라는 이름이다

คนเกาหลี 콘까올리- 한국인

ที่ 티 관계대명사(원인)

คะ 카 여성용 경어조사 (의문문)

ค่ะ 카 여성용 경어조사 (긍정문)

เช่น 첸 …처럼

หรือ 르- (재확인용) 의문수식사

ดิฉัน 디찬 여성용 1인칭대명사

ยินดี 인디- (yin dee) 기쁘다

ได้รู้จัก 다이 루짝 알게 되다

เดียว 디아우 같은, 동일한, 유일한

기 호 : 안녕하세요! 당신은 태국인이신가요?
여 성 : 네. 저는 태국인입니다.
기 호 : 저는 김기호이고, 한국인입니다.
여 성 : 그러세요? 저는 아리 락타이입니다
기 호 : 만나서 반갑습니다.
여 성 : (저도) 반갑습니다.

การใช้ภาษา

สวัสดี
태국에서 보통 사용되는 인사말입니다. 아침, 점심, 저녁, 밤, 때와 장소를 가리지 않고 사용됩니다. 헤어질 때도 인사말로 사용됩니다. 여성인 경우는 끝에 ค่ะ를, 남성인 경우는 ครับ을 붙이면 공대어가 됩니다. 인사법은 보통 아랫사람이 윗사람에게 먼저 하며 합장한 양손을 가슴에 모으고 가볍게 고개를 숙이며(ไหว้) 합니다.

ใช่ไหม
'그렇지요?' 영어의 부가의문사와 같은 용법입니다. 이 때 사실이 맞으면 ใช่, 맞지 않으면 ไม่ใช่ 라고 대답합니다. 그러나 화자가 앞 문장 내용을 확신하고 있는데, 상대방이 다르게 말하면 화자는 ไม่ใช่หรือ 라는 부가의문사를 사용하여 재확인합니다.

ผมชื่อ ㅇㅇㅇ
자신의 이름을 말할 때 사용하는 방법이다. ชื่อผม 이라고 하지 않습니다. 우리나라에서는 성이 먼저고 이름이 나중이지만 태국어에서는 이름이 먼저이고 성은 나중입니다. 그러므로 1 과에 나오는 태국 여성은 이름이 '아리'이고 '락타이'가 성입니다. 태국에서는 흔히 이름을 부릅니다. 친한 사이에서는 이름이나 애칭을, 공식적인 경우에는 "쿤 아리"처럼 이름 앞에 "คุณ"을 붙입니다.

หรือครับ(คะ)
'그러세요?'라는 의미의 의문문입니다. 상대방의 내용을 재확인하려는 화자의 의지가 보입니다. 이때 여성은 คะ 라고 3 성으로 발음합니다.

ยินดีที่ได้รู้จัก
"만나서(뵙게 되어서) 반갑습니다"라는 뜻입니다. 흔히 처음 만났을 때 또는 처음으로 소개받았을 때 하는 인사입니다.

เช่นเดียวกัน
'저도 역시 그렇습니다' 또는 "같습니다"라는 뜻의 언사입니다. 상대방과 같은 의미이나 같은 말로 반복해서 받고 싶지 않을 때 사용합니다.

ไวยากรณ์

태국에서 자주 사용되는 인칭대명사는 다음과 같다.
1인칭대명사 : 여성 : ดิฉัน, หนู, 자신의 직업
　　　　　　　남성 : ผม, กระผม, 자신의 직업
　　　　　　　남녀공용 : ฉัน, เรา, ข้าพเจ้า, พวกเรา(1인칭 복수)
2인칭대명사 : คุณ, ท่าน(높임말), คุณoo, หนู, 상대방의 직업
3인칭대명사 : เขา, หล่อน(여성), แก, เธอ(여성용)

태국인은 이야기할 때 항상 자신과 상대방과의 관계를 생각하며 대화를 진행해 나갑니다. 자신을 가리킬 때 보통 여성은 ดิฉัน 을, 남성은 ผม 을 사용하나, 상대방의 지위나 연령이 높거나 존경하는 사이라면 여성은 หนู 를, 남성은 ผม 이나 กระผม 을 사용합니다. 복수를 만들고 싶은 경우는 인칭대명사 앞에 พวก 을 붙이면 됩니다.

그러나 2인칭은 คุณoo 처럼 คุณ 에 상대방의 이름(애칭도 됨)을 붙여 부릅니다. 이 경우 남녀의 구별이 없습니다. 이외에도 가족간의 관계에 따라 아버지는 스스로를 พ่อ, 엄마는 แม่, 언니나 오빠는 พี่, 동생은 น้อง 이라고 지칭합니다. 사회에서의 직책이나 직분을 2인칭으로도 사용합니다. 직업이 교사나 교수면 보통 อาจารย์(아짜ㅡㄴ), 매니저라면 ผู้จัดการ(푸ㅡ 짯 까ㅡㄴ) 이라고 부릅니다. 우리나라처럼 아무나 보고 직업과 상관없이 사장님, 선생님 하는 것은 실례가 됩니다. 친한 사이에서는 애칭(ชื่อเล่น)을 더 많이 부릅니다.

전혀 모르는 사람일지라도 상대방의 나이가 많으면 할아버지 ตา, 할머니 ยาย, 아저씨 ลุง, 아주머니 ป้า 또는 อา 라고 불러 친근감을 나타냅니다.

예 : 저는 학생입니다.　　　　　　　ผม(ดิฉัน)เป็นนักศึกษาครับ(ค่ะ)
　　 내 (선생님)가 설명해 줄 게요.　　　ครูจะอธิบายให้ฟังนะคะ
　　 저희들이 대신 가겠어요.　　　　　พวกผมจะไปแทนครับ
　　 그 분은 저의 선생님이십니다.　　　ท่านนั้นเป็นอาจารย์ของผมครับ
　　 저 (여자)분은 어디서 오셨나요?　　 เธอมาจากไหน
　　 얘야, 네 이름은 뭐니?　　　　　　หนู หนูชื่ออะไร
　　 팀장님, 오늘은 뭘 먹지요?　　　　ผู้จัดการครับ วันนี้จะทานอะไรครับ
　　 쏨싹씨는 저 방에 계십니다.　　　　คุณสมศักดิ์อยู่ที่ห้องนั้น
　　 깐다씨를 찾아왔어요.　　　　　　มาหาคุณกานดา

태국인의 인사법

문화

싸왓디-

일부 지역을 제외한 동남아 국가는 모두 힌두문화권이다. 그래서인지 태국인은 다른 동남아국가 사람들이 그렇듯이 양손을 모아 가슴에 대고 가볍게 고개를 숙이며 인사를 한다. 이러한 인사를 태국인들은 '와이'라고 한다. 보통 얼굴에 미소를 띠고 '와이'하며 남자는 '싸왓디크랍', 여자는 '싸왓디카'라고 말한다. '와이'는 아랫사람이 웃어른에게 먼저 한다. 자신보다 어린 사람에게는 말로만 '싸왓디크랍(카)'하고 '와이'는 하지 않는다. 그러나 비즈니스로 외국인과 만났을 때는 그 외국인 국가의 풍습을 존중한다. 악수를 하고 경우에 따라서는 포옹도 한다.

실례합니다. ขอโทษครับ 커-토-ㅅ크랍

쑤완나품 공항에 도착한 기호, 방콕 시내로 가기 위해 택시를 타려고 한다.

🎧 บทสนทนา

คีโฮ	ขอโทษครับ เรียกแท็กซี่ได้ที่ไหนครับ 커- 토-ㅅ크랍 리악 택씨 다이 티-나이 크랍
พนักงานประชาสัมพันธ์	ข้างนอก ขวามือค่ะ 카-ㅇ 너-ㄱ 콰-므- 카
คีโฮ	ขอบคุณครับ 커-ㅂ쿤 크랍
พนักงานประชาสัมพันธ์	ไม่เป็นไรค่ะ ยินดีค่ะ 마이뻰 라이카 인디 -카
คีโฮ	นั่นป้ายรถเมล์ใช่ไหมครับ 난 빠-이롯 메- 차이마이 크랍
พนักงานประชาสัมพันธ์	ใช่ค่ะ คุณจะเข้าเมืองหรือคะ 차이 카 쿤 짜 카오 므엉 르- 카
คีโฮ	ครับ ขอบคุณมากครับ 크랍 커-ㅂ쿤 마-ㄱ 크랍

●● คำศัพท์

ขอ	เรียก	ที่ไหน	ขอบคุณ	เข้า	มาก
커-	리-악	티-나이	커-ㅂ쿤	카오	마-ㄱ
요구하다	부르다, …라고 하다	어디, 어디에서	감사합니다.	들어가다	많이
โทษ	**แท็กซี่**	**ข้างนอก**	**ไม่เป็นไร**	**เมือง**	
토-ㅅ	택씨	카-ㅇ 너-ㄱ	마이뻰라이	므엉	
벌	택시	밖, 바깥, 외부	괜찮아요. 뭘요.	도시	
ขอโทษ	**มือ**	**ขวามือ**	**นั่น**	**เข้าเมือง**	
커- 토-ㅅ	므-	콰-므-	난	카오므엉	
죄송합니다. 실례합니다.	손	오른편(쪽)	그것	시내로 들어가다	

실례합니다.

기 호 : 죄송합니다만 어디서 택시를 부를 수 있지요?
안내원 : 바깥, 오른쪽입니다.
기 호 : 감사합니다.
안내원 : 괜찮습니다.
기 호 : 저것은 버스정류장 표지가 맞지요?
안내원 : 네, 시내로 들어가실 건가요?
기 호 : 네, 매우 감사합니다.

การใช้ภาษา

ขอโทษ
'죄송합니다', ' 미안합니다', '실례합니다' 등의 의미로 다양하게 사용되는 언사입니다. 미안한 마음을 표하거나 상대방의 양해를 구할 때 사용하는데, 이 표현 외에 โทษที, ขออภัย 라는 표현도 사용됩니다.

เรียก...
택시나 사람 등을 부르고 싶을 때 사용하는 표현입니다. …에 부르고 싶은 대상을 넣으면 됩니다.

ขอบคุณ
'감사합니다', '고맙습니다' 등 상대방에게 고마운 마음을 표시할 때 사용하는 언사입니다.
ขอบใจ 라는 표현도 사용됩니다.

ยินดีค่ะ(ครับ)
영어의 'with pleasure' 와 같은 의미로 사용되는 가벼운 표현입니다.

ไม่เป็นไร
'뭘요', '괜찮아요', '뭘 그런 걸 가지고…'라는 겸양의 표현입니다. 조심할 것은 이런 응답은 우리나라의 경우와 마찬가지로 긍정도 부정도 아닌 경우가 적지 않다는 점입니다. 예를 들어 더 먹겠느냐고 물었을 때, 이런 대답을 할 경우 보통은 더 먹을 수 있다는 표현으로 알아들어도 됩니다.

◉ ไวยากรณ์

문장 내 단어의 위치와 의미

이미 언급한 바와 같이 태국어 문장에서 단어는 어느 위치에 있어도 어형이 변하지 않습니다만, 그 위치에 따라 문장의 뜻이 달라지므로 한 단어의 문장 내 위치는 매우 중요합니다.

위치가 잘못된 경우는 그 의미 또한 달라져서 당초 표현하려는 의도와는 다른 의미가 되는 수가 허다합니다. 기본적인 태국어의 문장구조는 영어의 문장구조(주어 + 동사 + 목적어)와 같다고 생각하면 편합니다.

예 : 어머니는 아버지를 사랑합니다. <u>แม่</u>รักพ่อ
　　아버지는 어머니를 사랑하지 않습니다. พ่อไม่รัก<u>แม่</u>

위 두 문장을 보면 พ่อ 와 แม่는 문장내에서 각각 주어와 목적어의 위치에 있습니다. 그 위치가 바뀌어도 어형 변화는 없지만 의미상의 변화는 엄청납니다.

일반적으로 부사(장소나 시간)는 문장의 앞이나 뒤에 사용합니다. 주어와 동사, 동사와 목적어 사이에는 사용하지 않습니다.

예 : 오늘은 비가 내립니다. <u>วันนี้</u>ฝนตก
　　아침에 그를 만나러 갑니다. ไปพบเขา<u>ตอนเช้า</u>
　　동생은 한국에서 태국어를 공부합니다. น้องเรียนภาษาไทย<u>ที่ประเทศเกาหลี</u>
　　태국에는 과일이 많습니다. <u>ที่เมืองไทย</u>มีผลไม้มาก

그러나 양태부사는 문장의 끝에 붙여 사용합니다.

예 : 오늘 아침에 저는 밥을 많이 먹었습니다. เช้านี้ผมกินข้าว<u>มาก</u>
　　우리는 자주 만납니다. เราพบกัน<u>บ่อย</u>

수식어는 수식하려는 단어 뒤에 붙입니다.

예 : 언니는 빨간색 가방을 좋아합니다. พี่ชอบกระเป๋า<u>สีแดง</u>
　　그 검은 고양이는 내 것입니다. แมว<u>ดำ</u>ตัวนั้นเป็นของฉัน
　　날씨가 몹시 덥습니다. อากาศร้อน<u>มาก</u>

그러나 ช่าง, จอม, ยอด, แสน, สุด 등의 구어체 단어들은 형용사나 부사 앞에 붙입니다. 예외적인 용법으로 기억하시면 됩니다.

예 : 몹시 아름답다. ช่างงาม
　　정말 어쩔 수 없다. จอมแกน
　　정말 고집이 세다. ยอดดื้อ
　　매우 아름답다. แสนสวย
　　최고다. สุดยอด

태국의 꽃

문화

태국은 상하의 나라이다. 일년내내 꽃이 핀다. 본디 마당이 넓은 단독주택을 즐기는 태국인들은 꽃 나무 울타리에 정원을 아름답게 가꾼다. 특히 난과 연꽃을 좋아해서 많이 기른다. 물이 있는 곳이 면 연꽃이 고개를 내밀고 있다. 태국을 '난'과 '연꽃'의 나라라고 해도 틀리지 않을 정도이다. 심청이 타고 온 모양의 연꽃은 절 꽃 공양으로 사용된다. 지역에 따라 기후와 토양이 달라서인지 북쪽에 가면 중부나 남부와는 다른 꽃들이 핀다. 1-2월 선선한 겨울에 북쪽으로 가면 잎은 없이 달려 있는 커다랗고 노란 꽃송이가 눈에 들어온다. '텅캄'(황금)이라는 꽃이란다.

끄룽텝 호텔로 갑시다. ไปโรงแรมกรุงเทพฯ 빠이 로-ㅇ래-ㅁ 끄룽테-ㅂ

미리 예약한 호텔로 가기 위해 택시를 탄 기호, 택시 기사와 이야기를 나눈다.

บทสนทนา

คนขับรถแท็กซี่	สวัสดีครับ จะไปไหนครับ 싸왓디-크랍 짜 빠이 나이 크랍
คีโฮ	ไปโรงแรมกรุงเทพฯ ครับ 빠이 로-ㅇ래-ㅁ 끄룽테-ㅂ 크랍
คนขับรถแท็กซี่	ครับ วันนี้ร้อนมากนะครับ 크랍 완니- 러-ㄴ 마-ㄱ 나크랍
คีโฮ	ครับ แต่ตอนเช้าอากาศเย็นไม่ค่อยร้อนครับ 크랍 때- 떠-ㄴ 차오 옌 마이 커-이 러-ㄴ 크랍
คนขับรถแท็กซี่	มาเมืองไทยบ่อยไหมครับ 마- 므엉타이 버-이 마이크랍
คีโฮ	ยังไม่เคยมา นี่เป็นครั้งแรกครับ 양 마이 커-이 마 니 뻰 크랑래-ㄱ 크랍

คำศัพท์

ไป 빠이 가다	ร้อน 러-ㄴ 덥다, 뜨겁다	ตอนเช้า 떠-ㄴ 차오 아침에, 오전	แรก 래-ㄱ 처음, 최초	ยัง 양 아직	ครั้งแรก 크랑래-ㄱ 처음
โรงแรม 로-ㅇ래-ㅁ 호텔	แต่ 때- 그러나(등위접속사)	เย็น 옌 차다, 시원하다	เมืองไทย 므엉타이 태국	เคย 커-이 (조동사) …적이 있다	
วันนี้ 완니- 오늘	มา 마- 오다	ค่อย 커-이 (부정문) 별로, 그다지	บ่อย 버-이 자주, 종종	นี่ 니- 이 것	

택시기사 : 안녕하세요! 어디 가십니까?
기 호 : 끄룽텝 호텔에 갑니다.
택시기사 : 네. 오늘 날씨가 아주 덥습니다.
기 호 : 네. 그러나 아침에는 선선해요. 별로 덥지 않아요.
택시기사 : 태국에 자주 오시나요?
기 호 : 온 적이 없어요. 이번이 처음이에요.

การใช้ภาษา

จะไปไหน

"어디 가세요?" 라는 내용의 언사는 태국에서는 흔히 하는 언사입니다. 때로는 우리나라처럼 인사말로 사용되기도 하고 정말 가는 행선지를 묻는 데 사용되기도 합니다. 한국어로 '어디'는 태국어로 '티나이 ที่ไหน'이지만 흔히 '티'가 생략됩니다. 택시 기사는 행선지를 묻는 거겠지요?

ไม่ค่อย

ค่อย 는 용법이 다양하지만 부정사와 같이 쓰일 경우 '그다지', '별로'라는 의미를 갖습니다.
뒤에 나오는 동사, 형용사 또는 부사의 의미를 약하게 만듭니다.
 예: <u>ไม่ค่อย</u>มี (가진 게 별로 없다) <u>ไม่ค่อย</u>สวย (별로 예쁘지 않다)

บ่อยไหม

문장의 끝에 붙여서 앞에 나오는 동사의 행위에 대한 잦은 정도 (자주, 종종, 늘) 를 물을 때 사용하는 언사입니다.
 예 : 자주 부산에 가시나요? ไปปูซาน<u>บ่อยไหม</u>ครับ(คะ)
   네. 자주 갑니다. ครับ(ค่ะ) ไป<u>บ่อย</u>ครับ(ค่ะ)
   아니오. 자주 못 갑니다. ไม่ครับ(ค่ะ) ไป<u>ไม่บ่อย</u>ครับ(ค่ะ)

ยังไม่เคย

"아직 …한 적이 없다"라는 뜻이지만 쌍방이 잘 알고 있는 경우는 '아직요' 또는 '아직입니다' 라는 뜻으로 사용됩니다. 이러한 언사는 과거의 경험을 표시하는 조동사 เคย 가 들어 있는 질문에 대한 부정적인 대답입니다.
 예 : 투리안을 먹어봤나요? <u>เคย</u>กินทุเรียนไหม
   예. 먹어봤습니다. <u>เคย</u>ค่ะ(ครับ)
   아니요. 아직 먹어보지 못했습니다. <u>ยังไม่เคย</u>ค่ะ(ครับ)

조심할 것은 เคย 의 발음입니다. 한국어의 '으'와 '어'의 중간음이고 장모음입니다.
바로 위에서 부정문에서 '별로', '그다지' 라는 의미를 갖는 ค่อย 와 혼동해서는 안 됩니다. 뜻이 전혀 달라지니까요.

ไวยากรณ์

명사의 성

태국어에는 사람과 동물의 성(암수)를 구별하는 명사가 있습니다. 물론 격의 변화나 어형의 변화는 없습니다.

남성과 여성을 나타내는 접두사나 접미사를 붙이는 경우가 대부분이지만 외래어인 경우는 명사가 다릅니다.

예를 들어 접두사가 남성을 가리키는 아버지(พ่อ), Mr.(นาย), 어머니(แม่), Ms.(นาง)인 경우 그 명사는 각각 남성과 여성을 가리킵니다.

   예 : พ่อค้า (남성 상인)   พ่อบ้าน (가장)   พ่อตา (장인)   พ่อผัว (시아버지)
       แม่ค้า (여성 상인)   แม่บ้าน (가정 주부)   แม่ยาย (장모)   แม่ผัว (시어머니)

이외에도 접미사로 ชาย สาว หญิง 등이 있습니다.

   예 : ลูกชาย (아들)   พี่ชาย (오빠, 형)   น้องชาย (남동생)   เด็กชาย (소년)
       ลูกสาว (딸)   พี่สาว (누나, 언니)   น้องสาว (여동생)   เด็กหญิง (소녀)

이외에도 순수 타이족의 언어가 아닌 외래어인 경우, 특히 싼스크리트어와 팔리어에서 온 단어는 남성과 여성이 따로 분리되어 개별적인 형태를 취하는 경우가 대부분입니다.

   예 : 아버지 บิดา   아들 บุตร   남편 สามี
       어머니 มารดา   딸 ธิดา, บุตรี   아내 ภรรยา

동물의 경우는 대체로 ตัวผู้ 와 ตัวเมีย를 사용합니다.

   예 : ควายตัวผู้ (수컷 물소)   หมาตัวผู้ (수캐)
       หมีตัวเมีย (암곰)   แมวตัวเมีย (암코양이)

태국의 왕궁

문화

태국은 입헌군주국이고 방콕이 수도가 된 것은 1782년이니까 내년이면 230년이 됩니다. 보통 'Grand Palace'라고 하는 '프라마하버롬마라차왕'은 라마 1세부터 라마 5세까지 국왕이 거주하던 궁이다. 톤부리시대까지 이곳은 중국인의 집단거주지였으나 라마 1세는 현재의 차이나타운으로 중국인을 이주하게 하고 이곳에 400년 고도 아유타야를 본 따 새롭게 수도를 건설하였다. 서쪽에는 짜오프라야 강을, 동쪽에는 아유타야 왕국의 왓프라씨싼펫을 본 따 왕립사원으로서 에메랄드 사원을 건립하였다. 라마 6세와 7세는 가끔 이곳에 머무렀고, 라마 8세는 바로 오른쪽에 있는 프라티낭 버롬피만 궁에 거주하다가 붕어하였다. 라마 9세는 현재 찟라다 궁에 머문다. 이곳은 영빈관, 신임 사절 접견실 또는 왕족의 시신안치소 등등으로 사용된다. 방빠인궁은 라마5세와 라마 6세가 즐기던 별궁이다. 나컨빠톰에 있는 싸남짠 궁은 라마 6세가 즐겨 머물던 궁이다.

입 애 서 톡(talk) 태 국 어

234 호입니다. เชิญที่ห้องพักหมายเลข ๒๓๔ ครับ
천 티 헝팍 마이렉 써-ㅇ싸-ㅁ씨-크랍

끄룽텝 호텔에 도착한 기호. 호텔 직원과 이야기한다.

บทที่ 4

🎧 บทสนทนา

พนักงาน	สวัสดีค่ะ มีอะไรให้ช่วยไหมคะ
	싸왓디-카 미-아라이 하이추아이 마이 카
คีโฮ	สวัสดีครับ มีห้องว่างไหมครับ
	싸왓디- 크랍 미- 허-ㅇ 와-ㅇ 마이 크랍
พนักงาน	ต้องการกี่ห้องคะ
	떠-ㅇ까-ㄴ 끼- 허-ㅇ 카
คีโฮ	ผมต้องการ ๑ ห้อง มีเครื่องทำน้ำร้อนนะครับ
	폼 떠-ㅇ까-ㄴ 능 허-ㅇ 미- 크르엉탐남러-ㄴ 나크랍
พนักงาน	ห้องหมายเลข ๒๓๔ ชั้น ๒ ค่ะ
	허- 마-이레-ㄱ 써-ㅇ싸-ㅁ씨- 찬 써-ㅇ 카
	ขอโทษ คุณจะพักกี่วันคะ
	커- 토-ㅅ 쿤 짜 팍 끼-완카
คีโฮ	จะอยู่ ๓ คืนครับ ทานอาหารเช้าได้ตั้งแต่กี่โมงครับ
	짜유-싸-ㅁ크-ㄴ크랍 타-ㄴ하-ㄴ차오 다이 땅때-끼-모-ㅇ크랍
พนักงาน	ได้ตั้งแต่ ๖ โมงเช้าถึง ๘ โมงครึ่งค่ะ
	다이 때- 혹 모-ㅇ차오 빼-ㄷ 모-ㅇ 크릉 카

🟢 คำศัพท์

เชิญ	อะไร	ต้องการ	ชั้น	ทาน	โมง
츠ㅓ-ㄴ	아라이	떠-ㅇ까-ㄴ	찬	타-ㄴ	모-ㅇ
초청하다.	무엇	원하다	층, 급	잡숫다, 긴의 높임말	시(時)

พัก	ช่วย	กี่	อยู่	อาหารเช้า	ถึง
팍	추아이	끼-	유-	아하-ㄴ차오	틍
숙박하다. 쉬다	돕다	몇, 얼마(주로 10 이하의 수에 사용)	살다. 존재하다	아침식사, 아침밥	까지

หมายเลข	ว่าง	เครื่องทำน้ำร้อน	คืน	ตั้งแต่	ครึ่ง
마-이레-ㄱ	와-ㅇ	크르엉탐남러-ㄴ	크-ㄴ	땅때-	크릉
번호	텅비다	온수기	밤	부터(시간)	반(半), 2분의 1

종업원 : 안녕하십니까! 뭘 도와드릴까요?
기 호 : 안녕하세요! 빈 방 있습니까?
종업원 : 방 몇 개를 원하시는지요?
기 호 : 하납니다. 온수기가 있어야 합니다.
종업원 : 234호입니다. 2층에 있습니다.
       실례지만 며칠동안 계실 것인지요?
기 호 : 3일 밤입니다. 몇 시부터 아침식사를 할 수 있나요?
종업원 : 아침 6시부터 8시 반까지입니다.

การใช้ภาษา

เชิญ
청하다, 초청하다 등의 뜻 외에 영어의 Please의 뜻을 가지고 있습니다. 그러므로 많은 동사의 대신으로 사용할 수 있습니다. 특히 어떤 일을 청하거나 권할 때 이 단어 하나면 해결될 수 있습니다.

...ไหม
의문수식사 ไหม 를 사용한 의문문입니다. …에 대한 의사를 묻는 것입니다.
  예 : 갈래? ไปไหม
       펜 있니? มีปากกาไหม

มีอะไรให้ช่วยไหม
'(제가) 도울 일이 뭐 있나요?' 또는 제가 뭘 도와드릴까요?' 라고 묻고 싶을 때 사용하는 언사입니다. 이 문장에서 ให้ 는 사역동사입니다.

ตั้งแต่กี่โมงถึงกี่โมง
'몇 시부터 몇 시까지' 라는 표현에서 사용하는 표현입니다. 시간에는 ตั้งแต่...ถึง...을, 장소인 경우에는 보통 จาก...ถึง...을 사용합니다.
  예 : 방콕에서 치앙마이까지 จากกรุงเทพฯถึงเชียงใหม่
       아침 6시부터 8시 반까지 ๖ โมงเช้าถึง ๘ โมงครึ่ง

◉ ไวยากรณ์

🎵 시간 말하는 법

태국에서는 시간을 말할 때 독특합니다. 군인이나 경찰들은 보통 우리나라 또는 세계적으로 하루는 24시간으로 표시합니다. 오전 8시를 8시, 오후 4시를 16 시, 밤 9시를 21시 ..이런 식입니다. 그러나 일상생활에서 태국인들은 전통적으로 내려오는 방법을 사용합니다.

다시 말하면 하루 24시간을 여러 등분하여 날의 밝기 등과 연관지어 이야기합니다. 자정부터 아침 5시까지는 숫자 앞에 띠– (ตี)를 붙여 띠–능, 띠–써–ㅇ, 띠–싸–ㅁ, 띠–씨–, 띠–하– 라고 하고 아침 6시는 '혹모–ㅇ차오' 라고 합니다. 도표를 참고하기 바랍니다.

시간	군대식	태국식 시각 말하기	비고	시간	군대식	태국식 시각 말하기	비고
오전 1시	1 시 (น.)	ตี ๑		오후 1시	13	บ่าย (๑) โมง	
2	2	ตี ๒		2	14	บ่าย ๒ โมง	
3	3	ตี ๓		3	15	บ่าย ๓ โมง	
4	4	ตี ๔		4	16	๔ โมงเย็น	해가 기울고 저녁이 시작됨.
5	5	ตี ๕	동이 트고 해가 뜸	5	17	๕ โมงเย็น	
6	6	๖ โมงเช้า		6	18	๖ โมงเย็น	
7	7	๑ โมงเช้า		7	19	(๑) ทุ่ม	어둠이 내림
8	8	๒ โมงเช้า	해가 떠올라 덥기 시작	8	20	๒ ทุ่ม	
9	9	๓ โมงเช้า		9	21	๓ ทุ่ม	
10	10	๔ โมงเช้า		10	22	๔ ทุ่ม	
11	11	๕ โมงเช้า		11	23	๕ ทุ่ม	
12	12	เที่ยงวัน		12	24	เที่ยงคืน, สองยาม	

참고 : โมง (시, 時) ชั่วโมง (시간, 時間) นาที (분, 分) วินาที (초, 秒)

예 : 새벽 4시 반 ตี ๔ ครึ่ง
　　오전 9시 20분 ๙ โมง ๒๐ นาที, ๓ โมงเช้า ๒๐ นาที
　　낮 12시 30분 เที่ยงครึ่ง
　　오후 2시 45분 บ่าย ๒ โมง ๔๕ นาที
　　오후 5시 ๕ โมงเย็น
　　오후 8시 ๒ ทุ่ม

커피 (종류...고산족의 생업)

문화

고산족은 보통 해발 800m 이상의 높은 산간에 사는 사람들을 가리키는 말이다. 이들은 본디 국적이 없이 국경지대의 높은 산을 떠돌며 사는 화전민이었다. 가난했기에 돈이 되는 마약을 재배하여 떠돌던 이들에게 1970년경부터 왕실은 교육을 통해 위생과 건강, 삼림보호, 그리고 생업에 대한 인식을 바꾸는 일에 적극적으로 나섰다. 고산족들에게 아편 대신 커피를 재배하도록 했다. 재배한 커피콩을 자체 브랜드로 만들어 상품화하고 그 판매에 왕실이 앞장섰다. 태국에서 '더이'로 시작되는 커피들—더이캄, 더이뚱, 더이창 등은 모두 이런 목적에서 태어난 상품이다.

ตอนที่ 2

05 어떻게 지내니?   06 저는 서울 사람입니다.
07 난 카페 라떼 마실래.   08 오늘 무슨 요일이니?

기호, 방콕에서 잉언을 만나다.

어떻게 지내니? เป็นอย่างไรบ้าง 뻰 양라이 바-ㅇ

방콕에서 하루 밤을 잔 기호는 한국어를 배우기 위해 한국에 왔던 잉어-ㄴ을 만난다.

🎧 บทสนทนา

คีโฮ สวัสดีครับ อิงอร
  싸왓디-크랍 잉어-ㄴ

อิงอร สวัสดีค่ะ อยู่เมืองไทยเป็นไงบ้าง
  싸왓디-카   유-므엉타이 뻰응아이바-ㅇ

คีโฮ สบายมาก ขอบคุณ คุณสอบเสร็จแล้วยัง
  싸바이마-ㄱ 커-ㅂ쿤 쿤써-ㅂ쎄랟우양

อิงอร เพิ่งเสร็จเมื่อวานนี้เอง
  프ㅇ쎗 므어와-s 니-에-ㅇ

คีโฮ ดีใจจังที่ได้พบคุณที่กรุงเทพฯ
  디-짜이짱 타-다이폽쿤 티-끄룽테-ㅂ

อิงอร เช่นเดียวกัน ไปดูหนังกันไหม
  체-ㄴ디아우깐 빠이두-낭깐마이

🔵 คำศัพท์

อย่างไร	สอบ	เพิ่ง	ดีใจ	หนัง
야-ㅇ라이	써-ㅂ	픙	디-짜이	낭
어떻게	시험보다, 시험하다	방금	기쁘다	영화

สบาย	เสร็จ	เมื่อวานนี้	จัง	กัน
싸바-이	쎗	므어와-ㄴ니-	짱	깐
편안하다	끝나다, 완료하다	어제	매우, 몹시, 정말	함께

สบายดี	ดู	เอง	พบ	
싸바-이디-	두-	에-ㅇ	폽	
매우 편안하다	보다	바로	만나다	

기　　호 : 잘 있었어? 잉언
잉어-ㄴ : 잘 지냈어. 태국에 있는 게 어때?
기　　호 : 아주 편해. 고마워. 넌 시험 다 끝났니?
잉어-ㄴ : 바로 어제 끝났어.
기　　호 : 방콕에서 널 만나게 되어 반갑다.
잉어-ㄴ : 나도 그래. 영화보러 갈래?

การใช้ภาษา

เป็นอย่างไร, เป็นไง

위의 두 표현은 같은 표현입니다. 뒤의 것은 앞의 것의 줄임말일 뿐입니다. 보통 그간의 상황이나 근황, 또는 안부 등을 물을 때 사용되는 언사입니다.

สบายดี

'편안합니다'. '잘 있습니다'. '잘 지냅니다' 등으로 표현되는 언사로 '어떻게 지냅니까?' '잘 있는지요?' 등의 질문에 맞는 답입니다. 이때 디- (ดี)는 형용사가 아니라 앞에 있는 '편안하다'(สบาย)를 수식하는 부사가 됩니다.
만일 편치 않을 경우에는 부정사 'ไม่'를 부정하고자 하는 단어 앞에 넣어 'ไม่สบาย'라고 합니다.

เสร็จแล้วยัง

'끝났나요? 아님 아직?' 이라는 의미입니다. 'เสร็จแล้วหรือยัง' 이라고도 표현합니다. 이 물음에 대한 답은 끝났으면 เสร็จแล้ว, 아직 안 끝났으면 ยัง, 방금 끝났으면 เพิ่งเสร็จ 이라고 답합니다.

ดีใจจังที่...

'…해서 정말(매우) 기쁘다' 또는 '다행이다' 라는 의미의 표현입니다.

　　예 : 널 만나서 기뻐.　ดีใจจังที่ได้รู้จักเธอ
　　　　네 동생이 합격해서 기뻐.　ดีใจจังที่น้องเธอสอบได้

ไวยากรณ์

태국어의 수와 수자

태국어의 숫자를 기억하고 계신지요?

๑	๒	๓	๔	๕	๖	๗	๘	๙	๑๐
หนึ่ง	สอง	สาม	สี่	ห้า	หก	เจ็ด	แปด	เก้า	สิบ

11	20	30	100	101	1,000	10,000	100,000	1,000,000
สิบเอ็ด	ยี่สิบ	สามสิบ	หนึ่งร้อย	ร้อยเอ็ด	หนึ่งพัน	หนึ่งหมื่น	หนึ่งแสน	หนึ่งล้าน
씹 엣	이씹	싸-ㅁ씹	능 러-이	러이 엣	능 판	능 므-ㄴ	능 쌔-ㄴ	능 라-ㄴ

태국어의 하나(일) ๑ (1) 은 능 이라고 읽지만 ๑๑ (11), ๒๑ (21), ๓๑ (31) 의 ๑ 은 엣 (เอ็ด)이라고 발음합니다. 기억하시기 바랍니다. 한국어에서 '일백원'이라는 표현보다는 '백원'이라는 표현을 더 많이 사용하듯이 태국어에서도 '일백', '일천' 보다는 '백', '천' 이라는 표현을 더 많이 사용합니다.

또한 기수를 서수 로 만드는 법은 서수 앞에 ที่ 붙이면 됩니다. 예를 들어 첫째, 둘째, 셋째, 열한번째 등은 각각 ที่๑, ที่๒, ที่๓, ที่๑๑ 이라고 합니다.

　　예 : 네번째 사람 คนที่ ๔(สี่)
　　　　첫째 일요일 วันอาทิตย์ที่ ๑(หนึ่ง) 또는 วันอาทิตย์แรก

태국에서 날짜를 표시하는 방법은 한국의 방법과 반대입니다.

한국에서는 '2011 년 6월 29일 화요일' 이라고 하는데 반해 태국어에서는 거꾸로 'วันอังคารที่ 29 เดือนมิถุนายนค.ศ. 2011' 라고 합니다.

참고로 태국인은 서기도 사용하지만 불기를 더 많이 사용합니다. 서기에 543를 더하면 불기가 됩니다. 불기는 석가 탄신을 원년으로 하는데, 태국은 나이를 만나이로 세기 때문에 불기도 우리나라와는 1년 차이가 난답니다.

태국사원-고딕양식 태국 사원

문화

아유타야 남쪽 18km에 있는 방빠인궁 바로 옆에 있는 클렁 건너편에 서양 성당식으로 건설된 불교사원이 있다. 클렁에는 따로 배가 있는 것이 아니라 케이블로 왕래한다. 이 사원의 이름은 '왓 니웻탐마쁘라왓'이고, 태국 불교의 탐마윳 종파에 속한 사원이다. 라마 5세가 서양의 고딕(Gothic) 양식으로 건설한 태국사원이다. 외부도 성당의 모습을 하고 있지만 내부도 역시 성당 내부와 유사하다. 불상의 좌대도 역시 성당에서 십자가를 안치한 모습과 유사하게 설계되었다. 주불 정면에는 착색유리(스테인드 글라스)로 채색한 라마5세의 초상이 있다.

저는 서울사람입니다 ผมเป็นคนกรุงโซล พม쁜콘끄룽서울

기호를 만나러 나온 잉어-ㄴ이 같이 온 미국인 친구 알린을 소개한다.

🎧 บทสนทนา

อิงอร คีโฮ ฉันจะแนะนำเพื่อนของฉัน
기호 찬 짜내남 프언 커-ㅇ찬

เธอชื่อ อาร์ลิน
트ㅓ 츠 알린

อาร์ลิน นี่เพื่อนของฉัน ชื่อ คีโฮ
알린 니- 프언 커-ㅇ찬 츠- 기호

คีโฮ ยินดีที่ได้รู้จัก
인디- 티- 다이루짝

อาร์ลิน ยินดีที่ได้รู้จักเช่นกันค่ะ
인디- 티-다이 루짝 첸깐 카

อิงอร อาร์ลิน คีโฮเป็นคนเกาหลี
알린 기호 뻰 콘까올리-

คีโฮ ใช่ครับ บ้านผมอยู่ที่กรุงโซล
차이크랍 바-ㄴ폼 유-티- 끄룽서울

อาร์ลิน ฉันเป็นคนอเมริกัน มาจากเมืองบอสตัน
찬 뻰 콘아메리깐 마- 짜-ㄱ 므엉 버스딴

・ คำศัพท์

กรุง	จะ	เพื่อน	เธอ	อเมริกัน
끄룽	짜	프언	트ㅓ	아메리깐
수도, 서울	미래조동사	친구	여성용, 2 인칭 또는 3 인칭대명사	미국인

โซล	แนะนำ	ของ	บ้าน	จาก
쏠	내남	커-ㅇ	바-ㄴ	짜-ㄱ
서울	소개하다	…의(소유격)	집	…로 부터 (장소)

잉어-ㄴ : 기호야 내 친구를 소개할 게.
　　　　이름은 알린이야
　　　　알린아 얘는 내 친구 기호야.
기　　호 : 만나서 반가워.
알　　린 : 나도 만나서 반가워.
잉어-ㄴ : 알린아, 기호는 한국사람이야.
기　　호 : 그래. 우리 집은 서울에 있어.
알　　린 : 나는 미국 사람이야. 보스톤에서 왔어.

การใช้ภาษา

กรุงโซล

กรุง 은 수도인 도시를 가리키는 말입니다. 각 나라의 수도 이름 앞에는 กรุง 을 붙입니다. กรุงโซล 은 '수도 서울'입니다. โซล 이라는 이름도 근래부터 부르기 시작한 이름입니다. 예전에는 เซอูล 이라고 쓰고 '쎄우-ㄴ'이라고 했습니다. 현재는 โซล 이라고 부르며 영어의 Soul과 같은 의미로도 생각합니다.
우리는 '방콕'이라고 하지만 태국인들은 '끄룽텝' 또는 '끄룽텝 마하나컨'이라고 부릅니다. '텝'은 '텝파짜오'이고 '끄룽텝'의 본 이름이 A4 용지로 3줄이나 될 정도로 길어서 말줄임표시인 ฯ (빠이야-ㄴ너-이)를 붙여 짧게 부르는 것은 이미 아시고 계실 것입니다.
방콕의 본래 이름은 '바-ㅇ꺼-ㄱ'(꺼-ㄱ마을)이었습니다. 서양사람들이 발음대로 Bang Kok 이라고 표기한 것이 지금까지 전해지고 있습니다. 1782년에 수도가 되면서 도시 이름이 끄룽텝으로 바뀐 것입니다. 태국에 가시면 수도를 끄룽텝이라고 하면 모두 알아 듣지만 방콕이라고 하면 못 알아듣는 사람이 적지 않습니다.
서울사람을 콘끄룽, 또는 차우 끄룽, 또는 그냥 콘서울이라고 합니다. 태국도 방콕사람을 콘끄룽텝 또는 차우끄룽이라고 합니다. 부산 사람은 콘부산, 대전사람은 콘대전 처럼 사람이라는 명사 콘(คน)을 붙이면 됩니다.

นี่เพื่อนของฉัน

사람을 소개할 때 '이 분은 ○○○입니다'할 때 사용하는 표현입니다. 이름을 말하거나 관계를 말합니다. 보통 웃어른에게 아랫사람을 먼저, 비슷한 연령일 때는 여성에게 남성을 먼저 소개합니다. 태국어의 นี่ (이 사람, 이 분)는 상대방의 성이나 연령과 관계없이 사용합니다.

เช่นกัน

เช่นเดียวกัน 과 같은 의미입니다.

◐ ไวยากรณ์

✏️ 부정문 I – เป็น, คือ 부정

동사 เป็น 이나 คือ 는 영어의 "to be" 동사에 해당되며, 보통 명사와 명사를 연결하는 동사역할을 합니다. 다만 태국어에서는 보통 생략합니다. 외국인인 경우 실수를 덜 일으킨다고도 할 수 있습니다. 예를 들어 '나는 한국인이다'일 경우 '폼(디찬)콘까올리-크랍(카)'하는 것이 더 낫습니다.

이 문장을 부정할 경우, 즉 "나는 한국인이 아닙니다"할 때는 '폼(디찬) 마이차이 콘까올리-크랍(카)'라고 하면 됩니다. "เป็น"(이다)의 부정사는 "마이차이 ไม่ใช่ (아니다)"입니다.

특히 조심할 것은 태국어는 영어와 달리 형용사나 부사가 술어로 왔을 때 'to be'동사를 사용하지 않는다는 점입니다. '날씨가 덥다'의 경우 "아까-ㅅ 러-ㄴ"이라고 하면 됩니다. '러-ㄴ(덥다, 뜨겁다)'와 같은 형용사가 술어로 왔으므로 우리나라 말처럼 하면 됩니다.

명사의 부정은 "ไม่ใช่.(ไม่ใช่เป็น) + 명사"입니다만 ไม่ใช่ 를 더 많이 사용합니다.

예 :	나는 학생입니다.	ผม<u>เป็น</u>นักศึกษา
	나는 학생이 아닙니다.	ผม<u>ไม่ใช่</u>นักศึกษา
	그는 한국인이 아니고 태국인입니다.	เขา<u>ไม่ใช่</u>คนเกาหลี <u>เป็น</u>คนไทย
	날씨가 서늘하다.	อากาศเย็น (อากาศเป็นเย็น 은 틀린 문장임)

TIP

동사 เป็น은 위처럼 명사와 명사를 잇는 (' … 이다' 의 의미) 역할 외에 ' … 이 되다' 라는 뜻을 가지고 있습니다.

예 :	나는 군인이 될 것입니다.	ผมจะ<u>เป็น</u>ทหาร
	나는 군인이 되지 않을 것입니다.	ผมจะ<u>ไม่เป็น</u>ทหาร

이외에도 동사 뒤에서는 '… 할 수 있다' 라는 뜻을 갖습니다.

예 :	나는 운전을 할 수 있습니다.	ผม<u>ขับรถเป็น</u>
	나는 운전을 할 수 없습니다.	ผม<u>ขับรถไม่เป็น</u>
	나는 운전을 하지 않습니다.	ผม<u>ไม่ขับ</u>รถ

cafe 내부와 젊은이들 모습

문화

요즈음 들어 태국 젊은이들의 놀이문화가 많이 변했다. 컴퓨터와 인터넷의 보급으로 세계가 좁아졌고, 그만큼 세계 젊은이들의 문화는 같아졌다. 신세대 젊은이들은 뭔가 새로운 것을 항상 추구한다. 그래서 까페는 만남의 공간이기도 하고 혼자 독서하는 공간이기도 하고 사색의 공간이기도 하다. 젊은이들이 가는 곳에는 어디든지 까페가 있다. 방콕 젊은이들의 거리인 Siam Square에는 이러한 젊은이들의 욕구를 충족하기에 족한 다양한 까페를 비롯하여 최첨단 시설을 갖춘 영화관, 식당가, 쇼핑센터 등이 있다.

입에서 톡(talk) 태국어

난 커피라떼 마실래 ฉันจะดื่มกาแฟลาเต้ 찬짜드-ㅁ 까풰- 라-떼-

서로 소개와 인사가 끝난 후 기호와 잉어-ㄴ, 그리고 알린은 마실 것을 주문한다.

🎧 บทสนทนา

พนักงานชาย	จะรับอะไรดีครับ 짜 랍 아라이 크랍
อิงอร	ขอกาแฟเย็นค่ะ 커- 까풰-옌 카
	คีโฮจะดื่มอะไร 기호 짜 드-ㅁ 아라이
คีโฮ	ผมขอลาเต้ร้อนครับ 폼 커- 라때-러-ㄴ 크랍
พนักงานชาย (หันหน้าทางอาร์ลิน)	คุณล่ะครับ 쿤 라 크랍
อาร์ลิน	ขอน้ำส้มคั้นค่ะ 커- 남쏨칸 카
พนักงานชาย	ขอทวนครับ กาแฟเย็นที่นึง กาแฟลาเต้ร้อนที่นึง และน้ำส้มคั้นแก้วนึงนะครับ 커-투언 크랍 까풰-옌 티-능 까풰-라떼러-ㄴ 티-능 래남쏨칸깨우능 나크랍

🔵 คำศัพท์

ดื่ม 드-ㅁ 마시다	**ขอ** 커- 요구하다, …주세요.	**ล่ะ** 라 어조사, '말해 봐요' 의미가짐.	**น้ำส้มคั้น** 남쏨칸 오렌지	**นึง** 능 하나, 일 **หนึ่ง**의 구어체
กาแฟ 까풰- 커피	**กาแฟเย็น** 까풰-옌 냉커피	**ส้ม** 쏨 귤	**ทวน** 투언 반복하다	**แก้ว** 깨-우 유리, 보석, 유리컵의
รับ 랍 받다, 들다	**กาแฟร้อน** 까풰-러-ㄴ 뜨거운 커피	**คั้น** 칸 비틀어 짜다	**ที่** 티- 세트로 된 음식 등을	

42 **EBS**

남종업원 : 무엇을 드시겠습니까?
잉어-ㄴ : 냉커피 주세요.
기호, 뭐 마실래?
기　　호 : 저는 더운 커피라떼 주세요.
남종업원 : (알린을 향해) 당신은요?
알　　린 : 오렌지 쥬스 주세요.
남종업원 : 제가 다시 한 번 확인하겠습니다.
냉커피 하나, 뜨거운 커피라떼 하나, 그리고 오렌지쥬스 한 잔입니다.

การใช้ภาษา

จะรับอะไร
음식점이나 커피숍 등에서 주문 받을 때 종업원이 묻는 언사입니다. 아니면 '뭐 먹을래' 와 같은 의미의 표현입니다.

ขอ
동사로는 '요구하다' 라는 뜻을 갖고 있지만 문장에서 ' … 해 주세요'와 같이 남에게 어떤 것을 달라고 하던가 어떤 행위를 요구거나 부탁할 때 사용하는 공손한 표현입니다 요구하는 물건이나 요구하는 행위동사 앞에 위치합니다.

예 : 물 좀 주세요. ขอน้ำหน่อยค่ะ(ครับ)
같이 가요(날 데리고 가줘요) ขอไปด้วยคน

คุณล่ะ
คุณเล่า와 같은 의미입니다. '당신은요?'라는 의미입니다.
음식을 돌아가며 주문하거나 의견을 물을 때 같은 질문을 반복하지 않고 묻는 질문입니다.

ที่
많은 뜻이 있고, 따라서 용법도 다양합니다. 이 문장에서는 여러 가지가 한 세트로 되어 있는 음식 등을 통틀어 부를 때 사용하는 수량사(유별사)입니다.

예 : 한 잔 / 한 세트 ที่หนึ่ง, ที่นึง, หนึ่งที่
커피 두 잔 กาแฟสองที่

위처럼 '하나' 일 경우는 유별사 앞이나 뒤 아무 곳에 놓아도 됩니다만 둘 이상일 때는 반드시 수사가 먼저 옵니다.

ไวยากรณ์

부정문 II

태국어 문장에서 동사나 형용사 또는 부사를 부정하려고 할 때는 부정사 ไม่ 를 부정하고자 하는 단어 앞에 놓으면 됩니다.

예 : 그 아이는 키가 크지 않습니다.   เด็กคนนั้นไม่สูง
이 차는 빨리 달리지 않습니다.   รถคันนี้วิ่งไม่เร็ว
오늘 이 가게는 문을 열지 않아요.   วันนี้ร้านนี้ไม่เปิด
저는 서울에 가고 싶지 않아요.   ผมไม่อยากไปที่กรุงโซล
새가 날지 않아요.   นกไม่บิน
오리는 높이 날지 못합니다.   เป็ดบินสูงไม่ได้
그 배우는 영화를 보러가지 않아요.   ดาราคนนั้นไม่ไปดูหนัง
저는 아직 영화를 보지 못했어요.   ผมไม่ได้ไปดูหนัง

위의 문장 중 ไม่ไปดูหนัง 는 주어(화자)가 의지를 가지고 보러가지 않는다는 뜻이고, ไม่ได้ไปดูหนัง는 가고 싶었는데 사정이 있어서 못 보았다는 의미입니다.

TIP
태국어 단어를 발음할 경우 장모음이 겹쳐 나올 때 앞의 모음을 짧게 발음합니다.
예 : ดีๆ (디 디-) อาหาร (아하-ㄴ) กาแฟ (까풰-)
외래어를 발음 할 때 태국인들은 보통 마지막 음절에 강세를 줍니다.

재래시장과 과일

문화

남북의 길이가 1,700km나 되는 태국은 남쪽과 북쪽의 기후와 토양 등을 비롯하여 여러 모로 다른 점들이 있다. 그래서 일년내내 각종 과일이 시장에 나온다. 일년내내 있는 바나나와 수박, 야자, 귤, 말라꺼, 포도, 응어(람부딴), 더운 여름철에 나오는 망쿳, 투리안(Durian), 마무엉(망고), 쏨오, 촘푸(Rose Apple), 카눈(Jack Fruit), 선선한 계절이 되면 나오는 람야이(dragon eyes), 딸기 등 헤아릴 수 없을 정도로 많다. 요즈음은 재배 방법이 발전하고 품질도 개선되어 과일은 계절이 없고 맛도 좋아졌다. 태국은 과일 천국이다.

오늘 무슨 요일이니? วันนี้วันอะไร 완니 완아라이

기호. 친구들과 차를 마시며 짜뚜짝 시장에언제 가야 좋은지를 묻는다.

🎧 บทสนทนา

คีโฮ   วันนี้วันอะไร
    완니- 완아라이

อิงอร   วันอังคาร ทำไมเหรอ
    완앙카-ㄴ 탐마이러-

คีโฮ   ว่าจะไปตลาดนัดจัตุจักร
    와- 짜빠이 딸라-ㅅ낫 짜뚜짝

อาร์ลิน   เขาเปิดเฉพาะวันเสาร์และวันอาทิตย์เท่านั้น
    카오 쁘ㅓ-ㅅ 차퍼완싸오 래 완아-팃 타오난

คีโฮ   เหรอ ขอบคุณที่บอกให้ทราบ
    러- 커-ㅂ쿤티-버-ㄱ하이싸-ㅂ

    เอ... วันอาทิตย์นี้วันที่เท่าไร
    에…완아-팃니- 완티-타오라이

อิงอร   วันที่ ๒๙ มกราคมไงล่ะ
    완티- 이씹까오 마까라-콤 응아이라

🟢 คำศัพท์

วันอังคาร	จัตุจักร	เฉพาะ	มกราคม	ทราบ
완앙카-ㄴ	짜뚜짝	차퍼	마까라-콤	싸-ㅂ
화요일	주말시장이름	오로지, 오직	1월	알다

ทำไม	ตลาดนัด	วันเสาร์	เท่านั้น	เท่าไร
탐마이	딸라-ㅅ 낫	완싸오	타오난	타오라이
왜(의문사)	정기적으로 열리는 장	토요일	오직	얼마

ว่า	เปิด	วันอาทิตย์	บอก	
와-	쁘ㅓ-ㅅ	완아-팃	버-ㄱ	
말하다. 라고	열다	일요일	말하다. 일러주다	

기 호 : 오늘 무슨 요일이야?
잉어-ㄴ : 화요일. 왜?
기 호 : 짜뚜짝 주말시장에 가려고.
알 린 : 토요일과 일요일에만 열어.
기 호 : 그래? 알려 줘서 고마워.
에… 일요일은 몇 월 며칠이지?
잉어-ㄴ : 1월 29일이잖아.

การใช้ภาษา

วันอะไร
무슨 요일 또는 무슨 날인지를 알고자 할 때 하는 표현입니다. 직역하면 '무슨 날'이지만 날짜를 말하는 것이 아니라 요일을 묻는 언사입니다.

예 : 오늘 무슨요일입니까? 금요일입니다. 내 생일입니다.
วันนี้วันอะไรคะ วันศุกร์ค่ะ วันเกิดฉันครับ

เฉพาะ...เท่านั้น
'เฉพาะ'도 'เท่านั้น'도 모두 '오로지' 또는 '오직', '단지', '...밖에', '에만' 라는 뜻을 갖는 단어입니다. 용법은 보통 'เท่านั้น'을 문장의 끝에 둡니다.

예 : 그 상점은 월요일에만 문을 엽니다.
ร้านนั้นเปิดเฉพาะวันจันทร์เท่านั้น

บอกให้ทราบ
이 문장은 뜻이 '말해서(일러서) 알게 해주다' 입니다. 흔히 '말해주다', '알려주다'라고 표현할 때 사용하는 언사입니다.

예 : 얼른 지금 가서 어머니에게 알려드려라.
รีบไปบอกให้แม่ทราบเดี๋ยวนี้เถอะ

วันที่เท่าไร
이 문장의 뜻은 '며칠' 입니다만 흔히 '몇 월 며칠' 인지를 알고 싶을 때 사용합니다. 답은 년월일을, 또는 년월일 그리고 요일까지 말합니다.

예 : 오늘이 며칠이지? 7월 1일이야.
วันนี้วันที่เท่าไร วันที่ ๑ กรกฎาคม

ไวยากรณ์

의문문 I

의문사를 사용하여 의문문을 만드는 경우입니다.
의문사는 아래와 같습니다.

    누가 (ใคร)   언제 (เมื่อไร)
    어디서 (ที่ไหน)   무엇을 (อะไร)
    어떻게 (อย่างไร)   왜 (ทำไม, ด้วยเหตุใด)
    어느(ไหน, ใด)   몇 (กี่)   얼마 (เท่าไร)

의문사를 두는 위치는 문장의 앞이나 뒤가 보통입니다만 왜 (ทำไม, ด้วยเหตุใด)를 제외하고 뒤에 더 많이 둡니다. 다만 의문사가 형용사적 용법(명사를 수식할 경우)으로 사용될 때는 명사 뒤에 붙습니다. 그리고 กี่ 는 명사 앞에 옵니다.

  예) 이것은 무엇입니까?   นี่<u>อะไร</u>
       저 사람은 누구입니까?   นั่น<u>ใคร</u>
       오늘은 몇 월 며칠입니까?   วันนี้วันที่<u>เท่าไร</u>
       몇 시입니까?   <u>กี่</u>โมง
       언제 신문을 봅니까?   อ่านหนังสือพิมพ์<u>เมื่อไร</u>
       왜 태국어를 배웁니까?   เรียนภาษาไทย<u>ทำไม</u> / <u>ทำไม</u>เรียนภาษาไทย
       어디서 샀습니까?   ซื้อมาจาก<u>ที่ไหน</u>
       미국에는 어떻게 가요?   ไปอเมริกา<u>อย่างไร</u>
       어느 나라가 아름다워요?   ประเทศ<u>ใด</u>สวย
       어느 분이 당신 아버님입니까?   คน<u>ไหน</u>เป็นคุณพ่อคุณ
       무슨 이유로그가 집에 들어갔나요?   <u>ด้วยเหตุใด</u>เขาเข้าบ้าน
                                                  <u>ทำไม</u>เขาเข้าบ้าน

칸똑

문화

칸똑은 나무나 등나무로 만들어진 작고 둥근 상(우리나라의 소반)을 말한다. 치앙마이는 북부지역의 교육 및 문화의 중심지이다. 이미 12-13세기에 왕국을 형성했던 이들은 자신들만의 고유한 문화를 아직도 간직하고 있다. 그 예가 '칸똑', '똑' 또는 '싸똑'이다. 손님이 오면 치앙마이 사람들은 작은 상 칸똑에 음식을 차려서 손님 앞에 내고 영접한다. 식구와 손님은 그 상을 둘러싸고 방바닥에 앉아서 담소를 나누며 식사를 한다. 상의 크기는 대, 중, 소, 세 가지가 있다.

ตอนที่ 3

09 뭔가요?   10 국립박물관이 어디 있나요?
11 4인 예약합니다.

기호. 국립박물관에 가다.

먼가요? ไกลไหม 끌라이마이

택시를 타고 국립박물관에 가려는 기호. 호텔 직원에게 묻는다.

🎧 บทสนทนา

คีโฮ	ช่วยเรียกรถแท็กซี่ให้ผมหน่อยนะครับ
	추아이 리악 롯택씨 하이폼 너-이 나크랍
พนักงานโรงแรม	รอที่นี่เดี๋ยวนะครับ
	러-티니-디아우 나크랍
คีโฮ	ขอบคุณครับ
	커-ㅂ쿤 크랍
คนขับรถแท็กซี่	จะไปไหนครับ
	짜빠이나이 크랍
คีโฮ	ไปพิพิธภัณฑสถานแห่งชาติ ไกลไหมครับ
	빠이피핏타판타싸타-ㄴ 해-ㅇ차-ㅅ 끌라이마이 크랍
คนขับรถแท็กซี่	ค่อนข้างไกลหน่อย ใช้เวลาประมาณ ๔๐ นาที
	컨캉끌라이너-이 차이웰라-쁘라마-ㄴ 씨-씹나티-
คีโฮ	นี่วัดพระแก้วใช่ไหมครับ ช่วยจอดตรงนี้ครับ ขอบคุณครับ
	니-왓프라깨-우 차이마이 크랍 추아이쩌-ㅅ뜨롱니-크랍 커-ㅂ쿤 크랍

🔵 คำศัพท์

ไกล	**เดี๋ยว**	**ค่อนข้าง**	**ประมาณ**	**ตรง**
끌라이	디아우	커-ㄴ 카-ㅇ	쁘라마-ㄴ	뜨롱
멀다	잠시, 순간, 곧	비교적	약, 대략	(특정한 장소) 에(서)
รอ	**พิพิธภัณฑสถานแห่งชาติ**	**ใช้**	**วัดพระแก้ว**	**นี้**
러-	피핏타판타싸타-ㄴ 행-ㅇ차-ㅅ	차이	왓프라깨-우	니-
기다리다	국립박물관	사용하다	에메랄드 사원	이(지시형용사)
ที่นี่	**นาที**	**เวลา**	**จอด**	
티-니-	나티	웰라-	쩌-ㅅ	
여기	분(시간)	시간	정차하다, 주차하다	

52 | EBS

기　　　　호 : 택시 좀 불러주시겠어요?
호텔종업원 : 여기서 잠깐만 기다리세요.
기　　　　호 : 감사합니다.
택　시　기사 : 어디로 모실까요?
기　　　　호 : 국립박물관에 갑니다. 먼가요?
택　시　기사 : 좀 멉니다. 한 40분쯤 걸립니다.
기　　　　호 : 이것이 에메랄드 사원인가요? 여기 세워주세요. 고맙습니다.

การใช้ภาษา

ช่วยเรียก...ให้หน่อย

태국인들은 남에게 무엇인가를 부탁할 때 흔히 '돕다'라는 뜻을 가진 태국어 단어 'ช่วย'를 함께 사용합니다. 그럼 듣는 사람에게 부담이 덜 가겠지요? 이렇게 태국인은 상대방의 감정을 고려하면서 대화를 이끌어 갑니다.

그래서 '…좀 해 주시겠어요?'하고 부탁하거나 요구할 때 'ช่วย 동사...ให้หน่อย'라는 표현을 많이 사용합니다. 위의 표현은 택시를 불러달라는 요구를 할 때 사용되는 언사이므로 '부르다'라는 뜻의 동사 'เรียก'을 사용했습니다.

รอ..เดี๋ยว

'잠깐만 기다려달라'고 요구할 때 사용되는 표현입니다. 그냥 'รอเดี๋ยว' 또는 'เดี๋ยว ๆ'만 사용되기도 합니다. 위의 'รอ..เดี๋ยว'의 표현에서는 … 에 '기다릴 장소'를 넣으면 되겠지요. 예를 들어 '댁에서 잠깐만 기다려 주세요' 할 때는 รอที่บ้านเดี๋ยวนะครับ(ค่ะ) 하면 되겠지요?

ใช้เวลา

'시간이 걸리다'라는 표현을 할 때 사용하는 표현입니다. 이 표현 외에 'กินเวลา' 또는 'เสียเวลา'라는 표현도 사용합니다만, 마지막의 'เสียเวลา'는 '시간을 낭비하다'라는 뜻도 있음을 유념하기 바랍니다.

ตรงนี้

'이 지점'이라는 의미로 'ที่นี่'와 같다고도 할 수 있으나 굳이 따지자면 'ที่นี่'는 'ตรงนี้'보다 좀 더 좁거나 특정하다는 의미가 있다고 할 수 있습니다. 같이 사용해도 무방할 것입니다.

ไวยากรณ์

의문문 II

평서문의 끝에 의문 수식사 ไหม, หรือ, ใช่ไหม, ไม่ใช่หรือ 를 사용하여 의문문을 만드는 경우입니다.

예 :
식사하시겠어요?	จะทานข้าว<u>ไหม</u>
예쁜가요?	สวย<u>ไหม</u>
예뻐요?	สวย<u>หรือ</u>
출근하세요?	ไปทำงาน<u>หรือ</u>
갔지요?	ไปแล้ว<u>ใช่ไหม</u>
갔어요?	ไปแล้ว<u>หรือ</u>
태국인이세요?	เป็นคนไทย<u>ใช่ไหม</u>
태국분 아니세요?	เป็นคนไทย<u>ไม่ใช่หรือ</u>
결혼하지 않으셨나요?	แต่งงานแล้ว<u>ไม่ใช่หรือ</u>
같이 안 가시나요?	ไม่ไปด้วย<u>หรือ</u>

위의 문장에서 알수 있는 바와 같이

ไหม는 문장의 시제가 미래나 현재일 때 또는 형용사, 부사, 조동사 등이 들어 있을 때 사용합니다. 과거형의 문장에서는 사용하지 않습니다. 단순히 의사 타진의 의미를 가집니다.

หรือ는 크게 시제와는 관계가 없으나 부정문이나 과거형, 완료형의 문장에 주로 사용합니다.
의미는 의사 타진보다는 확인하는 의미를 가집니다. ใช่ไหม 리่ไม่ใช่หรือ도 หรือ와 같이 의사 확인 또는 재확인에 사용됩니다.

문화

국수

타이족은 당초 쌀농사를 짓고 양잠을 하던 종족이었다. 인도차이나 반도에 정착한 이후에도 쌀밥을 주식으로, 생선과 채소를 부식으로 먹는다. 그러므로, 국수는 본디 타이족의 음식이 아니다. 중국인들이 태국에 이주하면서 중국인들의 국수가 점차 유행하면서 중국 혹끼안성 또는 때찌우식 발음을 따라 '꾸어이띠아우'라는 이름으로 정착했다. 태국의 꾸어이띠아우는 대체로 멥쌀가루로 만든 쌀국수이다. 종류는 대체로 볶음, 비빔, 국물 세 가지가 있고, 국수발의 굵기에 따라 '쎈야이', '쎈렉', '쎈미' 3 가지가 있다. 국수를 주문할 때는 국수발, 국물, 고명 등의 종류를 명시해야 한다. 젓가락으로 먹으며, 북쪽에서는 '카우써이'라고 부른다.

국립박물관이 어디 있나요? พิพิธภัณฑสถานแห่งชาติอยู่ที่ไหน
피핏타판타싸타ㅡㄴ 타싸타ㅡㄴ 행차ㅡㅅ유ㅡ티ㅡ나이

택시에서 내린 후 어느 여성에게 국립박물관의 위치를 묻는 기호.

🎧 บทสนทนา

คีโฮ	คุณป้าครับ พิพิธภัณฑสถานแห่งชาติอยู่ตรงไหนครับ
	쿤빠ㅡ크랍 피핏타판타싸타ㅡㄴ 행차ㅡㅅ유 뜨롱나이 크랍
ผู้หญิง	เห็นตึกสีครีมโน้นไหมคะ
	헨뜩씨ㅡ크리ㅡㅁ 노ㅡㄴ 마이카
คีโฮ	เห็นครับ ทราบว่าเป็นโรงละครแห่งชาติครับ
	헨 크랍 싸ㅡㅂ 와ㅡ 뻰 로ㅡ라컨해ㅡㅇ차ㅡㅅ 크랍
ผู้หญิง	ใช่ พิพิธภัณฑสถานแห่งชาติอยู่ติดกับตึกนั้น
	차이 피핏타파ㅡㄴ타싸타ㅡㄴ 행차ㅡㅅ 유ㅡ 띳깝뜩난
คีโฮ	ขอบคุณครับ
	커ㅡㅂ쿤크랍
ผู้หญิง	ไม่เป็นไรค่ะ ดีใจจังที่เห็นคนต่างชาติพูดภาษาไทยได้
	마이뻰라이카 디ㅡ짜이짱 티ㅡ헨콘따ㅡㅇ차ㅡㅅ 푸ㅡㅅ파싸ㅡ타이다이

◉ คำศัพท์

ป้า 빠ㅡ 큰고모, 큰고모, 백모, 아주머니

ตึก 뜩 빌딩, (콘크리트) 건물

ละคร 라커ㅡㄴ 극, 연극

ติด 띳 붙어 있다

คนต่างชาติ 콘따ㅡㅇ 차ㅡㅅ 외국인

ภาษาไทย 파ㅡ싸ㅡ타이 태국어

เห็น 헨 보다, 보이다, 생각하다

สีครีม 씨ㅡ크리ㅡㅁ 크림색

โรงละคร 로ㅡㅇ 라커ㅡㄴ 극장(연극 공연장소)

กับ 깝 와, 함께

พูด 푸ㅡㅅ 말하다

โรงละครแห่งชาติ 로ㅡ라커ㅡㄴ 해ㅡㅇ 차ㅡㅅ 국립극장

ต่างชาติ 따ㅡㅇ 차ㅡㅅ 이민족, 외국

ภาษา 파ㅡ싸ㅡ 언어

기호 : 아주머니, 국립박물관이 어디 있어요?
여성 : 저기 있는 크림색 빌딩이 보이죠?
기호 : 보여요. 국립극장인 줄 아는데요.
여성 : 그래요. 국립박물관은 그 건물과 붙어 있어요.
기호 : 고맙습니다.
여성 : 뭘… 태국어를 할 줄 아는 외국인을 만나서 기뻐요.

การใช้ภาษา

คุณป้าครับ

우리 한국인은 잘 모르는 분을 만나서 대화할 때 자신과의 연령과 대비하면서 흔히 할머니, 할아버지, 아주머니, 아저씨 라는 표현을 즐겨 사용합니다. 주로 본가 친척을 칭하는 호칭을 사용합니다.

태국인도 이러한 관습은 우리와 같지만 다른 점은 친가가 아니라 외가 쪽 호칭을 사용한다는 것입니다. 모계성이 우리보다 강한 것이 아닌가 합니다.

태국인은 할아버지처럼 연세가 있으시면 คุณตา 나 ตา, 할머니면 คุณยาย 나 ยาย, 그렇게 연세가 높지 않으면 남성은 คุณลุง 이나 ลุง, 여성은 คุณป้า 나 ป้า 라고 부릅니다. 친근감을 나타내는 표현이지요. 상대방의 사회적 직함이나 직업을 알고 있을 경우에는 그 직함이나 직업에 맞는 호칭을 부르면 됩니다. 공식적인 경우는 보통 이름을 부르는데, '쿤 이름'이라고 합니다. 남녀 모두 '쿤'을 사용합니다. 우리나라의 "…씨"에 해당합니다.

'쑤팟뜨라'라는 이름의 여성은 '쿤쑤팟뜨라', '아피씻'이라는 이름의 남성은 '쿤아피씻'이라고 합니다.

태국인을 만났을 때는 가능하면 그 사람의 애칭을 알아두고 '쿤'을 붙여서, 아주 친해지면 '쿤'을 떼어내고 애칭만 불러도 됩니다. 이 경우 쌍방의 묵시적인 동의가 먼저 이루어져야겠지요.

อยู่ตรงไหน

อยู่ที่ไหน 와 같은 의미의 표현입니다. 있는 위치를 물을 때 사용합니다. 사물이나 사람 모두에 사용 가능합니다.

ไวยากรณ์

조동사 I : 시제 I

태국어에서 시제는 그리 중요하지 않습니다. 물론 문장의 구조에도 영향을 미치지 않습니다. 보통 시간 부사를 사용하여 문장 시제를 만듭니다.

그는 작년에 결혼했습니다.	เขาแต่งงานเมื่อปีที่แล้ว
지금 오빠는 태국 치앙마이에 계십니다.	ตอนนี้พี่ชายอยู่ที่เชียงใหม่
내일 저는 미국으로 떠날 것입니다.	พรุ่งนี้ดิฉันจะออกเดินทางไปอเมริกา

과거 : เมื่อ ๓ ปีก่อน, เมื่อวานนี้, เดือนที่แล้ว
현재 : ตอนนี้, ปัจจุบันนี้, เดี๋ยวนี้
미래 : พรุ่งนี้, ปีหน้า, ในอนาคต

TIP

태국어에는 소리를 내지 않는 자음이 많습니다. 대표적인 예는 올챙이처럼 생긴 묵음부호가 자음 위에 붙은 경우입니다. 그 자음은 당연히 묵음이 되어 발음하지 않습니다.

 สิทธิ์ (씻) ศักดิ์ (싹) รามเกียรติ์ (라마끼안)

묵음 부호가 없지만 단어 끝의 단모음 발음하지 않는 경우도 있습니다.
첫째는 ชาติ, เหตุ 처럼 마지막 자음 위에 붙은 단모음 '이' 나 '우'를 발음하지 않는 것입니다.
 예 : ชาติ (차—ㅅ) ชาตินิยม (차—ㅅ 니욤, 민족주의) เหตุ (헤—ㅅ, 이유) เหตุผล (헤—ㅅ폰, 인과)
   เกียรติ (끼얏, 명예)

둘째는 ร가 จ, ส, ศ 뒤에 따라 올 때 ร가 발음되지 않습니다.
 예 : สระผม 싸폼 (머리 감다)
   สระ 싸 (연못)
   สร้าง 싸—ㅇ (건설하다)
   เศรษฐกิจ 쎄—ㅅ타낏 (경제)
   เศรษฐศาสตร์ 쎄—ㅅ타싸—ㅅ (경제학)
   ศรัทธา 쌋타— (믿음)
   สรงน้ำ 쏭남 (목욕하다)
   จริง 찡 (정말)

전통 후식

문화

태국인들은 식사 후에 반드시 후식을 먹는다. 후식의 종류는 매우 다양하다. 비싼 서양식 과자부터 과일, 음료수, 태국식 찰떡이나 과자 등이 있다. 바나나는 날로도 먹지만 튀기도 하고 굽기도 하고 찌기도 해서 먹고, 야자즙에 넣어 차갑거나 뜨겁게 먹는다. 가장 흔하게 즐기는 것은 설탕 시럽이나 사탕수수즙, 또는 야자즙 국물에 연밥이나 곡류, 설탕에 조린 바나나, 알록달록하게 식용색소로 모양을 낸 열매나 씨 등을 넣는 것이다. 이 중 과일이나 채소를 아주 작게 원형처럼 만든 '룩춥'이라는 이름의 후식과 훠이텅 등은 색과 모양이 예쁘기도 하고 맛도 좋다.

4인 예약합니다. จะจองโต๊ะอาหาร ๔ ที่ 짜짜-ㅇ 또 아하-ㄴ 씨- 티-

기호는 잉어-ㄴ 가족과 식사하기 위해 전화로 식당을 예약한다.

🎧 บทสนทนา

พนักงานหญิง	สวัสดีค่ะ สมบูรณ์ภัตตาคารค่ะ 싸왓디-카 쏨부-ㄴ 팟따-카-ㄴ카
คีโฮ	ฮัลโหล ผมขอจองโต๊ะ ๔ ที่ ได้ไหมครับ 할로- 폼 커-쩌-ㅇ 또 씨- 티- 다이마이 크랍
พนักงานหญิง	ได้ค่ะ กี่โมงคะ และลงชื่อว่าใครจองคะ 다이카 끼-모-ㅇ 카 래 롱츠-와 크라이쩌-ㅇ 카
คีโฮ	พรุ่งนี้เย็น จองในชื่อผม คีโฮครับ 프룽니-옌 쩌-ㅇ 츠- 폼 기호- 크랍
พนักงานหญิง	จะมาได้กี่โมงคะ 짜마-다이 끼- 모-ㅇ 카
คีโฮ	ทุ่มครึ่งครับ 툼 크릉 크랍
พนักงานหญิง	จองในนามของคุณคีโฮ พรุ่งนี้ ทุ่มครึ่งนะคะ ขอบคุณค่ะ 쩌-ㅇ 나이나-ㅁ 커-ㅇ 쿤기호 프룽니- 툼 크릉나카 커-ㅂ 쿤카

🔵 คำศัพท์

จอง 쩌-ㅇ 예약하다	**ภัตตาคาร** 팟따-카-ㄴ 식당, 레스트랑	**และ** 래 그리고	**ชื่อ** 츠- 이름	**ใคร** 크라이 누구	**ทุ่ม** 툼 시(時, 저녁 7-11시 사이에 사용)
โต๊ะ 또 상, 테이블	**ฮัลโหล** 할로- Hello!	**ลง** 롱 내리다	**ลงชื่อ** 롱츠- 서명하다, 이름을 기재하다	**พรุ่งนี้** 프룽니- 내일	**นาม** 나-ㅁ 이름

여종업원 : 안녕하세요? 쏨부-ㄴ 음식점입니다.
기   호 : 여보세요 4인 식사를 예약하려고 하는데, 되나요?
여종업원 : 됩니다. 몇 신가요? 그리고 어느 분 성함으로 할까요?
기   호 : 내일 저녁이고요. 제 이름으로 예약해 주세요. 기호입니다.
여종업원 : 몇 시에 오실 건가요?
기   호 : 7시 반입니다.
여종업원 : 기호씨 이름으로 예약되었고요. 내일 7시 반입니다. 고맙습니다.

การใช้ภาษา

ลงชื่อ
'이름을 적어 넣다', '기재하다'라는 뜻입니다. ลงชื่อว่าใครจอง 은 우리 나라 말로는 '어느 분의 성함으로 예약을 하시나요?' 라는 의미이다.

จอง
비행기표나 식당, 호텔 등을 미리 예약할 때 사용하는 단어입니다. 사람에게도 사용할 수 있습니다.

ฮัลโหล
영어의 'Hello'입니다. 영어를 그대로 사용합니다. 태국에서는 이러한 현상은 '탑쌉'이라고 합니다. 인터넷, 텔레비전 등이 모두 이에 해당됩니다.
태국에서는 전화를 받거나 걸 때 ฮัลโหล 를 사용합니다. 우리나라의 '여보세요!'에 해당됩니다.

จะมาได้กี่โมง
'몇 시에 도착하실 것이가요?'라고 물을 때 사용하는 표현입니다.

ในนามของ...
'...의 이름으로' 라는 뜻이며, '전 사원의 이름으로', '학과 학생의 이름으로', '우리 학교의 이름으로' 등등처럼 대체로 대표 자격으로 인사를 할 때 사용합니다.

ไวยากรณ์

조동사 II : 시제 II

시간부사를 사용하지 않은 경우는 시제를 분명하게 해주는 보조 동사와 부사를 넣어 표현합니다. 다음과 같습니다.

1. กำลัง...อยู่, ...อยู่, กำลัง 현재 진행
   เขากำลังดื่มเหล้าอยู่ 그는 술을 마시고 있습니다.
   พี่สาวผมกำลังอยู่ที่เมืองปูซาน 우리 누나는 부산에 살고 계십니다.
   อ่านหนังสืออยู่ 책을 읽고 있다

2. ... มาแล้ว 현재 완료
   กินข้าวมาโรงเรียนแล้ว 밥을 먹고 학교에 왔습니다.

3. จะ 미래
   อาจารย์จะมาสอนหนังสือ 선생님이 오셔서 강의하실 것이다.

4. กำลังจะ 가까운 미래
   ฉันกำลังจะไปเมืองไทย 저는 태국에 가려고 합니다.(가까운 장래에 갈 것임을 시사)

5. กำลังจะ...อยู่แล้ว 미래완료
   ลูกกำลังจะไปพบเขาอยู่แล้ว 애가 그 분을 만나러 가려고 하던 참입니다.

6. ได้... 과거
   ลูกสาวของเพื่อนได้สอบผ่านสัปดาห์ที่แล้ว 친구 딸이 지난 주에 합격했습니다.

7. ...แล้ว 과거완료
   คุณพ่อซื้อบ้านแล้ว 아버님은 집을 사셨습니다.

현대식 후식문화와 생활

문화

어른들은 전통 후식을 즐기지만 젊은이들이나 청소년은 서양식 과자나 빵, 아이스크림을 더 좋아한다. 그들의 기호를 맞추기 위해 '튀긴 아이스크림'과 같은 재미있는 이름이나 자신의 이름을 내건 새롭고 독특한 과자와 빵 등을 개발하기도 한다. 룽몬(몬 아저씨) 가게의 연유 바른 빵도 그 중의 하나이다. 청소년들은 줄을 서서라도 기다려서 원하는 과자를 산다. 싸얌 스퀘어에 있는 가게에서 도너스 Crispy를 사기 위해 장사진을 치고 있는 사람들을 보는 것은 이제는 예사로운 일이 되었다.

ตอนที่ 4

12 우리 가족을 소개할게.   13 메뉴 좀 보여주세요.
14 후식은 무엇을 드시겠어요?

기호. 잉언 가족과 식사하다.

입에서 톡(talk) 태국어

우리 가족을 소개할 게. จะแนะนำสมาชิกในครอบครัวฉัน
짜내남싸마ー칙나이크러ー ㅂ크루아찬

기호. 예약해 둔 식당에서 잉어ー ㄴ의 가족을 만난다.

🎧 บทสนทนา

คีโฮ	เรียนหนังสือสนุกไหม อิงอร	
	리안 낭쓰ー 싸눅마이 잉어ーㄴ	
อิงอร	สนุกแต่เหนื่อย	
	싸눅 때ー 느아이	
	ฉันจะแนะนำคุณพ่อคุณแม่ให้คุณรู้จัก	
	찬짜내남쿤퍼ー쿤매ー하이쿤루ー짝	
	นี่คุณพ่อฉัน และนั่นคุณแม่ฉัน	
	니ー쿤퍼찬 래 난쿤매ー찬	
คีโฮ	สวัสดีครับ ผม คีโฮ เพื่อนของอิงอรครับ	
	싸왓디ー크랍 폼 기호 프안커ーㅇ잉어ーㄴ 크랍	
คุณพ่ออิงอร	ดีใจที่ได้พบคีโฮ อิงอรพูดถึงคีโฮอยู่บ่อย ๆ	
	디ー짜이티ー다이폽기호 잉언 푸ーㅅ틍기호 유 버이버ー이	
คุณแม่อิงอร	ยินดีต้อนรับสู่เมืองไทย	
	인디ー떠ーㄴ 랍 쑤ー 므앙타이	
คีโฮ	ผมรู้สึกเป็นเกียรติ และยินดีที่ได้พบคุณพ่อคุณแม่ครับ	
	폼루ー쓱뻰끼앗 래 인디ー티ー다이폽쿤퍼ー쿤매ー크랍	
	อิงอรสวยเหมือนคุณแม่นะครับ	
	잉어ーㄴ 쑤어이 므안쿤매ーㅡ나크랍	

◉ คำศัพท์

สมาชิก	เรียน	สนุก	ถึง	สู่	เกียรติ
싸마ー칙	리안	싸눅	틍	쑤ー	끼앗
회원	배우다	재미있다	…에 대하여	…로, …에	명예

ครอบครัว	หนังสือ	เหนื่อย	ต้อนรับ	รู้สึก	เหมือน
크러ーㅂ 크루어	낭쓰ー	느아이	떠ーㄴ 랍	루ー쓱	므안
가족	책	피곤하다	환영하다	느끼다	닮다, …처럼

기   호 : 잉어-ㄴ, 공부하는 거 재미있니?
잉   어 - ㄴ : 재미있지만 힘들어.
                우리 부모님을 소개할 게.
                이 분이 우리 아버지시고, 저 분은 우리 엄마야.
기   호 : 안녕하세요! 저는 기호이고 잉어-ㄴ의 친구입니다.
잉어-ㄴ 아빠 : 아빠 기호 군을 만나게 되어 반갑네. 잉어-ㄴ이 자주 얘기했네.
잉어-ㄴ 엄마 : 엄마 태국에 온 걸 환영해요.
기   호 : 저도 부모님을 뵙게 되어 영광입니다.
                잉어-ㄴ은 어머님을 닮아서 아름다운 거였네요.

● การใช้ภาษา

○ ประธาน จะแนะนำ เพื่อน ให้รู้จัก
주어가 친구를 다른 사람에게 소개할 때 사용하는 언사이다. 간단히 '소개할 게' 또는 '소개하겠습니다'라는 뜻입니다. 세 사람이 모두 얼굴을 보고 있는 경우에는 주어나 친구, 다른 사람의 이름을 거론할 필요는 없습니다. 눈짓으로, 표정으로 이해하니까요.

○ ยินดีต้อนรับ
우리 말의 '환영합니다' 또는 '어서 오세요' 와 같이 손님을 맞이할 때 사용하는 표현입니다.

○ ยินดีต้อนรับสู่เมืองไทย
손님을 맞거나 환영할 때, 온 장소를 표시하고 싶을 때 사용하는 표현입니다.
여기서는 '태국에' (สู่เมืองไทย) 를 사용하였습니다. สู่ 는 방향을 나타내는 전치사입니다.

○ รู้สึกเป็นเกียรติ
다른 사람을 소개 받았을 때 만나게 되어(뵙게 되어, 알게 되어…) 반갑다는 표현입니다만 보통은 '반갑다'라는 뜻의 'ยินดี'를 사용하나 여기서는 'เป็นเกียรติ'(영광스럽다) 를 사용함으로써 상대방에게 존경을 표하고 있습니다. 더 공손한 표현입니다.

○ สวยเหมือน...
직역하면 '…처럼 아름답다'라는 뜻입니다. 보통은 '…을 닮아 아름답습니다'라는 표현을 함으로써 상대방의 아름다움에 대해서도 언급하고 있습니다. 두 사람 다 아름답다는 칭찬을 하는 것과 같지요…

ไวยากรณ์

지시대명사/지시형용사

태국어에는 지시대명사가 보통 3 가지 있습니다. 화자를 중심으로 해서 가까우면 이(นี่), 좀 멀리 떨어져 있으면 그 (นั่น) , 그리고 아주 멀면 저(โน่น)을 사용합니다.

예 : 이 것은 무엇입니까? นี่อะไร
그 분은 누구 어머니신가요? นั่นคุณแม่ของใคร
저 것은 정말 아름답습니다. โน่นสวยจริง ๆ ครับ(ค่ะ)

그러나 아래의 문장에서처럼 명사 바로 뒤에 붙은 นี่(นั่น, โน่น)는 앞의 명사를 강조하는 것으로 굳이 해석할 필요가 없습니다.

예 : 똠얌꿍이 정말 맛있어요. ต้มยำกุ้งนี่อร่อยจริง ๆ

그러나 지시형용사일 경우는 의미상으로 이, 그, 저 가 형용사 역할을 하는 것입니다. 형태는 นี้, นั้น, โน้น 으로 바뀌며 명사의 뒤에 붙게 되지요. 그리고 그 명사의 위치 등을 말해 줍니다.

예 : 이 책상은 얼마인가요? โต๊ะนี้ราคาเท่าไร
그 구두는 매우 헐렁합니다. รองเท้านั้นหลวมมาก
저 사람은 미국인인가요? คนโน้นเป็นคนอเมริกันหรือ
그 빨간 구두는 10만원입니다. รองเท้าสีแดงคู่นั้นราคาหนึ่งแสนวอน
저 키가 큰 학생은 제 아들입니다. นักศึกษาตัวสูงคนโน้นเป็นลูกผม

위의 경우와 같이 명사를 수식하는 형용사가 지시형용사 외에 더 있을 경우에는 지시형용사가 맨 뒤로 붙습니다. 그러나 복수일 경우는 เหล่านี้(นั้น, โน้น), พวกนี้(นั้น, โน้น) 을 사용합니다.
เหล่า와 พวก은 사람에 사용할 수 있습니다만 사물에는 เหล่า 만 사용합니다.

예 : 그 아이들은 어디 가나요? เด็กพวกนั้นไปไหนคะ
저 외국인들은 어디서 왔습니까? คนต่างชาติเหล่าโน้นมาจากไหนครับ
이 가방들은 얼마입니까? กระเป๋าเหล่านี้ราคาเท่าไรคะ

현대식 쇼핑몰

문화

태국인의 소비문화는 태국인과 외국인으로 나눌 수 있다. 태국인식의 소비문화는 과거와 크게 변하지 않아서 재래시장을 중심으로 이루어지고 있으나 대도시인이나 외국인들은 대규모 쇼핑몰이나 백화점을 이용한다. 과거와 달리 근래에는 슈퍼에서 백화점, 영화관, 식당가, 어린이 놀이터 등이 한 건물에 들어있는 대형 복합건물이 도시와 지방에 속속 들어서고 있다. 그 화려함과 번화함, 그리고 경이로움은 돈을 쓰거나 즐기려는 소비자의 구미를 당기고 있다.

메뉴 좀 보여주세요. ขอเมนู 커-메누

가족 소개가 끝난 후 저녁식사를 주문하기 위해 종업원을 부르는 기호.

🎧 บทสนทนา

คีโฮ	คุณครับ ขอเมนูหน่อยครับ 쿤 크랍 커- 메누너-이 크랍
พนักงานหญิง	นี่ค่ะ จะรับอะไรคะ 니-카 짜랍아라이카
คีโฮ	คุณพ่อคุณแม่ครับ ช่วยสั่งหน่อยครับ 쿤퍼-쿤매-크랍 추어이쌍너-이 크랍
	ผมสั่งอาหารไทยไม่เป็นครับ 폼 쌍 아하-ㄴ 타이 마이뻰 크랍
คุณพ่ออิงอร	พ่อขอไก่ย่าง ส้มตำและข้าวเหนียว แม่ล่ะ 퍼-짜커-까이야-ㅇ 쏨땀 래 카-우니아우 매-라
คุณแม่อิงอร	แม่ขอผัดไทย อิงอรจะทานต้มยำกุ้งไหมลูก 매- 커-팟타이 잉어-ㄴ 짜타-ㄴ 똠얌꿍 마이 루-ㄱ
อิงอร	ไม่ค่ะ ขอแกงเขียวหวานเนื้อ ได้ยินว่า ร้านนี้ทำอร่อยค่ะ 마이카 커-깨-ㅇ키아우와-ㄴ느어 다이인와- 라-ㄴ니- 탐아러-이 카
	แล้วคีโฮล่ะ 래우 기호라
คีโฮ	ผมขอลาบเนื้อครับ 폼 커-라-ㅂ느아 크랍

◉ คำศัพท์

เมนู	ไก่ย่าง	ร้าน	ผัดไทย	แกงเขียวหวาน	ได้ยิน
메-누- 메뉴, 음식차림표, 식단	까이야-ㅇ 통닭	라-ㄴ 가게, 상점, 점포	팟타이 팟타이(음식 이름)	깽키아우와-ㄴ 오렌지	다이인 (남이라는 말을) 듣 다, 들리다
สั่ง	ส้มตำ	ข้าวเหนียว	ต้มยำกุ้ง	อร่อย	ลาบเนื้อ
쌍 주문하다	쏨땀 쏨땀	카-우니아우 찹쌀, 찰밥	똠얌꿍 똠얌꿍	아러-이 맛있다.	라-ㅂ느아 고기, 살

기   호 : 여보세요. 메뉴 좀 주세요.
여 종 업 원 : 여기 있습니다. 무엇을 드시겠습니까?
기   호 : 아버지, 어머니 주문 좀 도와 해주세요.
              전 태국 음식을 주문할 줄 몰라서요.
잉어-ㄴ 아버지 : 난 통닭, 쏨땀, 찰밥을 하겠네. 여보, 당신은?
잉어-ㄴ 어머니 : 난 팟타이를 하겠어요. 잉어-ㄴ아 똠얌꿍을 먹겠니?
잉   어-ㄴ : 아녜요. 소고기를 넣은 깽키아우와-ㄴ을 먹겠어요.
              이 가게가 맛있게 한대요. 기호는?
기   호 : 난 랍느어를 하겠어.

การใช้ภาษา

คุณครับ

'여보세요' 라는 뜻입니다. 음식점에서 종업원을 불러 주문할 때, 지나가는 사람에게 무엇인가를 물으려고 할 때 사용되는 표현인데, 상대방과 자신의 관계를 특히 연령을 생각합니다.
나이가 비슷할 경우에는 'คุณครับ(ค่ะ)'을, 아저씨뻘 될 때는 'ลุงครับ(ค่ะ)', 아주머니뻘 일때는 'ป้าครับ(ค่ะ), 그리고 어린애일 경우는 หนู 를 사용합니다.

นี่ค่ะ(ครับ)

주문할 물건이나 찾는 물건을 내 줄 때 '여기 있습니다' 라는 표현입니다. 이때 '감사하다' 며 받으면 됩니다.

ได้ยินว่า

남이 이야기하는 것을 '들었습니다'라는 표현입니다. 우리 말로는 '그러더군요' 또는 '… 라고 말했어요', 또는 '듣기에…' 라고 하고 싶을 때 사용하면 됩니다.

แล้ว

문장 맨 뒤에 붙어서 동사를 과거 또는 완료의 의미를 갖게 하는데 사용합니다.

예 : 치앙마이에 갔어요(그래서 지금 여기 없어요). ไปเชียงใหม่แล้ว
    밥 먹었어요. กินข้าวแล้ว

ไวยากรณ์

เป็น /... ได้ 의 특수 용법

...ไม่เป็น

'เป็น'의 또 하나의 용법입니다. 동사 뒤에 붙어 주어의 할 줄 안다 모른다를 표현할 때 사용합니다. 할 줄 모르는 이유는 연습(훈련)을 안 해서, 배우지 않아서… 등등입니다.

예 : 당신은 운전을 할 줄 압니까?	คุณขับรถ<u>เป็น</u>ไหม
저는 운전을 할 줄 모릅니다.	ผมขับรถ<u>ไม่เป็น</u>
밥을 할 줄 모릅니다.	หุงข้าว<u>ไม่เป็น</u>
태국어를 할 줄 모릅니다.	พูดภาษาไทย<u>ไม่เป็น</u>

이런 저런 이유로 할 줄 모르는 것을 반대 의미로 할 줄 안다는 의미로 말하고 싶을 때 바로 앞에 붙어 있는 부정사 ไม่를 떼면 됩니다.

예 : 저는 밥을 지을 줄 압니다.	หุงข้าว<u>เป็น</u>
동생은 자전거를 탈 줄 압니다.	น้องขี่จักรยาน<u>เป็น</u>
저는 태국어를 조금 할 줄 압니다.	ผมพูดภาษาไทย<u>เป็น</u>นิดหน่อย

동사 뒤에 붙여 사용하는 ได้와는 차이가 좀 있습니다. ได้는 동사를 근본적으로 못하는 것이 아니라 할 줄은 아는데 다른 이유로 할 수 없다는 의미를 가집니다. ได้는 밥을 지으려는데 쌀이 없던지 가스가 없어서…, 운전은 할 줄 아는데 술을 마셨다든지 또는 졸립다든지… 와 같이 후천적인 다른 원인이 있기 때문입니다.

흔히 모두 '… 할 수 없다' 라고 번역합니다.

밥을 할 수 없습니다.	หุงข้าว<u>ไม่ได้</u>
운전할 수 없습니다.	ขับรถ<u>ไม่ได้</u>

เป็น의 또 다른 용법은 '… 로', ' …로써', ' … 자격으로' 의미입니다. 보통 เป็น 뒤에 명사를 붙여 사용합니다.

예 : 한국인은 보통 후식으로 과일을 먹습니다.	ชาวเกาหลีกินผลไม้<u>เป็น</u>ของหวานเป็นส่วนใหญ่
	ชาวเกาหลีส่วนใหญ่กินผลไม้<u>เป็น</u>ของหวาน
저는 대학생 자격으로 여기 왔습니다.	ผมมาที่นี่ในฐานะ<u>เป็น</u>นักศึกษา

MK 스끼 식당

문화

MK 스끼는 1980년 중반에 건강음식으로 대두되면서 유명해져서 현재는 전국적으로 300여 곳의 지점이 있고 일본 등 해외지점까지 내고 있는 대기업이다. 한국식과 일본식의 장점을 살려 독특한 메뉴를 개발하여 성공한 경우이다. 주머니 사정에 따라 선택해 먹을 수 있는 장점이 있다. 정갈하고 세련된 분위기와 독특한 소스가 있다. 중부에서는 한 때, 북부나 동북부에서는 아직도 '느어양까올리'(한국 불고기)라는 이름의 음식이 대중적인 인기를 끌고 있다. 우리나라의 신선로 또는 불고기 판에 각종 채소와 육류 또는 해산물을 기호에 맞춰 넣고 끓여서 소스에 찍어 먹는 서민적인 건강식이다.

후식은 무엇을 드시겠어요? จะทานของหวานอะไร
짜타ㄴ커ㅇ와ㄴ아라이

식사를 마친 기호와 잉어ㄴ 가족. 후식을 주문한다.

🎧 บทสนทนา

พนักงานหญิง	จะรับอะไรเป็นของหวานคะ 짜랍아라이뻰커ㅇ 와ㄴ 카
	มีกาแฟ ไอศกรีม กล้วยบวชชี ทับทิมกรอบ และผลไม้ค่ะ 미 까풰ㅡ 아이스크림 끌루아이부엇치ㅡ 탑팀끄러ㅡㅂ 래 폰라마이 카
คีโฮ	คุณพ่อจะทานอะไรครับ 쿤퍼ㅡ짜타ㄴ 아라이 크랍
คุณพ่ออิงอร	พ่อขอผลไม้ กล้วยบวชชีร้านนี้อร่อย จะลองไหม 퍼ㅡ커ㅡ폰라마이 끌루아이부엇치ㅡ 라ㄴ 니ㅡ 아러ㅡ이 짜러ㅇ마이
คีโฮ	ผมไม่เคยทานครับ ขอลองหน่อยครับ 폼 마이 커ㅡ이 타ㄴ크랍 커러ㅇ 너ㅡ이 크랍
อิงอร	หนูขอไอศกรีมค่ะ แม่ทานขนมชั้นไหมคะ ที่นี่อร่อยมากค่ะ 누커ㅡ아이스크림 매ㅡ타ㄴ카놈찬마이카 티ㅡ니ㅡ 아러ㅡ이마ㅡㄱ카
คุณแม่อิงอร	ดีลูก แม่ขอขนมชั้นจ๊ะ 디ㅡ루ㅡㄱ 매ㅡ 커ㅡ 카놈찬짜
พนักงานหญิง	รอสักครู่นะคะ 러ㅡ싹크루ㅡ나카

⦿ คำศัพท์

| ของ
커ㅡㅇ
물건, 것 | เป็น
뻰
… 로 | กล้วยบวชชี
끌루어이부엇치ㅡ
태국 후식 이름 | กรอบ
끄러ㅡㅂ
바삭바삭한,
아작아작한 | ลอง
러ㅡㅇ
시도해 보다 | ขนมชั้น
카놈찬
태국 후식 이름 |
| ของหวาน
커ㅡㅇ 와ㄴ
후식 | กล้วย
끌루어이
바나나 | ทับทิม
탑팀
석류,
태국 후식 이름 | ผลไม้
폰라마이
과일 | ขนม
카놈
과자, 떡 | สักครู่
싹크루ㅡ
잠시, 잠깐 |

| 여　종　업　원 | : 후식은 뭘 드시겠어요?
커피, 아이스크림, 끌루어이부엇치, 탑팁끄러-ㅂ, 그리고 과일이 있습니다.
| 기　　　　호 | : 아버님은 뭘 드시겠어요/
| 잉어-ㄴ 아버지 | : 난 과일을 들겠네. 이 가게 끌루어이부엇치가 맛있는데…
한 번 들어보겠네?
| 기　　　　호 | : 전에 먹어 본 적이 없습니다. 한 번 먹어 보겠습니다.
| 잉　　어-ㄴ | : 저는 아이스크림 먹을래요. 엄만 카놈찬 드시겠어요?
여기 맛있어요.
| 잉어-ㄴ 어머니 | : 좋지. 난 카놈찬을 하련다.
| 여　종　업　원 | : 잠깐만 기다려주세요.

การใช้ภาษา

จะลองไหม

'한 번 해 볼래요?', '시도하시겠어요?' 등의 뜻입니다. 한 번도 해 보지 않았거나 별로 내키지 않은 것을 이런저런 이유로 시도해(ลอง) 보기를 권할 때 사용하는 표현입니다.

옷, 신발, 안경 등등 결정하기 전에 미리 사용해 보는 것 등에도 사용됩니다. 이럴 때 입어 봐도(신어 봐도, 써 봐도 먹어 봐도…) 돼요?하고 제안을 하는데 (จะ)ลองได้ไหม 라고 물어 봅니다.

경우에 따라서는 점원이 '신어 보시겠어요?"라고 제안하기도 합니다. 이 때 동사 'ลอง'은 경우의 동사를 대신한다고 볼 수 있습니다.

รอสักครู่

상대방이나 누구에게 잠깐만 기다려줄 것을 요구할 때 사용하는 표현입니다. 보통은 뒤에 가벼운 강요나 권유를 나타내는 นะ와 ครับ(ค่ะ) 을 붙여 사용합니다.

TIP 태국 전통 후식 이름
กล้วยบวชชี 삶은 바나나를 야자즙에 넣어 만든 후식
ทับทิมกรอบ 아삭아삭한 해우(แห้ว)에 진홍색 녹말을 여러 겹 묻혀 끓는 물에 데쳐 만든 후식으로 그 모양이 마치 석류알 같다고 해서 붙여진 이름. 색깔도 곱지만 씹는 맛이 일품이다.
ขนมชั้น 흰색에서 녹색까지 여러 가지 색깔의 아주 얇은 녹말층(까티 포함)을 쌓아 올려 만든 후식으로 결혼피로연 등에 많이 사용된다. 손이 많이 가는 맛있는 후식이다. 얇을수록 잘 만들었다고 한다.

ไวยากรณ์

특수한 수사와 그 용법

태국어의 수사는 이미 언급된 능 หนึ่ง (1) 써ㅇ สอง (2) 싸—ㅁ สาม(3)외에 싼스크리트어와 팔리어에서 유래된 수사가 더 있습니다. 이러한 수를 이미 여러분은 알고 있습니다. 즉 성조 부문에서 이미 나왔는데, 그것은 에—ㄱ เอก (1) 토— โท (2) 뜨리— ตรี (3) 짯따와— จัตวา (4) 입니다.

이 에—ㄱ, 토—, 뜨리—, 짯따와—는 일상생활에서 공무원(관료, 군인, 경찰 등)의 계급(직급) 표시에 사용됩니다. 수가 낮을수록 높은 계급입니다.

예 : 학사 ปริญญาตรี   석사 ปริญญาโท
     박사 ปริญญาเอก   대위 ร้อยเอก
     중위 ร้อยโท   소위 ร้อยตรี
     대령 พันเอก   중령 พันโท
     소령 พันตรี   대장 พลเอก
     중장 พลโท   소장 พลตรี

TIP

태국어에서 'ลูก'이라는 단어는 '자식'이라는 뜻입니다만 이 단어를 이름 대신에 사용하기도 합니다. 우리 말의 '얘야 넌 뭘 하겠니?'의 '얘'에 해당합니다.

또 이 단어는 친족관계에서만 되는 게 아니라 사제지간이나 친족같이 가까이 지내는 친구의 자녀, 또는 연령대가 자식뻘 되는 사람에게 친근함을 나타내며 사용하기도 합니다.

예 : 얘야, 우리 함께 밥 먹을까?   เรากินข้าวด้วยกันไหมลูก
     제가 했어요.   ลูกทำค่ะ
     너도 같이 갈래?   ลูกจะไปด้วยไหม

태국인의 종교생활

문화

태국인은 대부분이 불교도라고 하지만 사실 그 속을 가만히 들여다 보면 여러 가지가 복합해 있는 기원종교라는 생각이 든다. 태국인들은 눈을 뜨면 집에 모신 불단에 기도하고 밤이면 기도하고 잠자리에 든다. 종교생활을 일상생활과 분리해서 생각할 수 없다. 기회만 닿으면 절에 가고 보시하고 기도한다. 절에 가서 스님에게 인사하면, 스님은 몇 마디의 덕담과 독경으로 대응한다. 독경이 끝난 후 신도의 머리 위로 물을 뿌리며(프롬남) 기도도 해 준다. 태국인은 태어난 요일을 중시한다. 부처님도 각 요일 별로 정해져 있고, 수요일은 오전 오후로 나뉜다. 그래서 자기가 태어난 요일불을 섬기기도 한다.

ตอนที่ 5

15 무슨 일을 합니까?   16 취미는 무엇인가요?
17 태국 사람은 정말 킥복싱을 좋아하나 봐.

기호, 킥복싱을 보러 가다.

입에서 톡(talk) 태국어

무슨 일을 합니까? คุณทำงานอะไร 쿤탐응아ㅡㄴ아라이

บทที่ 15

잉언의 친구 알버트를 만난 기호. 서로의 직업에 대해 묻는다.

🎧 บทสนทนา

อัลเบิร์ต	คีโฮ คุณทำงานอะไร
	기호 쿤탐응아ㅡㄴ아라이
คีโฮ	ผมยังไม่ได้ทำงานครับ ผมเป็นนักศึกษา
	폼양마이다이탐응아ㅡㄴ 크랍 폼뻰낙쓱싸
	เรียนอยู่ปี ๓ ของมหาวิทยาลัยโซล
	리안유ㅡ삐ㅡ 싸ㅡㅁ 커ㅡㅇ 마하ㅡ위타야라이서울
อัลเบิร์ต	เรียนวิชาเอกอะไร
	리안위차ㅡ에ㅡㄱ 아라이
คีโฮ	เศรษฐศาสตร์ แล้วคุณล่ะ ทำงานอะไรครับ
	쎗타싸ㅡㅅ 래우쿤라 탐응아ㅡㄴ아라이 크랍
อัลเบิร์ต	ผมทำงานธนาคาร
	폼 탐응아ㅡㄴ 타나ㅡ카ㅡㄴ
คีโฮ	คุณชอบงานคุณไหม
	쿤 처ㅡㅂ응아ㅡㄴ 쿤 마이
อัลเบอร์ต	ชอบมาก แต่ต้องทำงานเลิกดึกๆ เกือบทุกวัน
	처ㅡㅂ 마ㅡㄱ 때 떠ㅡㅇ탐응아ㅡㄴ러ㅡㄱ득득 끄압툭완

🔵 คำศัพท์

ทำงาน	มหาวิทยาลัย	เศรษฐศาสตร์	ชอบ	เลิก	เกือบ
탐응아ㅡㄴ	마하ㅡ위타야ㅡ라이	쎄ㅡㅅ타싸ㅡㅅ	처ㅡㅂ	러ㅡㄱ	끄압
일하다	대학교	경제학	좋아하다	폐지하다, 끝내다	거의

นักศึกษา	วิชาเอก	ธนาคาร	ต้อง	ดึก	ทุกวัน
낙쓱싸	위차ㅡ에ㅡㄱ	타나ㅡ카ㅡㄴ	떠ㅡㅇ	득	툭완
대학생	전공	은행	..해야 하다(조동사)	밤늦다	매일

알버트 : 기호, 무슨 일을 해요?
기　호 : 아직 일하지 않아요. 학생이에요. 서울대학교 3학년이에요.
알버트 : 전공은 무엇이에요?(무슨 전공이에요?, 뭘 전공해요?)
기　호 : 경제학이에요. 당신은요? 무슨 일을 하세요?
알버트 : 난 은행에서 일해요.(은행에 다녀요)
기　호 : 하시는 일을 좋아하세요?
알버트 : 좋아해요. 그런데 거의 매일 늦게까지 일해야 해요.

การใช้ภาษา

ยังไม่ได้...
'아직 … 못합니다'.라는 의미이나 ' 아직 … 못하다' 또는 '아직 .. 하지 않다'라는 의미로 널리 쓰입니다. 여기서는 하고 싶지만 아직 학업이 끝나지 않아서… 라는 의미가 내포되어 있습니다.

เรียนอยู่ปี ๓
'몇 학년에 재학 중이다' 또는 '몇 학년이다'라는 의미를 표현할 때 사용합니다. 기호는 3학년이므로 3학년에 재학 중이라고 표현합니다. 이런 표현 외에 'ผมเป็นนักศึกษาปี ๓ 3학년 학생입니다'라고 할 수도 있습니다.

เกือบทุกวัน
'거의 매일'이라고 표현할 때 사용합니다. ทุกวัน은 매일입니다.

ๆ
이름이 '마이야목'이라는 부호입니다. 앞 단어나 어구를 반복할 때 사용합니다. 읽을 때 두 번 반복합니다.

　　예: 비가 아주 많이 왔어요. ฝนตกมาก ๆ (혼 똑 막 마ㅡㄱ)

입에서 톡(talk) 태국어

ไวยากรณ์

숫자 읽는 방법

전화 : 한 자씩 떼어 읽습니다. 2173 이 일 칠 삼… 이런 식으로

2173 - 4906 โท(สอง) หนึ่ง เจ็ด สาม สี่ เก้า ศูนย์ หก (토-능쩻싸-ㅁ씨-까오쑤-ㄴ혹)

전화번호를 읽을 때 숫자 2는 토- 라고 발음해야 한다. 그러나 요즈음은 써-ㅇ 이라고 더 많이 합니다.

년호

불력 2544 พ.ศ. ๒๕๔๔ พอสอ สองพันห้าร้อยสี่สิบสี่ 퍼-써-써-ㅇ 판씨-씹씨-

서력 2011 ค.ศ. ๒๐๑๑ คอสอ สองพันสิบเอ็ด 커-써-써-ㅇ판씹엣

พ.ศ. 는 พุทธศักราช의 약자로 불력이라는 뜻을 갖고 ค.ศ.는 คริสต์ศักราช의 약자로 서력을 의미합니다. 참고로 불력 은 서력보다 543 년 빠릅니다.

소수

소수를 읽는 법은 소수점을 중심으로 읽습니다. 소수점 이하는 한 자씩 떼어 읽습니다.

예 : 34.78 สามสิบสี่ จุด เจ็ดแปด 싸-ㅁ씹씨- 쭛 쩻 빼-ㅅ

0.29% ศูนย์จุด สองเก้า เปอร์เซ็นต์ 쑤-ㄴ 쭛 써-ㅇ까오 뻐센

소수점은 จุด 쭛 이라고 읽습니다.

수식

더하기 บวก 3 + 6 = 9 สาม บวก หก เป็น เก้า

빼기 ลบ 8 - 2 = 6 แปด ลบ สอง เหลือ หก

곱하기 คูณ 6 × 4 = 24 หก คูณ สี่ เป็น ยี่สิบสี่

나누기 หารด้วย 57 ÷ 3 = 19 ห้าสิบเจ็ด หารด้วย สาม เป็น สิบเก้า

TIP

숫자 0은 ศูนย์ 이라고도 쓰고 สูญ 이라고도 씁니다. 어떻게 쓰던 발음은 '쑤-ㄴ'입니다. 앞의 ศูนย์ 은 영어로 'center'로 변역되기도 하여 ศูนย์การค้า 는 상가, 상점이 밀집되어 있는 곳을 말합니다.

사원과 불상

문화

불상이 없는 사원이 없다. 태국에는 태국식 사원 외에 중국인 사원, 베트남인 사원 등이 있다. 보통 태국사원에는 곳곳에 불상이 있어 매우 많다는 느낌이 든다. 부처상 외에 그 사원을 거쳐가신 방장스님이나 주지승의 상이 있다. 쑤코타이 시대의 불상은 우리 나라 신라시대의 불상과 그 인자함이 맞닿아 있으나 현대의 불상은 태국적으로 좀 다르다. 그러나 태국사원에는 석가모니상만 있지 관세음보살상 등 다른 보살상은 없다. 이 점이 소승불교의 특징이다.

취미는 무엇인가요? มีงานอดิเรกอะไร 미-응아-ㄴ아디레-ㄱ아라이

기호. 알버트와 취미생활에 대해 이야기를 나눈다.

🎧 บทสนทนา

คีโฮ	เวลาว่าง คุณชอบทำอะไรบ้าง	
	웰라와-ㅇ 쿤처-ㅂ탐아라이바-ㅇ	
อัลเบิร์ต	ฟังเพลง	
	황 플레-ㅇ	
คีโฮ	ฟังเพลงแนวอะไร	
	황플레-ㅇ 내-우아라이	
อัลเบิร์ต	ชอบฟังทุกแนว แล้วคุณล่ะ คุณชอบทำอะไร	
	처-ㅂ황툭내-우 래우쿤라 쿤첩탐아라이	
คีโฮ	ผมชอบนั่งรถเมล์เที่ยวกรุงเทพฯ สนุกมาก	
	폼처-ㅂ낭롯메- 티아우끄룽텝 싸눅마-ㄱ	
อัลเบิร์ต	ฮือ แปลกจัง ถ้าคุณมีโอกาส ก็ไปเที่ยวประเทศอังกฤษซิ	
	흐- 쁠래-ㄱ짱 타-쿤미오-까ㅅ 꺼빠이티아우쁘라테-ㅅ 앙끄릿 씨	
	อังกฤษน่าเที่ยวนะครับ	
	앙끄릿 나-티아우나 크랍	
คีโฮ	คิดว่า อีก ๓-๔ ปี จะไปเที่ยวที่นั่น กำลังเก็บเงินอยู่ครับ	
	킷와- 이-ㄱ 싸-ㅁ씨-삐 짜티아우티-난 깜랑껩응언유-ㅡ랍	

◐ คำศัพท์

งานอดิเรก	แนว	รถเมล์	ว่าง	ก็	เก็บเงิน
응아-ㄴ 아디레-ㄱ	내-우	롯메-	왕	꺼-	껩언
취미	경향	버스	비다	… 면, …도	저축하다

ฟัง	นั่ง	อีก	ถ้า		อังกฤษ
황	낭	이-ㄱ	타-		앙끄릿
듣다	앉다. (차 등을) 타다	다시, 또	만일		영국(의)

เพลง	น่าเที่ยว	แปลก	โอกาส	คิด	
플레-ㅇ	나-티아우	쁠래-ㄱ	오-까ㅅ	킷	
노래	가 볼만하다	이상한	기회	생각하다	

84 | EBS

기　　호 : 시간이 나면 무엇을 하세요?
알버트 : 노래를 들어요.
기　　호 : 어떤 노래를 들어요?
알버트 : 모든 장르의 노래를 들어요. 그럼 당신은요? 무엇을 하나요?
기　　호 : 버스를 타고 방콕 시내를 돌아다녀요. 아주 재미있어요.
알버트 : 음…별나군요. 시간이 되면 영국에 가 보세요. 영국은 가 볼만 해요.
기　　호 : 3-4년 후에 가 보려고 해요. 지금 돈을 모으고 있어요.

การใช้ภาษา

เวลาว่าง

'시간이 나다, 틈이 나다, 한가하다(해지다)…' 등등의 표현입니다. 명사로 '여가'라는 뜻도 됩니다만 뒤에 따라오는 문장과의 관계를 생각하여 여기서는 '시간이 나면'이라고 봐야겠지요.

ฟังเพลงแนวอะไร

'무슨 노래를 들어요?'라고 묻고 싶을 때 사용하는 표현입니다. 그냥 ฟังเพลงอะไร라고 물어도 됩니다. แนว 를 넣어 어떤 '경향', '장르'를 특정하여 묻습니다.

อีก ... ปี(วัน)

'(지금부터) 몇 년(일) 후에, 지금부터 …후에 '라는 표현에 사용됩니다.

　　예: 5년 후에　อีก ๕ ปี(หลัง)
　　　　보름 후에　อีก ๑๕ วัน

กำลัง...อยู่

'현재 ..하고 있다'의 현재 진행형입니다. 본동사는 กำลัง 뒤에 나오고, 맨뒤의 อยู่ 는 2차동사 또는 부동사입니다.

　　예: 식사 중입니다.　กำลังกินข้าวอยู่

ไวยากรณ์

동사-부동사 (2차 동사)

태국어에서 동사는 본동사와 부동사(2차 동사)로 분류됩니다. 부동사는 동사 또는 술어 역할을 하는 형용사 뒤에 붙어서 동사의 동작과 상태를 분명하게 해 줍니다. 만일 목적어가 있을 경우 목적어를 두 동사 사이에 넣습니다.

많이 사용되는 부동사는 ไป (가다), มา (오다), ขึ้น (오르다), ลง (내리다), ไว้ (두다), เสีย (버리다), ให้ (주다), อยู่ (있다) 등등이 있습니다. 역할은 ไป 경우는 동사의 상태나 방향이 화자에서 멀어짐을, 반대로 가까워질 때는 มา 를, 위로 오를 때는 ขึ้น 을, 아래로 내려갈 때는 ลง을, 그리고 그 동작이나 상태가 계속 유지될 때는 ไว้ 를, 현재 진행형일 때는 อยู่ 를 사용합니다.

예 :
언니는 동생을 데리고 집으로 갔습니다.	พี่สาวพาน้องไปบ้าน
그 사람은 집으로 갔습니다.	เขาไปบ้าน
커피 한 잔을 가져오세요.	เอากาแฟมาถ้วยหนึ่งซินะคะ
어머니가 학교에 오십니다.	คุณแม่มาที่โรงเรียน
기름 값이 매일 비싸집니다.	ราคาน้ำมันแพงขึ้นทุกวัน
그 가방은 예쁘지만 비쌉니다.	กระเป๋านั้นสวยแต่แพงมาก
날씨가 선선해집니다.	อากาศเย็นลง
날씨가 선선합니다.	อากาศเย็น
그 사진을 잘 모아 두세요.	เก็บรูปถ่ายนั้นไว้ซิ
머리를 기릅니다.	ไว้ผมให้ยาว
종일 비가 내리고 있습니다.	ฝนตกอยู่ทั้งวัน
아버지는 서재에 계십니다.	คุณพ่ออยู่ห้องสมุด

문화

승려

태국인은 금생에서 가장 큰 복덕은 승려가 되는 것이라고 생각한다. 승려는 부처의 상징 또는 그 자체라고 생각하기 때문이다. 쑤코타이 시대부터 성인 남성이 단기간 또는 평생 출가하는 법도가 있었고, 출가했다가 환속하는 것은 당연한 것이다. 출가자를 사회는 성인(콘쑥)으로 받아들이고 결혼도 허하고, 취업도 허한다. 출가하지 않은 남성은 나이를 먹어도 성인이 아닌 남성(콘딥)이라고 인식된다. 승려의 세계는 세속 세계와 다르다. 승속의 법도에 따라야 한다. 태국에는 불가의 언어가 따로 있어 세속의 언어 및 왕실의 언어와 구별된다.

태국의 승려는 하루에 아침(7-8시)과 점심(11시 30분 경이전) 두 번 식사한다. 그 식사는 재가신도가 바치는 음식을 취하기 때문에 고기나 생선, 또는 채소를 가리지 않는다. 다만 술이나 이와 유사한 향신성음료는 피한다.

입에서 톡(talk) 태국어

태국 사람은 정말 킥복싱을 좋아하나 봐.
คิดว่า คนไทยชอบมวยไทยจริง ๆ 킷와 콘타이처-ㅂ무아이타이찡

기호. 잉어-ㄴ과 태국인들의 킥복싱에 대한 열정에 대해 이야기를 나눈다.

🎧 บทสนทนา

คีโฮ　　　ผมคิดว่า คนไทยชอบมวยไทยมาก
　　　　　폼킷와　　콘타이처-ㅂ무아이타이 마-ㄱ

อิงออ　　 ใช่แล้ว คนไทยส่วนใหญ่ชอบมวยไทย
　　　　　차이래우 콘타이쑤언야이커-ㅂ 무아이타이

คีโฮ　　　เธอล่ะ
　　　　　터-라

อิงออ　　 ฉันไม่ชอบเท่าไร แต่พี่ชายฉันชอบมากจนคลั่งไคล้
　　　　　찬마이처-ㅂ타오라이 때-피-차-이찬처-ㅂ 마-ㄱ 쫀클랑클라이

　　　　　 เขาไปดูมวยเกือบทุกอาทิตย์เลย
　　　　　카오 빠이두무아이끄압툭아-팃 르-이

คีโฮ　　　ถ้าไม่มีมวยสุดสัปดาห์ จะเกิดอะไรขึ้นนะ
　　　　　타-마이미-무아이쑷싸프다-　짜끄ㅓ-ㅅ아라이큰라

อิงออ　　 คงวุ่นวายน่าดู เพราะเขาไม่รู้จะทำอะไร
　　　　　콩운와-이나-두- 프러카오마이루-짜탐아라이

🔵 คำศัพท์

มวยไทย	ส่วนใหญ่	คลั่งไคล้	เลย	เกิด	คง
무어이타이	쑤언야이	클랑클라이	르-이	끄ㅓ-ㅅ	콩
킥복싱	대부분	열광하다	확실히	발생하다, 태어나다	아마

สุดสัปดาห์	จน	อาทิตย์	สุด	ขึ้น	วุ่นวาย
쑷싸프다-	쫀	아-팃	쑷	큰	운와-이
주말	할 정도로	일주일 (구어체)	끝	오르다	혼란스럽다, 바쁘다

기　　호 : 태국사람들은 정말 킥복싱을 좋아한다고 생각해.
잉어-ㄴ : 맞아(그래). 대부분이 좋아해.
기　　호 : 넌?
잉어-ㄴ : 난 별로 좋아하지 않아. 하지만 오빠는 열광적일 정도로 좋아해.
　　　　　잘은 모르지만 거의 매주 구경을 가나 봐.
기　　호 : 주말에 킥복싱을 안 하면 무슨 일이 일어날까?
잉어-ㄴ : 아마 정말 뭘 할지 몰라서 우왕좌왕하겠지.

การใช้ภาษา

ผมคิดว่า...
'내 생각에….' 또는 '난…라고 생각해'라며 자신의 소신을 이야기할 때 시작하는 보편적인 표현입니다.
คิด 대신에 เห็น을 사용해도 무방합니다.

ใช่แล้ว
'그렇다'라는 뜻으로 แล้ว는 큰 의미가 없습니다.
일반적으로 แล้ว가 형용사 뒤에 붙여 관용어구를 만듭니다.

　　예 : 됐다(충분하다)　พอแล้ว
　　　　좋다　ดีแล้ว
　　　　맞다　ถูกแล้ว

เท่าไร
구어체 부정문장에서 '별로', '그다지' 의 의미를 갖습니다.

　　예 : 그다지 많지 않아요　ไม่มากเท่าไร

ส่วนใหญ่
'대부분, 대체로'의 의미를 가진 표현으로, ส่วนมาก, เป็นส่วนใหญ่, 또 เป็นส่วนมาก과 같은 뜻입니다.
다만 เป็นส่วนใหญ่와 เป็นส่วนมาก는 문장 뒤에 두는 것이 보통입니다.

ไวยากรณ์

조동사 Ⅲ

조동사에는 시제를 뜻하는 จะ, แล้ว, กำลัง, กำลัง...อยู่, ได้ 등등 외에 เพิ่ง(방금), เคย (과거의 경험), อาจจะ (개연), ต้อง(당연), จำเป็นต้อง(필요), ควร(당위), อยาก(희망, 소원), ต้องการ(희망, 소원), สามารถ(능력), ได้, เป็น (능력), คงจะ(필연 미래) 등이 있습니다.

예 :

그 남자는 고향에서 방금 돌아왔습니다.	ผู้ชายคนนั้น<u>เพิ่ง</u>กลับจากบ้านเกิด
어쩌면 태국에서 아는 사람을 만날 지도 모릅니다.	<u>อาจจะ</u>พบคนรู้จักที่เมืองไทย
내일 가야 합니다.	<u>ต้อง</u>ไปพรุ่งนี้
주말에는 집에 반드시 가야 합니다.	<u>จำเป็นต้อง</u>กลับบ้านสุดสัปดาห์
어른을 만나면 합장 인사를 해야 합니다.	เมื่อพบผู้ใหญ่ <u>ควรจะ</u>ไหว้
그 여성은 영화구경을 가고 싶어 합니다.	ผู้หญิงคนนั้น<u>อยาก</u>ไปดูหนัง
나는 얼음냉수를 원합니다.	ฉัน<u>ต้องการ</u>น้ำแข็งเปล่า
이번 주 안에 숙제를 제출할 수 있습니다.	<u>สามารถ</u>ส่งการบ้าน<u>ได้</u>ภายในสัปดาห์นี้
다음 주에는 비가 올 것입니다.	สัปดาห์หน้าฝน<u>คงจะ</u>ตก
돈을 지불할 필요가 없습니다.	<u>ไม่จำเป็นต้อง</u>จ่ายเงิน
매운 음식을 먹을 수 있어요.	ทานอาหารเผ็ด<u>ได้</u>
지하철을 갈아탈 줄 알아요.	รู้จักต่อรถไฟใต้ดิน<u>เป็น</u>
술을 마신 적이 아직 없어요.	ยังไม่<u>เคย</u>ดื่มเหล้า

태국인의 민간신앙

문화

태국인의 신앙은 맨 바닥에는 자연숭배 사상이, 그 위에는 힌두교가, 그리고 그 위에는 소승불교, 이슬람 또는 기독교가 자리하고 있는 중층구조를 가지고 혼합되어 있다. 근본적으로 귀신 및 산신을 숭배한다. 이 세상 만물에는 모두 영혼이 있다고 믿는다. 집집마다 불단이 모셔져 있고, 그 불단의 하단에는 조상의 유골함이 놓여 있다. 집밖에는 각각 터주신과 조상신을 모신 '싼짜오'가 있다. 매일 아침마다 무사안위와 복을 빈다. 마을에는 성황당이, 나라에는 '락므엉'이 있다. 예술인이나 장인들은 예술의 신인 '피카넷'을 모시기도 한다. 결혼식을 보면 식전에는 승려를 모시고 독경을 듣는 불교식을, 혼인식은 '롯남'을 중심으로 한 힌두식이다. 불교의식과 힌두의식이 융합되어 있어 떼어 분리할 수 없다.

ตอนที่ 6

18 거기 날씨는 어떤가요?
19 방콕 기온은 15도 아래로 내려간 적이 없어요.
20 몇 시에 일어나?

기호. 여행에 대해 이야기하다.

거기 날씨는 어떤가요? อากาศที่นั่นเป็นอย่างไรบ้าง
아-까-ㅅ티-난쁜야-ㅇ라이방

기호. 여행을 떠나기 전에 그 곳 날씨에 대해 알아 본다.

คีโฮ	อีก ๒-๓ วัน ผมจะไปเที่ยวภาคเหนือ	
	익-ㄱ써-ㅇ 싸-ㅁ 완 폼짜빠이티아우파-ㄱ느아	
อิงอร	จะไปเที่ยวที่ไหนบ้าง	
	짜빠이티아우타-나이바-ㅇ	
คีโฮ	คิดจะไปเชียงใหม่ ขากลับจะแวะเที่ยวอยุธยา	
	킷와-짜빠이치앙마이 카-끌랍왜티아우아유타야	
	ไม่ทราบว่า ที่เชียงใหม่อากาศเป็นไงบ้าง	
	마이싸-ㅂ와- 티-치앙마이 아-까-ㅅ뻰응아이바-ㅇ	
อิงอร	ช่วงนี้อากาศเย็นกว่ากรุงเทพฯ	
	추엉니- 아-까-ㅅ옌꽈-끄룽테-ㅂ	
	คล้าย ๆ กับอากาศในฤดูใบไม้ร่วงของเกาหลี	
	클라이클라이깝아-까-ㅅ나이르두-바이마이루엉커-ㅇ 까올리-	
คีโฮ	อยากขึ้นดอยสุเทพด้วย	
	야-ㄱ큰더이쑤테-ㅂ두어이	
อิงอร	ขอให้อย่ามีหมอกนะ	
	커-하이야-미-머-ㄱ 나	

คำศัพท์

บ้าง	ขากลับ	คล้าย	อยาก	อย่า
바-ㅇ	카-끌랍	클라-이	야-ㄱ	야-
좀	돌아올 때, 귀가편	비슷하다	..하고 싶다	… 하지 마시오 (조동사)
ภาคเหนือ	แวะ	ฤดู	ดอย	หมอก
파-ㄱ느아	왜	르두-	더-이	머-ㄱ
북부	잠깐 들리다	계절	산	안개
กลับ	ช่วง	ฤดูใบไม้ร่วง	ด้วย	
끌랍	추엉	르두-바이마이루엉	두어이	
되돌아오다	때, 기간, 구간	가을	..함께	

기　　호 : 2-3 일 후에 북부 여행을 하려고 해.
잉어-ㄴ : 어디로 가려고?
기　　호 : 치앙마이에 가려고. 돌아올 땐 아유타야에 들리고.
　　　　　치앙마이 날씨가 어떤지 모르겠어.
잉어-ㄴ : 요새는 방콕보다 날씨가 선선해.
　　　　　한국의 가을 날씨와 비슷해.
기　　호 : 더-이쑤테-ㅂ에도 오르려고 해.
잉어-ㄴ : 안개가 끼지 않기를 바래.

การใช้ภาษา

เป็นยังไงบ้าง
'어때요?'라며 근황이나 상황에 대해 묻는 표현입니다.
요즘 어찌 지내? 거기 날씨가 어떨까? 등등입니다.

ภาคเหนือ
태국인들은 날씨, 문화(음식, 의상, 언어, 종족 등)에 따라 전국을 대체로 중부 ภาคกลาง, 북부 ภาคเหนือ, 동북부 ภาคอีสาน, 남부 ภาคใต้, 등 4 지역으로 나눕니다. 북부의 중심은 치앙마이, 남부의 중심은 핫야이, 중부의 중심은 방콕, 그리고 동북부의 중심은 컨깬입니다.
더 세부적으로 나눌 경우는 앞의 네 지역에 깐짜나부리가 중심인 서북부, 그리고 파타야, 라영 등이 있는 동남부를 넣기도 합니다.

ช่วงนี้
'이 시기에, 이 맘때, 요새' 등 시간적인 기간을 나타내거나 지리적으로 구간을 나타낼 때 사용하는 표현입니다.

　　예 : 이맘 때 우리 가족은 보통 유럽으로 여행을 간다.
　　　　ช่วงนี้ครอบครัวเรามักจะไปเที่ยวยุโรป
　　　　이 구간은 너무 떨어져 있다.
　　　　ช่วงนี้ห่างไกลมากเกินไป

ไวยากรณ์

조동사 IV

태국어의 조동사는 앞의 과에서 설명한 것 외에 더 있습니다. 예를 들면 남에게 무엇인가를 청하거나 요구할 때는 동사 앞에 ขอ, เชิญ, กรุณา, โปรด을, 무엇무엇을 하지 말라고 금지를 나타낼 때는 อย่า 또는 ห้าม이 있습니다.

예 : 얼른 회복하기를 바랍니다.	ขอให้หายโดยเร็ว
안개가 끼지 않기를 바래	ขอให้อย่ามีหมอก
천천히 말씀해 주세요.	กรุณาพูดช้า ๆ หน่อยค่ะ
이리 오시지요	เชิญทางนี้
울지 마세요.	อย่าร้องไห้
여기에 차를 세우지 마세요.	อย่าจอดรถที่นี่
주차금지	ห้ามจอดรถ

이 외에도 사역조동사 ให้, ทำให้, ปล่อยให้와 수동태를 만드는데 사용하는 피동태 조동사 ถูก, โดน, ได้รับ 등이 있습니다. ถูก, โดน은 비교적 불행하거나 불미스러운 경우에 사용되고 ได้รับ은 비교적 경사스러운 일에 사용됩니다.

예 : 형은 동생에게 아버지를 모셔오라고 했다.	พี่สั่งให้น้องไปตามคุณพ่อ
나는 부모님을 만족하게 해드리고 싶다.	ผมอยากให้พ่อแม่พอใจ
어머니는 딸이 대학을 졸업하게 만들었다.	คุณแม่ทำให้ลูกสาวจบมหาวิทยาลัย
어린 학생은 창문을 열어 새가 방으로 들어오게 했다.	เด็กเรียนเปิดหน้าต่างปล่อยให้นกเข้ามาที่ห้อง
그는 차에 치어 목숨을 잃었다.	เขาถูกรถชนเสียชีวิต
그는 소송을 당했다.	เขาโดนฟ้อง
김씨는 대통령에 선출되었습니다.	นายคิมได้รับเลือกตั้งเป็นประธานาธิบดี

힌두문화-힌두사원

문화

태국이 불교국가인 것은 사실이나 불교 이전에 힌두문화와 대승불교의 영향을 받았다. 타이족이 인도차이나 반도에 정착하기 전에 태국의 중부 및 동북부 지역은 크메르 제국의 영향하에 있었다. 그러므로 태국인 문화의 원류가 힌두교 또는 브라만교라고 할 수 있다. 특히 아유타야 왕국이 강대해지면서 15세기 중엽부터 크메르 제국을 공격하여 승리한 이후 크메르 제국의 힌두·대승문화를 받아들여 상류층 왕실문화로 정착시킴에 따라 힌두문화가 태국문화의 큰 주류로 자리잡게 되었다. 그래서 곳곳에-특히 태국과 캄보디아 국경지역, 또는 깐짜나부리와 동북부 지역에는 앙코르 왓과 시대가 유사한 힌두문화 유적이 남아 있다.

방콕 기온은 15도 아래로 내려간 적이 없어요.
อุณหภูมิที่กรุงเทพฯไม่เคยต่ำกว่า ๑๕ องศา 우나하푸-ㅁ 티끄룽테-ㅂ 마이크ㅓ-이땀꽈-씹하 옹싸-

날씨 이야기를 하던 기호와 잉언. 자연스럽게 태국과 한국의 날씨에 대해 이야기한다.

🎧 บทสนทนา

คีโฮ	ผมคิดว่า อากาศกรุงเทพฯในหน้าหนาวไม่หนาวเท่าไร 폼킷와- 아-까ㅅ끄룽테-ㅂ 나이나- 나-우마이나-우타오라이
อิงอร	ใช่ ไม่เคยต่ำกว่า ๒๐ องศา 차이 마이크ㅓ-이땀꽈-이씹 옹싸-
	แม้ว่าตอนเช้าจะรู้สึกเย็นหน่อย แต่พอสาย มีแดดจะร้อนขึ้นทันที 매-와-떠-ㄴ 차오짜루-쓱옌너-이 때-퍼-싸-이 미-대-ㅅ러-ㄴ 큰탄티
คีโฮ	รู้ไหม ตอนนี้อากาศกรุงโซลหนาวมาก 루-마이 떠-ㄴ 니-아-까ㅅ끄룽서울나-우마-ㄱ
	หนาวจนน้ำแข็งและมีหิมะตก แต่หน้าร้อน ร้อนกว่ากรุงเทพฯ นะ 나-우쫀남캥ㄹ래미-히마똑 때- 나-러-ㄴ러-ㄴ꽈-끄룽테-ㅂ 나
อิงอร	เมืองไทยไม่มีหิมะตก คุณชอบฤดูอะไรมากที่สุด 므앙타이마이미-히마똑 쿤처-ㅂ르두-아라이마-ㄱ 티-쑷
คีโฮ	ฤดูใบไม้ร่วง เวลาใบไม้เปลี่ยนสี สวยกว่าดอกไม้ 르두바이마이루엉 웰라-바이마이쁠리안씨- 쑤어이꽈-더-ㄱ 마이
อิงอร	ฉันก็คิดอย่างนั้น ภูเขาเกาหลีในฤดูใบไม้ร่วงสวยจริง ๆ 찬꺼킷야-ㅇ난 푸-카오까올리-나이르두-바이마이루엉쑤어이찡찡

💬 คำศัพท์

อุณหภูมิ 우나하푸-ㅁ 기온	หนาว 나-우 춥다	พอ 퍼- …면, 하자마자(접속사)	แดด 대-ㅅ 햇볕	หิมะ 히마 눈(雪)	เปลี่ยน 쁠리안 바꾸다, 바뀌다
ต่ำ 땀 낮다	หน้าหนาว 나-나-우 겨울	สาย 싸-이 늦은 아침	ทันที 탄티- 즉시	ตก 똑 떨어지다	ดอกไม้ 더-ㄱ 마이 꽃
องศา 옹싸- 도(度)	แม้ว่า 매-와- 비록		น้ำแข็ง 남캥 얼음	ที่สุด 티-쑷 제일, 가장	ภูเขา 푸-카오 산(山)

기　　호 : 겨울 방콕 날씨는 별로 춥지 않다고 생각해.
잉어-ㄴ : 그래. 20 도 이하로 내려간 적이 없어.
　　　　 아침에는 좀 선선해도 9-10 시만 되면 금방 더워져.
기　　호 : 알아? 지금 서울은 몹시 추워.
　　　　 얼음이 얼고 눈이 내릴 정도로 추워.
　　　　 그러나 여름에는 방콕보다 더 더워.
잉어-ㄴ : 태국에는 눈이 안 내려.
　　　　 넌 어떤 계절을 제일 좋아하니?
기　　호 : 가을이야. 단풍이 들 때는 꽃보다 아름다워.
잉어-ㄴ : 나도 그렇게 생각해. 한국의 가을은 정말 아름다워.

การใช้ภาษา

ไม่เคย

'전에 … 한 적이 없다'라는 표현에 사용됩니다. 전에 한 적이 있거나 경험이 있으면 동사 앞에 เคย 를 사용하고, 경험한 적이 없으면 부정사를 앞에 놓아 경험의 유무 만을 부정합니다.

　　예 : 망고를 먹어 본 적이 없습니다. ไม่เคยกินมะม่วง
　　　　그 사람을 만난 적이 없습니다. ไม่เคยพบเขา
　　　　그런 생각은 해 본 적이 없어요. ไม่เคยคิดอย่างนั้น

รู้สึกเย็นหน่อย

'약간의 선선한 기운을 느낀다' 또는 '날씨가 좀 선선하다' 라는 표현을 하고자 할 때 사용되는 언사입니다. เย็น은 경우에 따라 시원하다, 서늘하다, 선선하다, 쌀쌀하다 등으로 번역됩니다.
그러므로 뒤따라 오는 단어로 그 선선함의 강도가 결정되기도 합니다.

　　예 : 시원하다 เย็นสบาย　　　얼음처럼 차다 เย็นเฉียบ

พอสาย

'สาย'는 부사로도 사용되는데, 뜻은 '늦다'입니다. ขอโทษที่มาสาย (지각해서 죄송합니다)의 'สาย'입니다. 그러나 이 단어는 명사로도 사용됩니다. 명사일 때는 여러가지 뜻이 있지만 여기서는 오전 8시부터 10시 사이의 늦은 아침 시기를 가리킵니다. 오전 6-7시경을 기점으로 한 เช้า에 이어 2시간 마다 สาย, เที่ยง(정오), บ่าย(오후 3시 이전), เย็น이 됩니다.
'พอสาย'의 พอ 는 보통 '하자마자' 또는 '면'이라는 의미를 가집니다. 그러므로 พอสาย는 '해만 어느 정도 올라오면', '늦은 아침' 이라는 의미를 갖습니다.

ฉันก็คิดอย่างนั้น

상대방의 의견에 동감함을 표할 때 사용하는 언사입니다. '나도 그렇게 생각해'라는 뜻입니다.

ไวยากรณ์

형용사와 부사의 원급, 비교급, 최상급

형용사와 부사의 원급

형용사와 부사의 원급 뒤에 เหมือน, เท่า, เดียว 가 오면 원급의 의미에는 변화가 없다.

예 : 너의 집은 우리 집 만큼 크다. บ้านคุณกว้าง<u>เหมือน</u>บ้านผม
　　그 부인의 두 딸은 키가 같다. ลูกสาวสองคนของผู้หญิงนั้นสูง<u>เท่า</u>กัน
　　우리집은 당신 집과 같은 골목에 있습니다. บ้านเราอยู่ในซอย<u>เดียว</u>กันกับบ้านคุณ

เหมือน 과 เท่า 의 차이점은 เหมือน 은 크다는 점에서는 같다는 것입니다. 집의 크기가 몇 평인지는 중요하지 않고 다만 그 집의 크기가 누가 봐도 크다라는 점에서는 공통적입니다. 그러나 เท่า 는 키가 같은데 두 사람 다 170cm 로 같다는 뜻입니다.

형용사나 부사의 비교급을 나타내는 방법은 원급 뒤에 กว่า, ยิ่งกว่า 를 넣으면 됩니다.

예 : 더 아름답다. สวย<u>ยิ่งกว่า</u>
　　동생이 언니보다 더 키가 크다. น้องสูง<u>กว่า</u>พี่สาว
　　고모님이 어머님보다 더 늦게 가셨습니다. คุณป้ากลับไปสาย<u>กว่า</u>คุณแม่

형용사와 부사의 최상급은 원급 뒤에 ที่สุด 을 붙이면 됩니다.

예 : 이 책이 이 가게에서 제일 비쌉니다. หนังสือนี้แพง<u>ที่สุด</u>ในร้านนี้
　　그 아저씨가 제일 늦게 도착했습니다. คุณลุงคนนั้นมาถึงสาย<u>ที่สุด</u>

그러나 비교급을 사용해서도 최상급의 의미를 나타낼 수 있습니다.

예 : 이 산은 태국에 있는 어느 산보다 높다.

　　ภูเขานี้สูง<u>กว่า</u>ภูเขาอื่นในเมืองไทย
　　ภูเขานี้สูง<u>กว่า</u>ภูเขาทั้งหมดในเมืองไทย

야자로 설탕(남딴 빕) 만드는 공정

문화

태국어로 '마프라우'라는 야자는 하나도 버릴 게 없는 식물이다. 열매는 물론 열매의 겉껍질과 속껍질 모두 유용하기 때문이다. 야자로는 기름도 만들고 설탕도 만들며 또 음식 재료로도 사용된다. 야자의 딱딱하고 하얀 속살은 과자나 음료수, 고명 등으로 사용되며 기름을 내기도 한다. 그러나 야자는 겉껍질부터 벗기는 게 쉽지 않다. 그러므로 예로부터 껍질 벗기는 법, 속살 파내는 법 등이 조상들에 의해 연구되어 많은 기구들을 만들어냈다. 야자 설탕은 야자 나무의 연한 속대에 대롱을 박아 그 즙을 받아낸 후 정류하여 끓이고 졸여 만든다. 그 설탕으로 음식을 만들면 그 향이 구수하고 좋다.

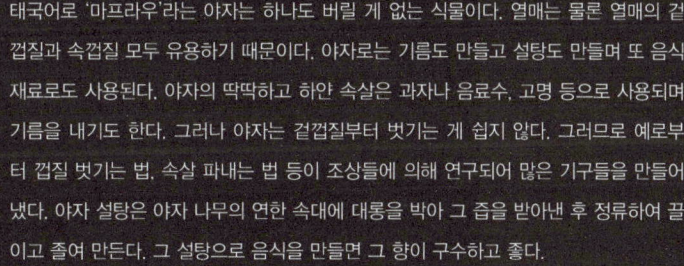

입에서 톡(talk) 태국어

몇 시에 일어나? ตอนเช้าตื่นกี่โมง ตอ-น เช้า ตื่-น กี่-โม-ง

บทที่ 20

기호. 잉언에게 하루의 일과에 대해 묻는다.

🎧 บทสนทนา

คีโฮ   อิงอา ตอนเช้าตื่นกี่โมง
잉언 떠   -ㄴ 차오 뜨-ㄴ 끼-모-ㅇ

อิงอา   ตามปกติตื่น ๖ โมงครึ่ง
따-ㅁ빠까띠 뜨-ㄴ 혹 모-ㅇ크릉

คีโฮ   ตื่นเช้ามาก ตื่นแล้วทำอะไร
뜨-ㄴ 차오마-ㄱ 뜨-ㄴ 래-우탐아라이

อิงอา   ตื่นแล้ว รีบอาบน้ำแต่งตัวแล้วออกจากบ้าน
뜨-ㄴ 래-우 리-ㅂ아-ㅂ남때-ㅇ뚜어 래-우 어-ㄱ짜-ㄱ 바-ㄴ

คีโฮ   ทำไมรีบร้อนถึงขนาดนั้น ไม่ทานข้าวเช้าเหรอ
탐마이리-ㅂ 러-ㄴ 틍카나-ㅅ 난 마이타-ㄴ 카-우차오러-

อิงอา   บางวันก็ทาน บางวันก็ไม่ทาน เพราะมีเรียนคาบแรกทุกวัน
바-ㅇ완꺼타-ㄴ 바-ㅇ 완꺼마이타-ㄴ 프러미-리안카-ㅂ 래-ㄱ툭완

ต้องขึ้นรถไฟฟ้าอย่างช้าก่อน ๗ โมงครึ่ง
떠-ㅇ큰 롯화이화 야-ㅇ 차- 까-ㄴ 쩻 모-ㅇ 크릉

📀 คำศัพท์

ตื่น	อาบน้ำ	รีบร้อน	คาบ	ก่อน
뜨-ㄴ	아-ㅂ남	리-ㅂ러-ㄴ	카-ㅂ	꺼-ㄴ
일어나다, 깨어나다	목욕하다	황급히	회, 주기, 차(次)	..전에

ตามปกติ	แต่งตัว	ขนาด	รถไฟฟ้า	
따-ㅁ빠까띠	때-ㅇ 뚜어	카나-ㅅ	롯화이화-	
평상시, 보통	옷을 입다, 성장하다	정도, 크기	전동차	

รีบ	ออก	บาง	อย่างช้า	
리-ㅂ	어-ㄱ	바-ㅇ	야-ㅇ차-	
급히	나오(가)다	어떤	느려도, 늦어도	

기　　호 : 잉어-ㄴ 아침에 몇 시에 일어나니?
잉어-ㄴ : 보통 6시 반.
기　　호 : 일찍 일어나는구나 일어나서 뭐하는데?
잉어-ㄴ : 일어나서 얼른 목욕하고 옷 입고 집에서 나와
기　　호 : 왜 그렇게 서둘러? 아침은 안 먹니?
잉어-ㄴ : 어떤 날은 먹고 어떤 날은 안 먹어. 매일 첫 시간에 수업이 있어서.
　　　　 늦어도 7시 반전에 전동차(지상철)을 타야 해.

การใช้ภาษา

ตื่นกี่โมง
'몇 시에 일어나니?'라는 표현에서 사용하는 언사입니다. กี่โมง 은 몇 시? 라는 뜻이고 앞에 놓은 동사를 하는 시간을 묻는 것입니다.
ตื่น 은 잠을 자다가 잠에서 깨어 일어나는 것을 의미합니다. 누었다 일어나거나 앉았다 일어나는 것이 아닙니다.

ตามปกติ
어떤 특정한 시기나 특별한 경우가 아닌 '보통' 또는 '평상시'라는 의미입니다. 'ตามปรกติ' 라고도 합니다.

ตื่นเช้ามาก
보통 เช้า 는 아침이라는 뜻으로 알고 있습니다만 부사로는 '아침 일찍' 이라는 의미로도 많이 사용됩니다. 누구든 아침이면 일어나는 거 잖아요. 그러므로 ตื่นเช้ามาก 이라고 할 때는 뒤에 มาก 이 붙어서 '몹시 아침이다'라는 말은 어색하지요? 아침 일찍이라는 뜻으로 보셔야 합니다.
예를 들어 남의 집에 방문하는 시기는 보통 오전 10시가 넘는데, 만일 그 전에 갔다면, 물론 친한 사이거나 급한 일이 있을 경우지만, 그럴 때 흔히 'มา(ไป)แต่เช้า' 라고 합니다.

ถึงขนาดนั้น
'그럴 정도로' 또는 '그 정도까지' 등의 의미입니다. 화자가 보기에 좀 과하거나 지나치다 싶을 때 사용하는 표현입니다.

อย่างช้า
형용사나 부사에 อย่าง을 붙여 부사구를 만든 경우입니다. 여기서 뜻은 '아무리 늦어도' 또는 '늦는다 해도' 입니다. 특히 이 문장에 '..해야 한다'라는 당연성을 말하는 조동사가 있어서 '아무리 늦는다 해도'의 뜻이 됩니다.

ไวยากรณ์

접속사 I - 등위접속사

문장이나 단어를 연결하여 의미를 완성시켜 주는 역할을 합니다. 크게 등위접속사와 종속접속사가 있습니다.

우선 등위접속사에는 และ, กับ, ทั้ง...และ, แต่, แล้ว, หรือ 등이 있습니다. 문장과 문장을 연결했을 경우 의미상 앞 뒤 문장이 대등한 지위에 있게 됩니다.

예 : 단어와 단어 :

나와 언니는 한 방을 사용합니다.	ฉัน<u>และ</u>พี่สาวใช้ห้องเดียวกัน
그는 형 둘과 누나 셋이 있다.	เขามีพี่ชายสองคน<u>กับ</u>พี่สาวสามคน
내 친구는 예쁘고 공부도 잘 한다.	เพื่อนฉัน<u>ทั้ง</u>สวย<u>และ</u>ใจดี
아버지와 어머니 두분 모두 건강하시다.	<u>ทั้ง</u>พ่อ<u>และ</u>แม่แข็งแรงทีเดียว
나는 이틀이나 삼일간 집에 있을 것이다.	ฉันจะอยู่บ้านสอง<u>หรือ</u>สามวัน

문장과 문장 :

오늘은 비도 오고 바람도 붑니다.	วันนี้ฝนตก<u>และ</u>ลมพัดแรงด้วย
서울이 좋습니까? 방콕이 좋습니까?	ชอบกรุงโซล<u>หรือ</u>ชอบกรุงเทพฯ
나는 집에서 나와 영화를 보러 갔다.	ฉันออกจากบ้าน<u>แล้ว</u>ไปดูหนัง
오늘 아침을 잡수셨어요?	ทานอาหารเช้าแล้ว<u>หรือ</u>ยัง
오늘은 몹시 피곤했지만 기쁩니다.	วันนี้เหนื่อยมาก<u>แต่</u>ดีใจ
형님은 부자지만 동생은 가난하다.	พี่ชายร่ำรวย<u>แต่</u>น้องชายยากจน

문화

태국의 대중교통수단

현재 태국 전역을 돌다 보면 정말 많은 종류의 교통수단을 만나게 된다. 방콕에서는 지하철, 지상철, 다양한 시내버스와 택시, 뚝뚝이, 그리고 골목을 누비는 썽태우가 있다. 태국 택시의 색깔은 정말 다양하다. 분홍색, 파란색, 하늘색 등등. 그 중 초록색과 노랑색을 반반씩 칠한 택시는 개인택시이다. 물론 택시는 모두가 미터제이다. 인력거는 거의 눈에 들어오지 않는다. 그러나 조금만 지방으로 나가면 택시는 보이지 않는다. 물론 시내버스도 없다. 썽태우가 노선버스를 대신한다. 도시와 지방을 달리는 고속버스는 우등, 뻐능, 뻐썽이 기본이고, 이외에도 각 회사마다 운영하는 시외버스가 있다. 아유타야의 관광용 쌈러(뚝뚝이)는 독특한 모양을 하고 있다. 앞 부분이 쥐머리모양이다.

ตอนที่ 7

21 가방 좀 보여주세요.   22 굽 낮은 구두 좀 보여주세요.
23 duty free 를 하려면 어떻게 하죠?

기호. 잉이-ㄴ과 쇼핑하다.

가방 좀 보여주세요. ขอดูกระเป๋าหน่อย ขอ-ดู-กระเป๋าหน่อย-이

기호. 가방가게에 가서 가방을 본다.

 บทสนทนา

พนักงานขาย	สวัสดีค่ะ เชิญค่ะ ต้องการอะไรคะ 싸왓디-카 츠ㅓ-ㄴ카 떠-ㅇ 까-ㄴ 아라이 카
คีโฮ	สวัสดีครับ ขอดูกระเป๋าหน่อยครับ 싸왓디-크랍 커-두-끄라빠오너-이 크랍
พนักงานขาย	ต้องการแบบไหนและสีอะไรคะ 떠-ㅇ 까-ㄴ 배-ㅂ 나이 래 씨-아라이 카
คีโฮ	แบบนั้นครับ สีดำ ราคาเท่าไร 배-ㅂ 난 크랍 씨-담 라카-타오라이
พนักงานขาย	กระเป๋าที่อยู่ข้าง ๆ กระเป๋าสีขาว นั่นใช่ไหมคะ 끄라빠오티-유-카-ㅇ 카-ㅇ 끄라빠오씨-카-우 난 차이마이 카
คีโฮ	ครับ ราคาเท่าไหร่ครับ 크랍 라카-타오라이 크랍
พนักงานขาย	สามพันห้าร้อยบาทค่ะ 싸-ㅁ판하-러-이바-ㅅ 카
คีโฮ	แล้วกระเป๋าหนังจระเข้ใบโน้น ราคาเท่าไรครับ 래-우끄라빠오짜라케-바이노-ㄴ 라카-타오라이 크랍
พนักงานขาย	เท่ากันค่ะ 타오깐 카
คีโฮ	ขอดูทั้งสองใบครับ ขอบคุณครับ 커-두-탕써-ㅇ 바이 크랍 커-ㅂ 쿤 크랍

คำศัพท์

ซื้อ	กระเป๋า	ดำ	ขาว	พัน	ร้อย	จระเข้
쓰-	끄라빠오	담	카-우	판	러-이	짜라케-
사다, 구매하다	가방, 지갑, (옷)주머니	검다, 검정색	희다, 하얀색	천(千)	백(百)	악어

종업원 : 안녕하세요! 어서 오세요. 무엇을 원하세요?
기 호 : 안녕하세요! 가방 좀 보여주세요.
종업원 : 어떤 모양을 찾으세요? 색은요?
기 호 : 저 모양요. 검정색. 얼마예요?
종업원 : 하얀 가방 옆에 있는 가방 말씀이지요?
기 호 : 네. 값이 얼마예요?
종업원 : 3,500 바트입니다.
기 호 : 저 악어가방은 얼마예요?
종업원 : 같아요.
기 호 : 두 개 다 보여주세요. 고맙습니다.

การใช้ภาษา

ขอดู....

ขอ 는 '요구하다' 라는 의미를 갖고 있으나 무엇인가 남에게 보여달라고 요구하거나 청할 때 시작하는 표현입니다. 공손한 표현입니다. 뒤에 따라오는 동사를 하게 해 달라는 뜻입니다.

เชิญค่ะ(ครับ)

이 표현 역시 공손한 표현으로 '하시지요' 또는 '부탁합니다'라는 뜻입니다. 때로는 '안으로 드시지요' 또는 ' 밖으로 나가시지요'의 경우인데 동사를 사용하지 않고 'เชิญ' 만 사용하는데 이때는 화자의 동작이 무엇을 의미하는지 알 경우입니다.

ต้องการอะไร

무엇인가 사러 상점에 갔을 때, 관공서 등에 볼 일을 보러 갔을 때 접수계나 안내계에 있는 사람들이 '뭘 찾으세요?' '도와드릴까요?', '왜 그러세요? 뭘 하시려고요?' 라며 묻는 말입니다. 이때 우리가 원하는 바를 말하면 됩니다.

ราคาเท่าไร

물건 값을 묻는 가장 보편적인 질문 형태입니다. 직역은 '물건 값이 얼마입니까?'입니다.

ทั้งสอง(สาม)...

'둘 다' 또는 '셋 다'라는 의미입니다. ทั้ง 은 '전부' 또는 '모두'의 의미입니다.

예 : 우리 두 사람은 서로 사랑합니다. เราทั้งสอง(คน)รักกัน
　　그 부부 두 사람은 동갑입니다. สามีภรรยาทั้งสอง(คน)นั้นอายุเท่ากัน
　　그 집 딸들은 모두 엄마를 닮았습니다. ลูกสาวของครอบครัวนั้นทั้งหมดเหมือนแม่

ไวยากรณ์

유별사(수량사) 1 – 용법

셀 수 있는 대상을 가리키는 모든 명사는 명사에 따라 일정한 유별사를 갖고 있습니다. 예를 들면 우리 말에서 나무를 셀 때는 '그루'를, 꽃은 '송이'로 세는 것과 같습니다.

유별사의 위치는 경우에 따라 몇 가지로 구분이 됩니다. 명사와 유별사가 같은 경우도 물론 있습니다.

1. 명사＋수사＋유별사

    고양이 다섯 마리 แมวห้าตัว   책 세 권 หนังสือ ๓ เล่ม
    집 두 채 บ้านสองหลัง   한국인 10인 คนเกาหลี ๑๐ คน

2. 명사 ＋ 유별사 ＋ 지시형용사
    유별사를 생략하는 경우가 많습니다.

    이 접시 จานใบนี้   그 학생 นักเรียนคนนั้น
    저 학교 โรงเรียนแห่งโน้น   이 강아지 ลูกหมาตัวนี้

3. 명사＋형용사＋수사＋유별사

    예쁜 가방 네 개 กระเป๋าสวย ๔ ใบ
    긴 의자 한 개 เก้าอี้ยาว ๑ ตัว
    흑백텔레비전 두 대 โทรทัศน์ขาวดำ ๒ เครื่อง
    분홍색 핸드폰 한 대 โทรศัพท์มือถือสีชมพู ๑ เครื่อง

4. 명사＋형용사＋수사＋유별사＋지시형용사
    이 경우 유별사를 생략하는 경우가 종종 있습니다.

    저기 저 검정색 구두 두 켤레 รองเท้าสีดำ ๒ คู่โน้น
    이 회색 승용차 한 대 รถเก๋งสีเทา ๑ คันนี้
    그 뚱뚱한 사람 아홉 사람 คนอ้วน ๙ คนนั้น

공예품-벤짜롱

문화

태국인은 손재주가 뛰어나다. 그래서 나무, 도예, 그림, 세공 등이 예부터 발달하였다. 쑤코타이 시대부터 중국과 우호관계를 맺고 사절단을 주고 받으며 교역을 했고, 그 과정에서 중국인 도공이 태국에 와서 생활도기를 구워 팔았다. 좋은 흙으로 자기를 굽는다. 태국적이면서도 화려하고 세련된 색깔과 문양을 넣은 '벤짜롱'은 유명하다. 벤짜롱은 검정, 빨강, 하양, 초록, 그리고 노랑 등 5가지 색깔을 의미하는데, 이 다섯 가지 색을 사용하여 전통문양을 그려 넣은 생활자기-접시, 대접, 컵 등-을 일컫는다. 근래에는 현대적인 문양도 사용하고 생활도기 외에 화병이나 유골함 등도 만든다.

굽 낮은 구두 좀 보여주세요. ขอดูรองเท้าส้นเตี้ยหน่อย
커-두-러-ㅇ 타오 쏜띠아너이

기호. 구두가게에 가서 굽 낮은 구두를 보여달라고 한다.

บทสนทนา

พนักงานขาย	เชิญค่ะ เชิญชมสินค้าของเรานะคะ 츠ㅓ-ㄴ 카 츠ㅓ-ㄴ 촘씬카-ㅇ라오 나카
คีโฮ	สวัสดีครับ ขอดูรองเท้าส้นเตี้ยหน่อยครับ 싸왓디-크랍 커-두-러-ㅇ타오쏜띠아너-이 크랍
พนักงานขาย	ได้ค่ะ คุณใส่เบอร์อะไรคะ 다이카 쿤싸이버-아라이 카
คีโฮ	เบอร์ ๘ ครับ 버- 빼-ㅅ 크랍
พนักงานขาย	นี่ค่ะ เป็นรองเท้าใส่สบายนะคะ มี สีน้ำตาลด้วยค่ะ 니-카 뻰러-ㅇ 타오 싸이싸바-이 나카 미-씨-남따-ㄴ 두어이 카
คีโฮ	ราคาเท่าไรครับ 라카-타오라이 크랍
พนักงานขาย	สองหมื่นบาทค่ะ แต่ลด ๑๐ % นะคะ 써-ㅇ 므-ㄴ 바-ㅅ카 때-롯 씹 뻐쎈 나카
	ช่วงนี้ร้านเราลดราคาค่ะ 추엉니-라-ㄴ라오롯라카-카
คีโฮ	ลดอีกหน่อยได้ไหมครับ 롯이-ㄱ너-이다이마이 크랍

คำศัพท์

รองเท้า	เตี้ย	สินค้า	เบอร์	หมื่น	ลดราคา
러-ㅇ타오	띠아	씬카-	버-	므-ㄴ	롯라-카
구두, 신발	낮다	상품	번호, number 의 ber	만(萬)	가격할인, Sale
ส้น	**ชม**	**ใส่**	**น้ำตาล**	**ลด**	
쏜	촘	싸이	남따-ㄴ	롯	
굽, 뒷굽	구경하다	신다, 입다, 착용하다	갈색, 설탕	깎다, 내리다	

종업원 : 어서 오세요. 들어오셔서 구경하세요.
기 호 : 안녕하세요! 굽 낮은 구두 좀 보여주세요.
종업원 : 그러시죠. 몇 호 신으세요?
기 호 : 8 호입니다.
종업원 : 여기 있습니다. 신으시면 편안한 구두입니다. 갈색도 있습니다.
기 호 : 얼마예요?
종업원 : 이만 바트입니다. 그러나 10 % 세일합니다.
　　　　요새가 세일기간입니다.
기 호 : 더 깎아주실 수 있으세요?

การใช้ภาษา

คุณใส่เบอร์อะไร

신발가게나 옷가게에 가면 점원들이 사이즈를 묻습니다. 번호로 물으면 번호로 대답하고 mm로 물으면 mm로 답합니다. 번호를 모른다고 해서 겁 낼 것은 없습니다. 점원들은 다 알고 있으니까요.

ใส่สบาย

'ใส่'는 한국어로 (옷을)입다, (신, 양말을)신다, (장갑, 안경, 반지 등을) 끼다, (머리에 핀을) 꽂다, (시계 등을) 차다 등 우리 몸에 부착하는 동사를 말합니다. 다양하지요? 반대로 벗을 때는 'ถอด'을 사용하면 됩니다.
착용해서 편안할 경우에 'ใส่สบาย'라고 합니다.
편안하지 않을 경우는 '꼭 낀다(คับไป)'라던가 너무 커서 '헐렁댄다(หลวมไป)'라는 표현을 사용하면 됩니다.

ลดอีกหน่อยได้ไหม

이미 할인해 주었는데 더 할인해 달라고 할 경우 동사 뒤에 '더' 라는 뜻을 가진 'อีก' 을 넣습니다.
그리고 겸양의 표현으로 'หน่อยได้ไหม'를 덧붙입니다. 앞에 '요구하다'라는 뜻의 'ขอ'를 붙여 'ขอลดอีกหน่อยได้ไหมคะ(ครับ)'해도 좋습니다.

ไวยากรณ์ไทย

유별사 II : 종류

일상생활에서 자주 사용되는 명사에 대한 유별사를 정리해 보면 아래 도표와 같습니다. 같은 물건도 경우에 따라 유별사를 하나 이상 가질 수도 있습니다. 경계가 모호하고 습관적으로 사용하는 경우도 있습니다.

자동차, 우산	คัน
라디오, 티비, 전화, 기계	เครื่อง
사진기, 망원경, 현미경	กล้อง
돌, 비누, 덩어리	ก้อน
책, 달구지, 우마차, 과도	เล่ม
짝으로 되어 있는 것, 구두, 장갑, 부부, 눈, 귀	คู่
신문, 편지, 서류	ฉบับ
고기, 떡, 과일 등의 조각이나 일부분	ชิ้น
꽃	ดอก
나무, 배추	ต้น
접시, 잎, 가벼운 상자, 종이	ใบ
사람	คน
알약, 곡식의 낱알, 단추	เม็ด
승려	รูป
배, 선박, 비행기	ลำ
가지, 종류	อย่าง
지우개, 안경, 솔, 동전 등등	อัน
동물, 의자나 책상 등 무생물, 옷 낱 개	ตัว
코끼리	เชือก
집, 빌딩	หลัง
열쇠, 과일, 공	ลูก
영화, 소설, 만화 등의 제목	เรื่อง
연필, 양초	แท่ง
짝으로 이룬 물건의 한 쪽	ข้าง
벌이나 set 로 된 물건	ชุด
시험문제의 항목, 법 조항의 항목	ข้อ

공예품-나무공예

문화

예로부터 태국은 목재생산으로 유명하였다. 산이 많은 북부에서는 보편적이면서도 아름다운 '마이싹' (Teak)으로 유명하다. 1960-70년대에 무제한적인 벌목으로 고갈상태에 있었으나 그 후 부지런히 심어 지금은 궁하지 않은 듯 싶다. 나무가 많이 나는 지역에서는 그 나무를 이용한 목공예가 발달하였고, 등나무 공예도 발달하였다. 치앙마이의 '반타와이'라는 마을은 그 마을 전체가 목공예동네이다. 티크, 등나무, 대나무 등을 이용한 전통식 공예품은 물론 현대식 공예품도 생산한다. 생활의 지혜가 묻어나 있는 나무 생활기구 및 장식품은 생활을 한층 더 풍요롭고 윤택하게 한다.

입에서 톡(talk) 태국어

duty free를 하려면 어떻게 하죠?
จะเอาแบบ duty free ต้องทำอะไรบ้าง 짜아오배–ㅂ duty free 떠–ㅇ 탐아라이바–ㅇ

บทที่ 23

물건을 산 기호. 점원에게 duty free 하는 방법에 대해 묻는다.

🎧 บทสนทนา

키호	จะซื้อแบบ duty free ต้องทำอะไรบ้างครับ 짜쓰–배–ㅂ duty free 떠–ㅇ 탐아라이바–ㅇ 크랍
พนักงานขาย	หรือคะ งั้นกรอกแบบฟอร์มนี้ก่อนนะคะ 르–카 응안끄러–ㄱ배–ㅂ 훠–ㅁ 니– 까–ㄴ나카
키호	นี่ครับ เรียบร้อยแล้วครับ 니–크랍 리압러–이래–우 크랍
พนักงานขาย	เอาใบนี้ไปยื่นที่สำนักงาน duty free ที่สนามบินหรือในเมืองค่ะ 아오바이니–빠이 yeun 티–쌈낙응안 duty free 티–싸나–ㅁ 빈르–나이므앙카
	และทางโน้นจะคืนเป็นเงินสดทันทีหรือโอนเงินเข้าบัญชีของคุณค่ะ 래타–ㅇ 노–ㄴ 짜크–ㄴ 뻰응언ㅁ탄티 르 오–ㄴ응언카오반치–커–ㅇ쿤카
키호	ขอบคุณครับ ต้องใช้อะไรอีกไหมครับ 커–ㅂ쿤크랍 떠–ㅇ차이아라이이–ㄱ 마이 크랍
พนักงานขาย	หนังสือเดินทางกับตั๋วเครื่องบินค่ะ 낭쓰–드–ㄴ타–ㅇ깝뚜어크르엉빈 카

🟢 คำศัพท์

เอา 아오 취하다, 갖다	เรียบร้อย 리압러–이 완전무결하게	สนามบิน 싸나–ㅁ빈 공항, 비행장	คืน 크–ㄴ 반납하다, 되돌려주다	บัญชี 반치– 회계 (장부), 계좌	หนังสือเดินทาง 낭쓰–드–ㄴ타–ㅇ 여권
กรอก 끄러–ㄱ 빈	ยื่น yeun 제출하다	ในเมือง 나이므앙 시내	เงินสด 응언ㅁ 현금	ตั๋วเครื่องบิน 뚜어크르엉빈 비행기표	
แบบฟอร์ม 배–ㅂ훠–ㅁ 양식	สำนักงาน 쌈낙응아–ㄴ 사무소	ทาง 타–ㅇ 측	โอน 오–ㄴ 양도하다, 이양하다	เดินทาง 드–ㄴ타–ㅇ 여행하다	

116 | EBS

기호 : 듀티 후리로 물건을 사려면 어떻게 해야 하나요?
점원 : 그러세요? 그럼 이 양식을 먼저 쓰세요.
기호 : 여기 있습니다. 다 써넣었습니다.
점원 : 이 것을 가지고 가서 공항이나 시내에 있는 듀티 후리 사무소에 내세요.
그러면 그 사무소에서 즉시 환불해주던지 손님 계좌로 돈이 이체될 것입니다.
기호 : 고맙습니다. 더 필요한 게 있는지요?
점원 : 여권과 비행기표입니다.

การใช้ภาษา

ซื้อแบบ...

'… 형식으로 사다'라는 의미로 현찰지불이거나 할부 등등을 말하고 싶을 때 사용하는 표현입니다. 할부는 ผ่อนส่ง, ผ่อนชำระ, ผ่อนใช้ 라는 표현을 사용합니다. 그러므로 할부구입은 ซื้อแบบผ่อนใช้ 라고 할 수 있습니다.

เรียบร้อยแล้ว

'말끔하다', '질서정연하다', 정중하다', '일이 잘 마무리되다' 등의 의미를 가진 เรียบร้อย 에 แล้ว 를 붙인 관용어적 표현입니다.
'다 했다(끝냈다)' 라는 의미를 가집니다.

เอา...ไปยื่น

'…을 가지고 가서 제출하다(제시하다)' 라는 의미를 표현하고자 할 때 사용하는 언사입니다. 물론 … 에는 목적어가 들어가야 합니다. 만일 '제출하다' 가 아니라 '주다' 라면 '주다' 라는 뜻의 동사 'ให้' 를 사용하면 됩니다. 그러면 '책을 가져다 주다' 라면 'เอาหนังสือไปให้' 가 되겠지요.

โอน...เข้าบัญชี

'…을 이체하다(이기하다)'라는 뜻입니다. 만일 '누구의 계좌로 이체하다'라고 하고 싶은 때는 계좌 뒤에 사람의 이름만 붙이면 됩니다. 예를 들어 '돈을 엄마계좌로 이체하다'라면 'โอนเงินเข้าบัญชีแม่' 라고 하면 됩니다.

ไวยากรณ์ไทย

유별사 Ⅲ : 특별 용법

1. 사람, 도시, 단어, 섬, 나라, 방, 입 등처럼 특정한 유별사를 갖고 있지 않은 명사는 그 명사 자체를 유별사로 사용합니다.

    예 : 세 사람 **คนสาม<u>คน</u>**　　　　　　두 도시 **เมืองสอง<u>เมือง</u>**
    　　 7 단어 **คำเจ็ด<u>คำ</u>**　　　　　　서너개의 섬 **เกาะสามสี่<u>เกาะ</u>**

2. 수량을 하나씩 세거나 측량할 수 없을 경우는 보통명사를 유별사로 사용합니다.

    예 : 커피 두 잔 **กาแฟสอง<u>ถ้วย</u>**　　　　커피잔 네 개 **ถ้วยกาแฟสี่<u>ใบ</u>**
    　　 설탕 세 컵 **น้ำตาลสาม<u>ถ้วย</u>**　　　　설탕 한 숟가락 **น้ำตาลหนึ่ง<u>ช้อน</u>**
    　　 종이봉지 세 장 **ถุงกระดาษสาม<u>ใบ</u>**　　밀가루 두 봉지 **แป้งสาลีสาม<u>ถุง</u>**
    　　 오렌지쥬스 두 잔 **น้ำส้มสอง<u>แก้ว</u>**　　　물컵 다섯 개 **แก้วน้ำห้า<u>ใบ</u>**

3. 유별사는 명사 대신으로 사용할 수 있습니다.

    예 : 이 것(가방)은 비싼가요?　　　　　<u>ใบ</u>นี้แพงไหม
    　　 이 게(말) 암컷인가요? 숫컷인가요?　<u>ตัว</u>นี้ตัวผู้หรือตัวเมีย
    　　 어떤 것(장갑)이 친구 것인가요?　　<u>คู่</u>ไหนเป็นของเพื่อน
    　　 이 것(옷)은 얼마입니까?　　　　　<u>ตัว</u>นี้ราคาเท่าไร

이 외에 횟수나 수량을 나타낼 때 정확한 수나 양이 아닐 때 대중 잡아 얼마간, 여러, 약간 등의 표현은 다음과 같이 합니다.

    예 : 어떤 때는 친구와 같이 오기도 합니다.　　　<u>บางที</u>มากับเพื่อน
    　　 어떤 사람은 붉은 옷을 입고 있습니다.　　　<u>บางคน</u>ใส่เสื้อสีแดงอยู่
    　　 어떤 날 여러 시간을 혼자 앉아 있습니다.　　<u>บางวัน</u>นั่งคนเดีย<u>วหลาย</u>ชั่วโมง
    　　 여러 해동안 그를 만나지 못했습니다.　　　 ไม่ได้พบเขา<u>หลายปี</u>
    　　 여러 번 그는 밥을 먹었습니다.　　　　　　 เขากินข้าว<u>หลายครั้ง</u>
    　　 몇 시간이고 아내는 남편을 기다릴 수 있어요. ภรรยาคอยสามี<u>กี่ชั่วโมงก็ได้</u>

도이 인타논 -폭포

문화

태국은 북고남저, 서고동저의 지형이다. 다시 말하면 남쪽에 비해 북쪽이, 동쪽에 비해 서쪽이 높은 지형이다. 그러므로 태국의 북쪽에는 해발 2,000m가 넘는 산들이 제법 있다. 그 중 치앙마이에 있는 '더이(山) 인타논'이 2,565m로 가장 높고 두 번째는 2,330m인 '더이 후어못루엉'이다. 더이 인타논은 1978년에 국립공원으로 지정된 후 방문객이 끊이지 않는다. 태국인들은 등산에 익숙하지 않아서인지 산의 정상까지 도로가 잘 닦여 있다. 다만 경사가 심해서 소형 봉고 정도만 올라갈 수 있다. 이렇게 높으므로 폭포도 많고, 고산족도 살고 있고, 정상으로 올라가면서 기후도 변해 우리나라의 소나무가 자라고 벚꽃도, 월철쭉도 겨울이면 만발한다. 이 산으로부터 여러 강이 시작되기도 한다. 정상에 란나타이(치앙마이) 왕국 마지막 왕의 사당이 있다. 치앙마이 왕국은 라마5세 때 짝끄리 왕조에 합병되었다.

ตอนที่ 8

24 사진 좀 찍어주시겠어요?   25 가방을 잃어버렸어요.
26 아유타야에 가는 기차가 몇 시에 있나요?
27 이 케이블 카는 어디로 가니?

기호. 바-ㅇ빠인에서

입에서 톡(talk) 태국어

사진 좀 찍어주시겠어요? ช่วยถ่ายรูปให้หน่อยนะ
추아이타-이루-ㅂ하이너-이나

기호. 방빠인을 여행하던 중 지나가는 사람에게 사진을 찍어달라고 부탁한다.

 บทสนทนา

คีโฮ	ขอโทษครับ ช่วยถ่ายรูปให้หน่อยได้ไหมครับ 커-토-ㅅ 크랍 추아이타-이루-ㅂ하이너-이 다이마니 크랍
นักท่องเที่ยวหญิง	ได้ค่ะ จะนับนะคะ นึง สอง ซ่า 다이카 짜납나카 능 써-ㅇ 쌈
คีโฮ	ขอบคุณครับ ช่วยถ่ายให้อีกรูปได้ไหมครับ 커-ㅂ 쿤 크랍 추아이타-이하이이-ㄱ루-ㅂ 다이마이크랍
นักท่องเที่ยวหญิง	ค่ะ คราวนี้ ไปยืนหน้าศาลาดีกว่าค่ะ สวยดี 카 크라우니- 빠이 yeun 나-싸알라-디-꽈-카쑤어이디-
คีโฮ	ขอบคุณมากครับ 커-ㅂ 쿤마-ㄱ 크랍
	วิวที่นี่สวยมาก ผมขอถ่ายรูปคุณสักรูปหนึ่งได้ไหมครับ 비우티-니-쑤어이마-ㄱ 폼커-타-이루-ㅂ 쿤싹루-ㅂ 능다이마이 크랍
นักท่องเที่ยวหญิง	อืม.... ขอบคุณค่ะ ช่วยส่งรูปตามที่อยู่อีเมล์นี้หน่อยนะคะ 으-ㅁ… 커-ㅂ쿤카 추어이쏭루-ㅂ 따-ㅁ 티-유- 이메ㄹ 니-너-이나카
	เที่ยวให้สนุกนะคะ 티아우하이싸눅 나카

คำศัพท์

รูป	นับ	ยืน	ศาลา	ส่ง	อีเมล์
루-ㅂ	납	yeun	싸-라-	쏭	이-메-ㄹ
사진	(수를) 세다, 헤아리다.	서다	정자	보내다	이메일
ถ่ายรูป	คราว	หน้า	วิว	ที่อยู่	
타-이루-ㅂ	크라-우	나-	위우	티-유-	
사진을 찍다	회, 번	…앞에	경치	주소	

122 | EBS

기 호	: 죄송합니다만 사진 좀 찍어주시겠어요?
여성관광객	: 네, 그러죠. 하나둘셋 합니다. 한, 둘, 셋
기 호	: 고맙습니다. 한 장만 더 찍어주시겠어요?
여성관광객	: 네. 이번에는 정자 앞에 서는 게 더 낫겠어요. 아름다워요.
기 호	: 대단히 고맙습니다.
	여기 경치가 아주 아름다워요. 제가 사진 한 장 찍어드릴까요?
여성관광객	: 음… 고맙습니다. 이 이멜주소로 사진을 보내주세요.
	즐거운 여행되세요.

การใช้ภาษา

ช่วย...ให้หน่อยได้ไหม

남에게 무엇을 해 달라고 부탁할 때 사용하는 대표적인 표현입니다. 앞에 ขอ 를 넣어도 좋습니다만 이미 이 문장에 겸양을 나타내는 표현인 ช่วย….ให้หน่อย 가 들어 있어 공손한 표현인데 뒤에 ได้ไหม 까지 붙였습니다. 송구스러운 마음을 있는 껏 나타냈다고 보아야겠지요? 태국인들은 이런 표현을 즐깁니다. 뒤에 붙은 ได้ไหม 는 상대방에게 양해를 구하는 대표적인 표현입니다.

예 : 제가 가도 되나요? ผมไปได้ไหม
저도 함께 갈 수 있나요? ผมก็ไปด้วยได้ไหม

ขอ...ได้ไหม

상대방의 동의나 허락을 구하는 대표적인 표현입니다. 위의 표현과 마찬가지로 ได้ไหม 가 없어도 충분히 화자의 뜻이 전달 되지만 뒤에 ได้ไหม 를 붙임으로써 더 공손하고 간곡한 표현이 되었다고 봅니다. 태국인의 정서가 들어있는 표현이지요.

เที่ยวให้สนุก

직역은 '재미있게 다니면서 구경하세요'입니다. 상대방에게 즐겁게 여행하라는 가벼운 인사입니다.

Tip บางปะอิน

아유타야, 정확히 말해 아유타야 남쪽, 짜오프라야 강 연안의 방빠인 군에 있는 왕궁으로, 아유타야 시대에 쁘라쌋텅왕대에 지어져 별장으로 사용되었습니다만 아유타야 왕국이 멸망한 이후 방치되었습니다. 그 후 짝끄리 왕조의 4대왕인 라마 4세가 다시 이 왕궁을 개축하였고, 라마 5세는 대대적으로 증개축하여 오늘에 이릅니다. 영빈관으로도 사용됩니다.

태국의 많은 도시는 บาง으로 시작됩니다. 방빠인이 그렇고 방콕도 그렇고 방쌘 등 강 유역에 있는 도시들에 집중적으로 붙어 있습니다. 다시 말해, บาง으로 시작되는 도시는 강 유역에 위치하고, 강으로 사람들이 왕래하던 곳이 도시로 발전한 것이지요.

◎ ไวยากรณ์

🎵 명사 I : 격

앞에서 태국어에는 격변화가 없다고 말씀드렸습니다. 사실입니다. 명사가 주어로 사용되는 경우(주격)나 목적어로 사용되는 경우(목적격)나 그 단어의 철자에는 조금도 변화가 없습니다.

소유격은 명사 앞에 ของ 이나 แห่ง 을 붙여 '…의'라고 표현합니다만 이 마저도 자주 생략합니다.

예 : 아버지는 집을 두 채 가지고 있습니다.   พ่อมีบ้านสองหลัง
     이 집은 아버지의 집입니다.   บ้านนี้เป็นบ้านของพ่อ / บ้านนี้เป็นบ้านพ่อ
     나는 아버지를 사랑하고 존경합니다.   ฉันรักและเคารพพ่อ
     집은 사람이 사는 곳입니다.   บ้านเป็นที่อยู่อาศัยของคน
     친구는 집을 샀습니다.   เพื่อนซื้อบ้าน
     그 집주인은 부자입니다.   เจ้าของของบ้านนั้นรวย / เจ้าของบ้านนั้นรวย

명사가 사람일 때는 ของ 을, 사물일 때는 ของ 이나 แห่ง 을 사용합니다만 '국립'이라는 의미가 부여될 때는 แห่ง 을 사용하며, 절대로 생략하지 않습니다.

예 : 국립도서관   **หอสมุดแห่งชาติ**
    국립박물관   **พิพิธภัณฑสถานแห่งชาติ**
    국립대학교   **มหาวิทยาลัยแห่งชาติ**
    대학교중앙도서관   **ห้องสมุดกลางของมหาวิทยาลัย**
    국화   **ดอกไม้แห่งชาติ** 〈'ดอกไม้ของชาติ' 은 틀린 표현이거나 다른 의미임〉
    동생의 고양이   **แมวของน้อง**

태국어에서 명사는 격변화나 어형 변화를 하지 않습니다만 문법적 관계는 어순에 의해, 또는 일정한 전치사에 의해 결정됩니다.

예 : 개가 생선을 먹는다.   หมากินปลา
     개는 주인에게 충실합니다.   หมาจงรักภักดีต่อนาย
     나는 개를 두 마리 기릅니다.   ฉันเลี้ยงหมาสองตัว
     동생에게 개를 주었습니다.   ฉันให้หมาแก่น้อง
     우리 집에는 개가 한 마리 있습니다.   ในบ้านผมมีหมาหนึ่งตัว

치앙마이 종이산업

문화

치앙마이는 여러 가지로 유명하다. 미녀가 많기로 유명하고 목공예(반타와이)와 종이공예로도 유명하다. 특히 버쌍 마을의 '싸'(우리나라의 닥나무 종이)로 만든 종이우산이 유명하다. 이 지우산에는 내려오는 전설이 있다. 우산은 세속인에게도 필요하지만 수행하는 승려에게는 필수품이다. 밤이슬을 피하는 데도 필요하고 뜨거운 햇볕을 가리는 데도 필요하다.

아주 옛날에 가난한 할아버지 한 분이 살았는데 다 헤져서 버리게 된 스님의 우산을 새로 만들어 드렸다고 한다. 그 후 그 할아버지는 우산 만들던 경험을 살려 우산을 만들어 팔게 되었고 그 사업으로 자신은 물론 주변사람들도 풍족하게 되었다. 그 동네는 아름다운 종이 우산으로 유명하게 되었다. 예전에는 나무껍질에서 만들어낸 붉은 색을 칠했으나 지금은 염료로 아름다운 무늬를 그려 넣고 있다.

입 에 서 톡(talk) 태 국 어

가방을 잃어버렸어요. ทำกระเป๋าหายแล้ว 탐끄라빠오하-이래-우

บทที่ 25

기호. 가방을 잃어버리고 경찰서에 가서 신고한다.

🎧 บทสนทนา

ตำรวจ	เชิญนั่งครับ เล่ารายละเอียดให้ฟังหน่อย
	츠ㅓㄴ낭크랍 라오라-이라이앗하이훵너-이
คีโฮ	กระเป๋าผมหายในโรงหนังโน้นครับ
	끄라빠오폼하이나이로-ㅇ낭노-ㄴ크랍
ตำรวจ	มีอะไรอยู่ในกระเป๋าบ้างครับ
	미-아라이유-나이끄라빠오바-ㅇ크랍
คีโฮ	มีเงิน เครดิตการ์ด และเอกสารครับ
	미응언 크레딧까-ㅅ 래 에-ㄱ싸-ㄴ 크랍
ตำรวจ	หนังสือเดินทางล่ะ อยู่ในกระเป๋าด้วยหรือเปล่าครับ
	낭쓰-ㄷㅓㄴ타-ㅇ라 유-나이끄라빠오두어이르-쁘라오 크랍
คีโฮ	ไม่อยู่ครับ ผมเก็บไว้ต่างหากครับ
	마이유- 크랍 폼껩와이따-ㅇ하-ㄱ 크랍
ตำรวจ	โชคดีจัง
	초-ㄱ 디-짱
	คุณต้องเขียนรายละเอียดในบันทึกแจ้งความ แล้วไปติดต่อที่โต๊ะนั้นนะครับ
	쿤떠-ㅇ 키안라-이라이앗나이반특째-ㅇ콤 래-우빠이띳떠-티-또ㄴ나 크랍

🔵 คำศัพท์

หาย	ละเอียด	โรงหนัง	ต่างหาก	เขียน	ความ
하-이	라이앗	로-ㅇ낭	따-ㅇ하-ㄱ	키안	코-ㅁ
사라지다	자세하다, 섬세하다	영화관	별도로, 따로	쓰다	소송사건

ทำ...หาย	รายละเอียด	เอกสาร	โชคดี	บันทึก
탐 … 하-이	라-이라이앗	에-ㄱ까싸-ㄴ	초-ㄱ 디-	반특
분실하다, 잃다	세부 사항	서류	행운	기록하다

เล่า	หนัง	เปล่า	ติดต่อ	แจ้ง
라오	낭	쁠라오	띳떠-	째-ㅇ
이야기하다	영화(구어체)	아니다	연락하다	통고하다

경찰 : 앉으세요. 자세히 말씀해주세요.
기호 : 저기 있는 저 극장에서 가방을 잃었어요.
경찰 : 가방 안에 뭐가 들어 있나요?
기호 : 돈, 크레딧 카드, 그리고 서류요.
경찰 : 여권은요? 그 가방에 들어있었나요?
기호 : 없었습니다. 따로 두었거든요.
경찰 : 다행입니다.
　　　신고서에 자세히 기록해야 합니다. 그리고 저 부서로 가서 문의하세요.

● การใช้ภาษา

♂ เล่า....ให้ฟังหน่อย

'옛날 이야기를 들려주다' 또는 '사건의 전말을 얘기해 주다'와 같이 처음부터 끝까지 상세히 말해줄 때 사용하는 표현입니다. 우리는 그냥 '… 을 얘기해주다', '들려주다' 로하면 됩니다.

　　예 : 할머니가 손자에게 옛날이야기를 해줍니다.　คุณยายเล่านิทานให้หลานฟัง

♂ มีอะไรอยู่ในกระเป๋าไหม

'มีอะไรอยู่ในกระเป๋า'는 의문사 อะไร가 들어간 의문문입니다. 뜻은 '가방 안에 무엇이 들어있나요?' 입니다. 이 때 답은 '연필과 책이 들어있어요' 처럼 구체적인 내용을 답하면 됩니다.
그러나 이 문장의 끝에 의문조사 ไหม를 넣게 되면 ไหม 앞 전체 문장의 의미에 대해 묻는 것입니다. 가방 안에 뭔가가 들어있느냐 없느냐가 묻는 사람의 중요 관점이지 구체적으로 무슨 물건이 들어있느냐가 아닙니다.

♂ ...หรือเปล่า

앞의 문장의 내용이 사실인지 아닌지를 물을 때 반복하지 않고 เปล่า (아닙니까?)를 사용해서 묻는 질문 형식입니다. '…인가요? 아닌가요?' 입니다. 아니면 เปล่า로 답합니다.

♂ โชคดีจัง

'다행하다'라는 의미입니다. 뒤따른 ดี 와 จัง 은 모두 부사입니다. 이 외에도 영어의 'Good Luck'에 해당하는 가볍고 보편적인 인사를 많이 사용되는데, 보통 앞에 'ขอให้' 를 붙여 말합니다.

ไวยากรณ์

달과 요일의 명칭

한국어에는 각 달마다 고유한 이름이 없이 1월, 2월, 3월…하는 식으로 달의 순서대로 말합니다. 그러나 태국어는 각 달마다 특정한 이름이 있습니다.

12 달 이름은 다음과 같습니다.

1월 เดือนมกราคม	2월 เดือนกุมภาพันธ์	3월 เดือนมีนาคม	4월 เดือนเมษายน
드안 마까라-콤	꿈파-판	미-나-콤	메싸-욘
5월 เดือนพฤษภาคม	6월 เดือนมิถุนายน	7월 เดือนกรกฎาคม	8월 เดือนสิงหาคม
프르싸파-콤	미투나-욘	까라까다-콤	씽하- 콤
9월 เดือนกันยายน	10월 เดือนตุลาคม	11월 เดือนพฤศจิกายน	12월 เดือนธันวาคม
깐야-욘	뚤라-콤	프르싸찌까-욘	탄와- 콤

태국인들은 흔히 1월은 드안 마까라-, 2월은 드안 꿈파…식으로 뒤의 콤이나 욘은 말하지 않는 수가 흔합니다.

한 달을 크게 세 부분으로 나누어 초순, 중순, 하순하는데, 태국도 역시 같습니다. 초순에는 '똔(ต้น)'을, 중순에는 '끌라-ㅇ(กลาง)'을, 하순에는 '쁠라-이(ปลาย)'를 달(เดือน) 앞에 붙입니다. 그러나 말일경을 나타낼 때는 '씬(สิ้น)'을 붙입니다. ปลาย와 สิ้น의 사용은 화자의 느낌에 따르므로 좀 주관적이기는 하나 일반적으로 สิ้น이 더 끝에 가깝습니다.

예 : 3월초 ต้นเดือนมีนาคม. ต้นเดือนมีนา. ต้นมีนา
9월 하순 ปลายเดือนกันยายน. ปลายเดือนกันยา
4월말 สิ้นเดือนเมษายน. สิ้นเดือนเมษา
년말 สิ้นปี. ปลายปี
주초 ต้นสัปดาห์
주말 สุดสัปดาห์, ปลายสัปดาห์

요일 이름은 다음과 같습니다.

월요일 วันจันทร์		화요일 วันอังคาร	
완 짠 완		완 앙카-ㄴ	
수요일 วันพุธ		목요일 วันพฤหัส, วันพฤหัสบดี	
완 풋		완 프르핫 완프르핫싸버-디-	
금요일 วันศุกร์		토요일 วันเสาร์	
완쑥		완싸오	
일요일 วันอาทิตย์			
완아-팃			

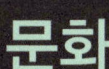

온천

문화

태국 북쪽에는 곳곳에 온천이 많다. 대부분이 유황온천이다. 치앙마이에서 '빠이'로 가는 길에도 많고 버쌍 근처 싼깜팽에도 있다. 물은 뜨겁고, 독탕이다. 온천수에 계란을 삶아서 먹고 족욕도 했다. 원청이 나오는 곳은 분수다. 하늘로 막 뿜는다. 그리고 그 물이 만들어 놓은 도랑을 따라 흐른다. 사람들은 그 도랑 양쪽에 앉아 족욕을 즐긴다. 뜨거운 것을 좋아하는 사람은 상류에서, 그렇지 않은 사람들은 하류에 발을 담고 즐긴다. 외국인도 있지만 대부분이 태국인이다. 리조트도 있고 음식점, 스파가 많다. 태국인들도 더운 온천을 즐긴다.

아유타야에 가는 기차가 몇 시에 있나요?
มีรถไฟไปอยุธยากี่โมง 미롯화이빠이아유타야끼-모-o

기호. 아유타야 가는 기차에 대해 기차역에서 묻는다.

 บทสนทนา

คีโฮ	ตารางเวลารถไฟไปอยุธยามีกี่โมงบ้างครับ
	따라-o 웰라-롯화이빠이아유타야미-끼-모-o바-o 크랍
พนักงานขายตั๋ว	วันนี้ไม่มีแล้ว มีพรุ่งนี้ตอนเช้า ๑๐โมงค่ะ
	완니-마이미-래-우 미-프룽니-떠-ㄴ 차오 씹 모-o 카
คีโฮ	ผมต้องไปวันนี้ด้วยซิครับ ไปยังไงได้บ้างครับ
	폼떠-o빠이완니두어이씨 크랍 빠이양응아이다이바-o 크랍
พนักงานขายตั๋ว	ขึ้นรถทัวร์ไปได้ค่ะ
	큰롯투어빠이다이 카
คีโฮ	ขึ้นที่ไหนครับ
	큰티-나니 크랍
พนักงานขายตั๋ว	ฝั่งตรงกันข้าม หน้าโรงพยาบาลโน้นค่ะ
	황뜨롱깐카-ㅁ 나-로-o 파야반노-ㄴ카

คำศัพท์

ตารางเวลา	**ขึ้น**	**รถทัวร์**	**ข้าม**	**หน้า**	**พยาบาล**
따라-o웨-라-	큰	롯투어	카-ㅁ	나-	파야-바-ㄴ
시간표	(차를) 타다, 오르다	관광버스	건너다	…앞에	(병을) 치료하다
รถไฟ	**ไฟ**	**ฝั่ง**	**ตรงกันข้าม**	**โรง**	**โรงพยาบาล**
롯화이	화이	황	뜨롱깐카-ㅁ	로-o	로-o 파야-바-ㄴ
기차	불	측, 쪽	반대쪽	큰 건물이나 방	병원

기 호 : 아유타야 가는 기차시간은 언제인가요?(아유타야 가는 기차 몇 시에 있나요?)
역무원 : 오늘은 없습니다. 내일 아침 10 시에 있습니다.
기 호 : 저는 오늘 꼭 가야 합니다. 어떻게 갈 수 있나요?
역무원 : 관광버스를 타고 가시면 됩니다.
기 호 : 어디서 타지요?
역무원 : 반대편입니다. 저 병원 앞입니다.

● การใช้ภาษา

ไม่มีแล้ว
여기서는 '이미 차가 끊어지고 없다'는 표현입니다. 보통 '이미…했어요' 또는 '이미..해서 없어요'라는 표현을 하고 싶을 때 사용합니다.

ไปยังไงได้บ้าง
직역하면 '어떻게 갈 수 있나요?'입니다. 맨 뒤에 บ้าง을 붙여서 간곡하고, 갈 수 있는 방법을 알고 싶어하는 느낌을 표편하고 있습니다.
'무슨 다른 방법이 없을까요?'의 뜻을 내포하고 있습니다.

ขึ้นรถทัวร์ไปได้
태국에는 기차를 시간표에 따라 운행합니다. 버스도 마찬가지입니다. 이러한 교통수단 외에 태국에는 편리한 운송수단이 또 있습니다. รถทัวร์를 이용하는 방법입니다. 보통 12-14 인용 승합차로 운행하는데, 아주 장거리가 아니면 기차보다 늦은 시간에도 운행하므로 널리 이용되는 편리한 방법입니다.
태국어에서 자동차나 기차, 비행기 등을 탈 때는 동사 ขึ้น을 사용합니다(ขึ้นรถ)만 배를 탈 때는 ลง 을 사용하여 ลงเรือ라고 합니다.
내릴 때에는 차에서 내릴 때에는 ลง을 사용하여 ลงรถ이라고 합니다. 그러나 배는 육지에 오르다(ขึ้นบก) 또는 배에서 내리다(ลงจากเรือ) 라고 합니다.

ฝั่งตรงกันข้าม
보통 ฝั่งตรงข้าม이라고도 하며, 의미는 '반대쪽' 또는 '건너편' 입니다. 건너편이 아니라 같은 쪽은 ฝั่งเดียวกัน 입니다. 'ฝั่ง'은 강이나 댐의 양쪽을 의미합니다. 다시 말해 강의 오른쪽과 왼쪽에 있는 육지를 말합니다.

ไวยากรณ์

명사 Ⅱ : 동사나 형용사의 명사만들기

태국어는 동사나 형용사를 이용하여 명사를 만듭니다.

1. 동사 앞에 การ을 붙여 명사로 만듭니다.

    예 : 먹다 **กิน**   먹기, 식사 **การกิน**
         걷다 **เดิน**   걷기, 보행 **การเดิน**
         협상하다 **เจรจา**   협상 **การเจรจา**
         달리다 **วิ่ง**   달리기 **การวิ่ง**
         여행하다 **เดินทาง**   여행 **การเดินทาง**
         장사하다 **ค้าขาย**   상업 **การค้าขาย**
         날다 **บิน**   비행, 날기 **การบิน**
         중계하다 **ถ่ายทอด**   중계 **การถ่ายทอด**
         행동하다 **กระทำ**   행위, 행동 **การกระทำ**

2. 동사나 형용사 앞에 ความ을 붙여 만듭니다.

    예 : 생각하다 **คิด**   생각, 사상 **ความคิด**
         사랑하다 **รัก**   사랑 **ความรัก**
         후원(지원)하다 **สนับสนุน**   후원, 지원 **ความสนับสนุน**
         아름답다 **สวย**   아름다움, 미(美) **ความสวย**
         느끼다 **รู้สึก**   느낌, 감정 **ความรู้สึก**
         길다 **ยาว**   길이 **ความยาว**
         덥다 **ร้อน**   더위 **ความร้อน**
         이해하다 **เข้าใจ**   이해 **ความเข้าใจ**

3. การ과 ความ을 다 사용하는 경우도 있으나 뜻은 다릅니다. 동사나 형용사 외에 명사도 사용하는데 본래의 뜻과 달라집니다.

    예 : 생각하기 **การคิด** 사상 **ความคิด**
         การ + บ้าน = การบ้าน (숙제)
         การ + เรือน = การเรือน (가사)
         การ + เมือง = การเมือง (정치)
         ความ + หมาย = ความหมาย (의미)

아유타야

문화

과거 태국인들에게는 수도이름이 곧 왕국의 이름이었다. 태국 역사상 두 번째 수도였던 아유타야(1350-1767)는 17-18세기부터 서양 신부들이 Golden City 라고 찬양하던 곳이었다. 태국 730년 역사의 반 동안을 이곳이 정치, 경제, 문화의 중심역할을 맡았었다. 버마족의 침공을 16세기부터 받은 아유타야는 이십여 차례의 전쟁 끝에 미얀마에게 패망함으로써 잿더미로 변하였다. 오늘도 불에 탄 흔적이 관광객을 맞고 있다.

아유타야는 본래 한 쪽은 육지와, 나머지 부분은 강물에 둘러싸여 있던 지형이었다. 우텅왕은 육지에 연해 있는 부분에 운하를 파서 인공섬으로 만들고 도읍으로 삼았다. 역대 왕들은 많은 탑과 사원을 건설하였으므로 현재는 화려한 사원사이로 잿더미 채로 남아있는 사원과 탑이 곳곳에 보인다.

입에서 톡(talk) 태국어

이 케이블카는 어디로 가니? กระเช้านี้ไปไหน 끄라차오니-빠이나이

บทที่ 27

바-ㅇ빠인 궁을 구경하고 나온 기호. 문득 케이블카를 보고 잉언에게 묻는다.

🎧 บทสนทนา

คีโฮ   เอ๊ะ นั่นอะไรน่ะ
         에 난아라이나

อิงอร   ไหน อ๋อ กระเช้าข้ามคลองไง ข้ามไปวัดฝั่งตรงข้าม
         나이 어- 끄라차오카-ㅁ클러-ㅇ응아이 카-ㅁ빠이왓황뜨롱카-ㅁ

คีโฮ   ไหนวัด ผมไม่เห็นวัดไทยเลย เห็นแต่โบสถ์ฝรั่ง
         나이왓 폼마이헨왓타이르ㅓ이 헨때-보-ㅅ화랑

อิงอร   นั่นแหละ วัดไทย สร้างแบบโบสถ์คริสต์
         난래 왓타이 싸-ㅇ배-ㅂ 보-ㅅ 크릿

         สร้างในสมัยรัชกาลที่ 5
         싸-ㅇ나이싸마이랏차까-ㄴ 티- 하-

         โบสถ์ข้างในสวยมาก มีกระจกสีรูปรัชกาลที่ 5
         보-ㅅ카-ㅇ나이쑤어이마-ㄱ 미-끄라쪽씨-루-ㅂ랏차까-ㄴ티-하-

คีโฮ   งั้นเรานั่งกระเช้าข้ามคลองไปไหว้พระกัน จ่ายเงินที่ไหนล่ะเนี่ย
         응안라오낭끄라차오카-ㅁ 클러-ㅇ 빠이와이프라깐 짜-이응언티-나이라니아

อิงอร   ไม่ต้องจ่ายเงิน แต่เขามีกล่องรับบริจาคค่าไฟ
         마이떠-ㅇ 짜-이응언 때-카오미-끌러-ㅇ랍버리짜-ㄱ카-화이

         แล้วแต่เราจะให้เท่าไหร่ก็ได้
         래-우때-라오짜하이타오라이꺼다이

🔵 คำศัพท์

กระเช้า	โบสถ์ฝรั่ง	สมัย	กระจก	จ่าย	ค่า
끄라차오	보-ㅅ화랑	싸마이	끄라쪽	짜-이	카-
케이블카	성당이나 교회	시대	유리	지불하다	요금

คลอง	สร้าง	รัชกาล	ไหว้พระ	กล่องรับบริจาค	แล้วแต่
클러-ㅇ	싸-ㅇ	랏차까-ㄴ	와이프라	끌러-ㅇ 랍버리짜-ㄱ	래-우때-
운하, 수로	건설하다, 세우다	재위기간	경배하다	모금함	…에 달려 있다

기　　호 : 어! 저게 뭐야?
잉어-ㄴ : 어디? 으-ㅇ 운하를 건너는 케이블이잖아. 건너편에 있는 절에 가는 거야.
기　　호 : 어디, 절? 태국 절은 보이지 않고 서양 성당만 보이는데.
잉어-ㄴ : 바로 그거야. 태국절이지. 서양식으로 지어졌어. 라마 5 세 때 지었어.
　　　　 절 내부가 무척 아름다워. 스테인드 그라스로 만든 라마 5 세 상이 있어.
기　　호 : 그럼 케이블을 타고 건너가서 절 해야지. 요금은 어디서 내지?
잉어-ㄴ : 요금은 안 내도 되지만 모금함은 있어.
　　　　 내고 싶은대로 내면 돼

การใช้ภาษา

ไม่เห็น....เลย
'… 이 전혀 보이지 않는다'라는 뜻입니다. เลย는 부정문에서 동사를 강조하는 역할을 합니다. '전혀 보이지 않는다' 또는 '눈에 들어오지 않는다'는 뜻입니다.

예 : 노란 콩은 보이지 않고 팥만 눈에 들어온다. ไม่เห็นถั่วเหลืองเลย เห็นแต่ถั่วแดงเท่านั้น

เห็นแต่...
'เห็น'은 '눈에 보이다'라는 뜻입니다. แต่는 여러가지 의미가 있으나 이 문장에서는 '오직…만' 또는 '…만'이라는 전치사입니다. เห็นแต่… 은 '…만 보인다'라는 뜻이 되겠지요. 보통 뒤에 เท่านั้น 을 붙여 사용하기도 합니다.

ไม่ต้อง...
'… 해야 한다'라는 의미의 ต้อง 을 부정하는 말로, '… 하지 말라' 또는 '…하지 않아도 된다'라는 의미입니다. 태국어에서 자주 사용되는 표현입니다.

예 : 가지 않아도 돼. ไม่ต้องไป

จะให้เท่าไรก็ได้
'내고(주고) 싶은대로 내도(줘도) 돼' 또는 '얼마를 내도(주어도) 돼'라는 의미의 문장으로, ก็ได้가 술부입니다. 가도 돼 ไปก็ได้, 먹어도 돼 กินก็ได้, 내일 해도 돼 ทำพรุ่งนี้ก็ได้, 안 해도 돼 ไม่ทำก็ได้ 등등처럼 많이 사용됩니다.

ไวยากรณ์

명사 Ⅲ : 복합명사 1

태국어는 어형변화가 없는 대신 복합어를 만들어 사용함으로써 언어생활을 풍부하게 합니다. 명사는 다른 명사나 동사, 형용사 등을 접두사로 붙여 만듭니다.

인간의 신분이나 직업을 나타내는 복합명사는 คน, ผู้, นัก, ช่าง …등을 붙여 만듭니다.

1) 일반적인 인간 관계 : ผู้ 와 คน을 접두사로 사용합니다.
   - 태국인 คนไทย   한국인 คนเกาหลี
   - 환자 คนไข้   운전사 คนขับรถ
   - 어른 ผู้ใหญ่   지도자 ผู้นำ
   - 남자 ผู้ชาย   조수, 보좌관 ผู้ช่วย

2) 전문가의 경우는 นัก을 접두사로 사용합니다.
   - 대학생 นักศึกษา   음악가 นักดนตรี
   - 비행사 นักบิน   가수 นักร้อง

3) 기술자는 ช่าง을 접두사로 사용합니다
   - 목수 ช่างไม้   사진사 ช่างถ่ายรูป
   - 미용사 ช่างเสริมสวย   견습공 ช่างหัดใหม่

4) 주민이나 민족은 ชาว를 접두사로 사용합니다.
   - 수도 시민 ชาวกรุง   농민 ชาวนา
   - 주민 ชาวบ้าน   도시인 ชาวเมือง

5) 인간의 습벽이나 성격을 나타낼 때는 ขี้를 접두사로 사용합니다.
   - 술주정뱅이 ขี้เมา   허풍장이 ขี้โม้
   - 구두쇠 ขี้เหนียว   게으름장이 ขี้เกียจ

6) 주종관계에서 주는 เจ้า, 종은 ลูก을 각각 접두사로 사용합니다.
   - 채권자 เจ้าหนี้   채무자 ลูกหนี้
   - 가장 เจ้าบ้าน   가족구성원 ลูกบ้าน
   - 소유자 เจ้าของ   주최자 เจ้าภาพ
   - 고용주 เจ้านาย   추종자, 부하 ลูกน้อง

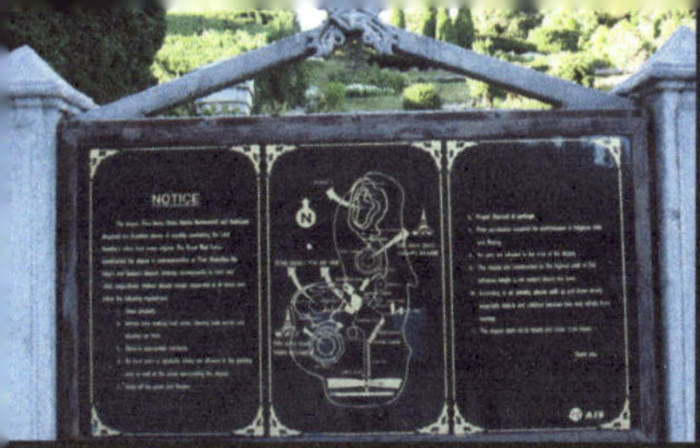

왕과 왕비 납골당

문화

더이 인타논을 오르는 길목에 좌측으로 라마 9세 부부의 신식 납골당이 반짝이는 햇볕 속에서 웅장하고 아름다운 자태를 드러내고 있다. 다른 왕궁이 그렇듯이 아름다운 정원과 꽃밭이 사람들의 눈길을 끈다. 작은 꽃 한 송이도 그들은 버리지 않고 아기자기하게 꾸몄다. 왕과 왕비의 납골당은 서로 마주보고 서 있다. 납골당 위에는 양 기 모두 불상이 안치되어 있다.

ตอนที่ 9

28 여기 호텔 목록과 지도 좀 주세요.
29 오늘 환율이 어떻게 되나요?
30 이 버스, 후어람포-ㅇ에 가나요?

기호. 아유타야에서

여기 호텔 목록과 지도 좀 주세요.
ขอแผนที่และรายชื่อโรงแรมของเมืองนี้ 커-패-ㄴ티-래라-이츠-로-ㅇ래-ㅁ 커-ㅇ 므엉니-

아유타야에 도착한 기호. 관광안내소에 가서 지도와 호텔리스트를 요구한다.

 บทสนทนา

พนักงาน	มีอะไรให้ช่วยไหมคะ	
	미-아라이하이찬추어이마이 카	
คีโฮ	ขอบคุณครับ ผมขอแผนที่และรายชื่อโรงแรมของเมืองนี้หน่อยครับ	
	커-ㅂ쿤 크랍 폼커-팬-티-래라-이츠-로-ㅇ 래-ㅁ 커-ㅇ 므앙니-너-이 크랍	
พนักงาน	นี่ค่ะ ต้องการอะไรอีกไหมคะ	
	니-카 떠-ㅇ까-ㄴ 아라이이-ㄱ마이카	
คีโฮ	จากที่นี่ไปอุทยานไปยังไงครับ	
	짜-ㄱ티-니-빠이우타야-ㄴ 빠이양아이 크랍	
พนักงาน	ดูแผนที่นะคะ เราอยู่ที่นี่และอุทยานอยู่ที่นี่ค่ะ	
	두-패-ㄴ 티-나카 라오유-티-니-래우타야-ㄴ유-티-니-카	
	เดินตรงไปตามทางนี้ก็ถึงค่ะ ใช้เวลาราวๆ ๑๐ นาทีค่ะ	
	드ㅓㄴ뜨롱빠이따-ㅁ 타-ㅇ 니-끄통 카 차이웰라-라우라우 씹 나티 카	
คีโฮ	ขอบคุณครับ ขอเข้าห้องน้ำได้ไหมครับ	
	커-ㅂ쿤 크랍 커-카오허-ㅇ남다이마이 크랍	
พนักงาน	เชิญทางนี้ค่ะ	
	츠ㅓㄴ타-ㅇ 니 카	

● คำศัพท์

แผนที่	อุทยาน	ตรงไป	ราว	ห้องน้ำ
패-ㄴ티-	우타야-ㄴ	뜨롱빠이	라-우	허-ㅇ남
지도	공원	직진하다,	약, 대략	화장실
		똑바로 가다		
รายชื่อ	**เดิน**	**ใช้เวลา**	**ถึง**	
라-이츠-	드ㅓㄴ	차이웰라-	틍	
목록	걷다	(시간이) 걸리다	도착하다	

안내원 : 뭘 도와드릴까요?
기 호 : 고맙습니다. 여기 지도와 호텔 목록을 부탁합니다.
안내원 : 여기 있습니다. 또 뭐 원하시는 게 있으신가요?
기 호 : 여기서 공원에 가려면 어떻게 가지요?
안내원 : 지도를 보세요. 우리는 여기 있고 공원은 여기 있어요.
이 길을 따라 죽 걸어가면 도착합니다. 한 10분 걸릴 것입니다.
기 호 : 고맙습니다. 화장실 좀 사용할 수 있을까요?
안내원 : 이리 가세요.

การใช้ภาษา

ขอ....หน่อย
남에게 뭔가를 부탁할 때 사용하는 표현으로 '… 좀 부탁합니다'라는 뜻입니다.

ต้องการอะไรอีกไหม
하나를 해 주거나 해결한 후 더 해 주거나 할 것이 있는가를 알고자 할 때 사용하는 표현입니다.
이러한 질문을 받으면 없으면 '없습니다(괜찮습니다)', '감사합니다'로 답을 하고 만일 또 있다면 이어 부탁을 하면 됩니다.
ต้องการอะไร는 무엇을 원하세요? 입니다. อะไร 뒤에 อีก을 붙여 부탁이 더 없느냐를 묻는 것입니다.

เดินตรงไป
'곧장 앞으로 걸어가다'는 뜻입니다. 오른쪽으로 돌아가면 'เลี้ยวขวาไป', 왼쪽으로 돌아가면 'เลี้ยวซ้ายไป', 되돌아 가면 'หันหลังไป' 또는 'ย้อนกลับไป' 라고 합니다.

ขอ...ได้ไหม
이 표현은 상대방에게 무엇인가를 요구할 때 사용하는 표현입니다. 'ขอ....หน่อย'와 같은 의미의 표현입니다.

예 : 물 좀 줘요. ขอน้ำหน่อย
물 좀 주겠니? ขอน้ำ(หน่อย)ได้ไหม

ไวยากรณ์

명사 Ⅲ : 복합명사 2

복합명사를 만드는 또 다른 접두사는 물건의 성격에 따라 다른데, 다음과 같습니다.

1) 물건에는 ของ, 기계나 도구에는 เครื่อง, 건물에는 โรง, 상점에는 ร้าน을 각각 접두사로 사용합니다.

예 : 필수품 **ของจำเป็น**　　장난감 **ของเล่น**
　　선물 **ของฝาก**　　도구 **ของใช้**
　　화장품 **เครื่องสำอาง**　　인쇄기 **เครื่องพิมพ์**
　　영화관 **โรงหนัง**　　공장 **โรงงาน**
　　서점 **ร้านขายหนังสือ**　　음식점 **ร้านขายอาหาร**

2) 일반적인 장소에는 ที่ 를, 방에 관한 것은 ห้อง을 접두사로 사용합니다.

예 : 평지 **ที่ราบ**　　연인 **ที่รัก**
　　좌석 **ที่นั่ง**　　숙소 **ที่พัก**
　　침실 **ที่นอน**　　화장실 **ห้องน้ำ**
　　서재 **ห้องสมุด**　　(건물의) 홀 **ห้องโถง**

3) 돈과 관계된 것에는 เงิน을, 비용과 관계된 것에는 ค่า를 접두사로 사용합니다.

예 : 월급 **เงินเดือน**　　자본금 **เงินทุน**
　　화폐 **เงินตรา**　　대부금 **เงินกู้**
　　비용 **ค่าใช้จ่าย**　　생활비 **ค่าครองชีพ**
　　소개비 **ค่านายหน้า**　　임금 **ค่าจ้าง**

4) 차에 관한 것은 รถ을 접두사로 사용합니다

예 : 자전거 **รถจักรยาน**　　트럭 **รถบรรทุก**
　　전동차 **รถไฟฟ้า**　　지하철 **รถไฟใต้ดิน**

5) 액체와 관계된 것에는 น้ำ, 나무로 만들어진 것에는 ไม้를 접두사로 사용합니다

예 : 식수 **น้ำดื่ม**　　기름 **น้ำมัน**
　　향수 **น้ำหอม**　　얼음 **น้ำแข็ง**
　　대나무 **ไม้ไผ่**　　지팡이 **ไม้เท้า**
　　옷걸이 **ไม้แขวนเสื้อ**　　침목 **ไม้หมอน**

6) 말에 관계된 것에는 คำ을 접두사로 사용합니다.

예 : 명령 **คำสั่ง**　　질문 **คำถาม**
　　번역 **คำแปล**　　약속 **คำสัญญา**

태국인의 전통의상

문화

태국은 다종족, 다종교 국가이다. 역사적으로 13세기부터 이미 이민족이 이주하였고, 타이족 또한 이 지역의 원주민이 아니다. 그러므로 태국인들은 늘 다양성 속에서 중도를 미덕으로 삼고 상대방을 존중하며 협상이나 대화에 능하다.

우리 한국의 약 5배가 되는 면적을 가진 태국은 기후, 지형, 종족 등에 따라 중부, 북부, 동북부, 남부로 나눈다. 언어(방언), 음식, 외모, 의상, 옷감의 무늬, 음악 등등에서 차이가 있다. 매우 다양하다. 예를 들면, 동북부는 대체로 짧은 치마를 입지만 다른 지역은 모두 긴 치마를 입지만 그 무늬가 다르다. 남부의 의상은 말레이시아 의상과 유사하고 동북부는 라오스와 유사하다.

입에서 톡(talk) 태국어

오늘 환율이 어떻게 되나요? อัตราแลกดอลล่าร์วันนี้เป็นยังไง
앗뜨라-래-ㄱ 덜라- 완니-뻰양아이

기호. 환전을 하려고 은행에 간다.

29
บทที่

 บทสนทนา

คีโย	อัตราแลกดอลล่าร์วันนี้เป็นยังไงครับ	
	앗뜨라-래-ㄱ 덜라-완니-뻰양아이 크랍	
พนักงานชาย	๑ ดอลล่าร์ ๓๘ บาทครับ แต่ใบละร้อยคิด ๔๐ บาทครับ	
	능덜라- 싸-ㅁ씹빼-ㅅ바-ㅅ 크랍 때- 바이라 러-이 킷 씨-씹바-ㅅ크랍	
คีโย	ขอแลก ๕๐๐ ดอลล่าร์ ใบละร้อย ๕ ใบครับ	
	커-래-ㄱ 하-ㄹ-이 덜라- 바이라러-이 하 바이 크랍	
พนักงานชาย	ต้องการแบงค์อะไรบ้างครับ	
	떠-ㅇ까-ㄴ 뱅아라이바-ㅇ 크랍	
คีโย	ขอเป็นใบละพันบาทได้ไหม	
	커-뻰바이라 판 바-ㅅ 다이마이	
พนักงาน	ได้ครับ ขอหนังสือเดินทางด้วยครับ	
	다이 크랍 커-낭쓰-ㄷㅓ타-ㅇ 두어이 크랍	
คีโย	นี่ครับ	
	니- 크랍	

 คำศัพท์

อัตรา	อัตราแลก	ดอลล่าร์	ละ	แบงค์
앗뜨라-	앗뜨라-래-ㄱ	덜라-	라	뱅
비율	환율	dollar	…당(當)	bank, 지폐

แลก	วันนี้	ใบ	ใบละร้อย	คิด
래-ㄱ	완니-	바이	바이라러-이	킷
교환하다, 맞바꾸다	오늘	종이나 서류에 대한 수량사	장당 100 (100 바트 짜리 지폐)	계산하다

144 | EBS

기 호 : 오늘 환율이 어떻게 되나요?
은행원 : 일 달라가 38바트입니다. 100달라짜리는 40바트입니다.
기 호 : 500달라를 환전하겠어요. 100달라짜리 5장입니다.
은행원 : 얼마짜리로 드릴까요?
기 호 : 천 바트짜리로 되나요?
은행원 : 됩니다. 여권 좀 주시지요.
기 호 : 여기 있습니다.

การใช้ภาษา

อัตราแลกดอลล่าร์วันนี้เป็นยังไง

'오늘 환율이 어떻지요?'라며 그 날의 환율을 알아보려는 언사입니다. 태국인들은 dollar 를 사고 판다는 표현도 많이 사용합니다. 만일 dollar 를 팔려고 할 때는 'จะขายดอลล่าร์'라고 하고, dollar 를 사고 싶을 때에는 'จะซื้อดอลล่าร์' 라고 하는데, 물론 살 때가 더 쌉니다. 그리고 태국에서는 dollar 는 1 dollar 값이 가장 쌉니다. 큰 지폐일수로 값이 좋습니다.

그러므로 태국에 dollar 를 가지고 갈 경우, 환전할 때를 생각하면 액수가 큰 지폐로 가지고 가는 것이 유리합니다.

예 : 달라를 팔려고(사려고) 하는데, 오늘 환율이 어떤가요?
　　 จะขาย(ซื้อ)ดอลล่าร์ อัตราแลกวันนี้เท่าไรคะ
　　 50달라짜리는 어떻게 계산해 주나요?　แบ็งค์50ดอลล่าร์ ๕๐ คิดยังไงครับ

ขอ

동사로는 '요구하다' 라는 뜻을 갖고 있지만 문장에서 ' … 해 주세요'와 같이 남에게 어떤 것을 달라고 하던가 어떤 행위를 요구거나 부탁할 때 사용하는 공손한 표현입니다 요구하는 물건이나 요구하는 행위동사 앞에 위치합니다.

예 : 물 좀 주세요. ขอน้ำหน่อยค่ะ(ครับ)
　　 같이 가요(날 데리고 가줘요). ขอไปด้วยคน

ใบละพันบาท

'천 바트짜리 지폐'라는 뜻입니다. 태국에서는 가장 큰 지폐입니다. A ละ b인 경우, 'A 당 b'라는 뜻입니다.

예 : 이 약을 하루에 3알씩 식후에 잡수세요. ทานยานี้วันละ ๓ เม็ดหลังอาหารค่ะ
　　 나는 태국어를 하루에 2장씩 공부합니다. ผมเรียนภาษาไทยวันละ ๒ หน้า
　　 한 번에 3사람씩 면접했습니다. สอบสัมภาษณ์ทีละ ๓ คน

참고로, 식전은 ก่อนอาหาร입니다. 만일 약이 봉지에 들어 있다면 ถุง 또는 ซอง이라고 할 것입니다.

ไวยากรณ์

가족간의 호칭

부계 :

증조부(모)	ทวดใหญ่	ปู่(ย่า)ทวด	ทวดน้อย		증조부(모)
조부(모)		ปู่ใหญ่	ปู่(ย่า)	ปู่น้อย	
백부(모)	ลุง(ป้า)	พ่อ(แม่)	อา		숙부(모)
형(누나)	พี่ชาย(พี่สาว)	ผม(ฉัน)	น้องชาย(น้องสาว)		남동생(여동생)
조카	หลานชาย(หลานสาว)	ลูกชาย(ลูกสาว)	หลานชาย(หลานสาว)		조카
손자(녀)		หลานชาย(หลานสาว)			

모계 :

외증조부(모)	ทวดใหญ่	ปู่(ย่า)ทวด	ทวดน้อย		외증조부(모)
외조부(모)		ตา(ยาย)			
외삼촌(외숙모)	ลุง(ป้า)	แม่(พ่อ)	น้า		외삼촌(외숙모)
형(누나)	พี่ชาย(พี่สาว)	ผม(ฉัน)	น้องชาย(น้องสาว)		남동생(여동생)
조카	หลานชาย(หลานสาว)	ลูกชาย(ลูกสาว)	หลานชาย(หลานสาว)		조카
손자(녀)		หลานชาย(หลานสาว)			

위의 도표는 ผม(ฉัน) 즉 본인을 중심으로 직계존속과 직계비속을 표시한 것입니다.

태국인은 우리 나라보다 간단하게 친척관계를 말합니다.

우리식으로 말할 때, 아버지와 어머니의 손위 남성은 모두 ลุง(คุณลุง) , 손위 여성은 ป้า(คุณป้า)라고 부릅니다. ลุง의 배우자는 ป้า입니다. 아버지와 어머니의 손아래 동생의 경우는 좀 다른데, 친가는 อา, 외가는 น้า 입니다. 성을 구별하고자 할 때는 อาผู้ชาย, น้าผู้หญิง처럼 성에 따라 ชาย와 หญิง을 붙이면 됩니다. 그리고 친형제를 비롯해 4촌, 6촌 등 같은 항렬인 경우는 모두 พี่ 아니면 น้อง입니다. 여성은 손위면 พี่สาว, 손아래면 น้องสาว, 남성은 손위면 พี่ชาย 손아래면 น้องชาย 입니다. 화자 중심으로 합니다.
그리고 조카와 손자는 모두 หลาน입니다.

예 : 부모 พ่อแม่   부모님 คุณพ่อคุณแม่
형제 พี่น้อง   일가친척 ญาติพี่น้อง

참고로 태국에서는 성이 같으면 대체로 일가친척입니다.

은행, itm

문화

태국이 근대화되면서 19세기 말경에 은행제도가 태국에 도입되었다.

은행 업무는 다양하나 모든 은행이 같지 않다. 환전이 되는 은행도 있고, 외환업무를 하지 않는 은행도 있다. 근래에는 이슬람 은행도 생겨났다. 은행마다 고유색이 있어 그 고유색을 중심으로 은행 내·외부를 디자인하고 있다. 예를 들어 상업은행은 보라색, 아유타야 은행은 노란색, 농업은행은 초록색, 그리고 끄룽텝은행은 청색이다. itm은 사람이 모이는 곳에 설치하여 시민의 편리를 도모하고 있다.

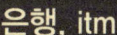

이 버스, 후어람퐁에 가나요? รถเมล์คันนี้ไปหัวลำโพงไหม

롯메–칸니–빠이후어란포–ㅇ 마이

방콕역에 가려는 기호. 버스를 타고 차장에게 후어람퐁에 가느냐고 묻는다.

 บทสนทนา

คีโฮ	ลุงครับ รถเมล์คันนี้ไปหัวลำโพงไหมครับ	
	룽 크랍 롯메–칸니–빠이후어람포–ㅇ마이 크랍	
กระเป๋ารถ	ครับ ไปครับ	
	크랍 빠이크랍	
คีโฮ	ใช้เวลานานเท่าไรครับ	
	차이웰라–나–ㄴ 타오라이 크랍	
กระเป๋ารถ	ปกติ ๒๐ นาทีก็ถึง แต่วันนี้รถติดมาก	
	빠까띠 이씹 나티꺼틍 때–완니–롯띳마–ㄱ	
คีโฮ	เมื่อไปถึงหัวลำโพง ช่วยบอกทีนะครับ	
	므아빠이틍후어람포–ㅇ 추어이버–ㄱ티–나 크랍	
กระเป๋ารถ	ยินดีครับ	
	인디–크랍	

คำศัพท์

คัน	**ลำโพง**	**ลุง**	**นาน**	**ช่วย**
칸	람포–ㅇ	룽	나–ㄴ	추어이
자동차에 대한 수량사	확성기, 돔	나이가 많은 남성에 대한 호칭	오래	돕다
หัว	**หัวลำโพง**	**ใช้เวลา**	**ติด**	**กระเป๋ารถ**
후어	후어람포–ㅇ	차이웰라–	띳	끄라빠오롯–
머리	방콕역 이름	시간이 걸리다	붐비다, 교통체증이 심하다	버스 차장

기호 : 아저씨, 이 버스, 후어람퐁에 가나요?
차장 : 갑니다.
기호 : 얼마나 걸릴까요?
차장 : 보통 20분이면 도착하는데, 오늘은 매우 교통체증이 심하네요.
기호 : 후어람퐁에 도착하면 알려주세요.
차장 : 염려말아요.

การใช้ภาษา

ใช้เวลานานเท่าไร
'얼마나 시간이 오래 걸리나?'를 묻고자 할 때 사용하는 표현입니다. 몇 분 걸립니까?(ใช้เวลากี่นาที) 또는 몇 시간 걸립니까?(ใช้เวลากี่ชั่วโมง)로 물을 수도 있지만 그렇게 묻기에는 어중간하거나 곤란할 때 사용하는 일반적인 언사입니다. 답은 10분, 5시간 등으로 할 것입니다.

๑๐ นาทีก็ถึง แต่รถติดมาก
위 문장에서 ถึง 은 동사로 '도착하다'라는 뜻으로, 전체는 '10분이면 도착합니다'라는 뜻입니다. 그러나 다음에 바로 이어서 '그러나'라는 의미를 가진 등위접속사인 แต่ 가 와서 앞문장의 뜻에 의구심을 심어줍니다.
ติด 이라는 단어는 뜻이 여러 가지이지만 여기서는 '차가 한 곳에 붙어 움직이지 않는다' 또는 '차와 차가 꼬리를 물고 붙어 있다'라는 뜻으로 소통이 원활하지 않음을 말합니다.
태국에서는 아직도 약속에 좀 늦었을 때 รถติดมาก 이라는 표현으로 양해가 된다는 것을 알아 두세요.

ช่วยบอกทีนะ
이미 남에게 뭔가를 부탁할 때 ขอ를 사용하는 것은 알고 있습니다. 그러나 '돕다'라는 뜻을 가진 ช่วย 를 내세워 도움을 요청하는 경우도 아주 많습니다.
ช่วยบอกทีนะ의 ที 는 겸양의 의미가 내포된 '사ักทีหนึ่ง'과 같은 의미입니다. 그냥 그곳(후어람퐁)에 도착하면 제게 '알려 주세요' 또는 '말해 주세요'라는 뜻입니다.
후어람퐁은 방콕 역사(건물)를 가리키는데, 그 역사의 지붕모습이 돔으로 되어있습니다. 마치 확성기를 엎어 놓은 모습입니다. 옛 사람들이 '건물 지붕(위)이 확성기 모양이다'라면서 그렇게 불렀나 봅니다.

ไวยากรณ์

인칭대명사 II

현재 태국이 입헌군주국인 것은 다 알고 계실 것입니다. 왕은 온 국민의 구심점 역할을 하며 사랑과 존경의 대상이지만 정치는 수상이 하고 있습니다. 태국이 입헌군주국으로 정체가 바뀐 것은 1932년 일이니까 약 80년전 일입니다.

그전은 전제군주국이었고, 왕은 절대적인 존재였습니다. 그래서 태국에는 왕실어가 따로 있고, 서민들이 사용하는 언어가 따로 있으며, 또 승단에서 사용하는 언어가 따로 있습니다.

왕실에서 사용하는 언어를 왕실어(ราชาศัพท์)이라고 합니다. 지금은 많이 바뀌었지만 왕족과 이야기할 때는 격식을 갖추어야 합니다. 인칭대명사에서부터 동사, 명사… 정말 많이 다릅니다.

이 사실은 태국사회에서 언어생활을 하는데 상대방의 사회적 지위 –왕족인가? 사회적으로 얼마나 높은 지위에 있는가? 나이는 나보다 많은가 등등– 을 판단하고 대화를 시작해야 한다는 것과 같습니다.

흔하게 사용되는 인칭대명사를 살펴보면 다음과 같습니다.
일상대화에서 예의바른 1인칭대명사는 남성은 ผม 또는 กระผม, 여성은 ดิฉัน(หนู)입니다.
ฉัน은 남녀 공용이지만 대등한 관계이거나 아랫사람에게 사용합니다.
이외에 남녀공용인 ข้าพเจ้า는 연설문에 사용됩니다.

2인칭대명사로는 남녀구별 없이 คุณ을 사용합니다. 여성사이에서나 친한 사람(여성)에 대해서는 เธอ를 사용합니다. 이외에 연세가 높거나 존경하는 어른에게는 ท่าน을 사용합니다.
특히 장관 등을 각하 등으로 존칭해서 불러야 할 경우 ๆพณๆ이라고 앞에 쓰고 말하는데, พะนะท่าน 이라고 읽습니다.

3인칭대명사는 남녀 구별없이 사용하는 เขา, 남녀 구분 없이 손위 어른을 คุณ… 또는 ท่าน…, 여성 사이에서 또는 남성이 친한 여성을 가리킬 때는 เธอ를 사용합니다.
우리가 태국에서 서류를 작성할 때 남성은 이름 앞에 นาย (Mr.)를, 여성은 นางสาว (Miss), นาง (Mrs.)을 공식적으로 씁니다. 그러나 일상생활에서 부를 때는 '쿤 OOO'라고 남녀 구별없이 부릅니다.

이외의 호칭으로 장군이나 장관의 부인이나 이와 상등한 지위에 있는 여성의 이름 앞에나 그냥 경칭으로 부를 때에는 'คุณหญิง' 또는 ท่านหญิง이라고 합니다.

왕실어는 국왕에 대한 1인칭 대명사는 ข้าพระพุทธเจ้า 를, 2인칭 대명사는 ใต้ฝ่าละอองธุลีพระบาท 을 사용합니다.

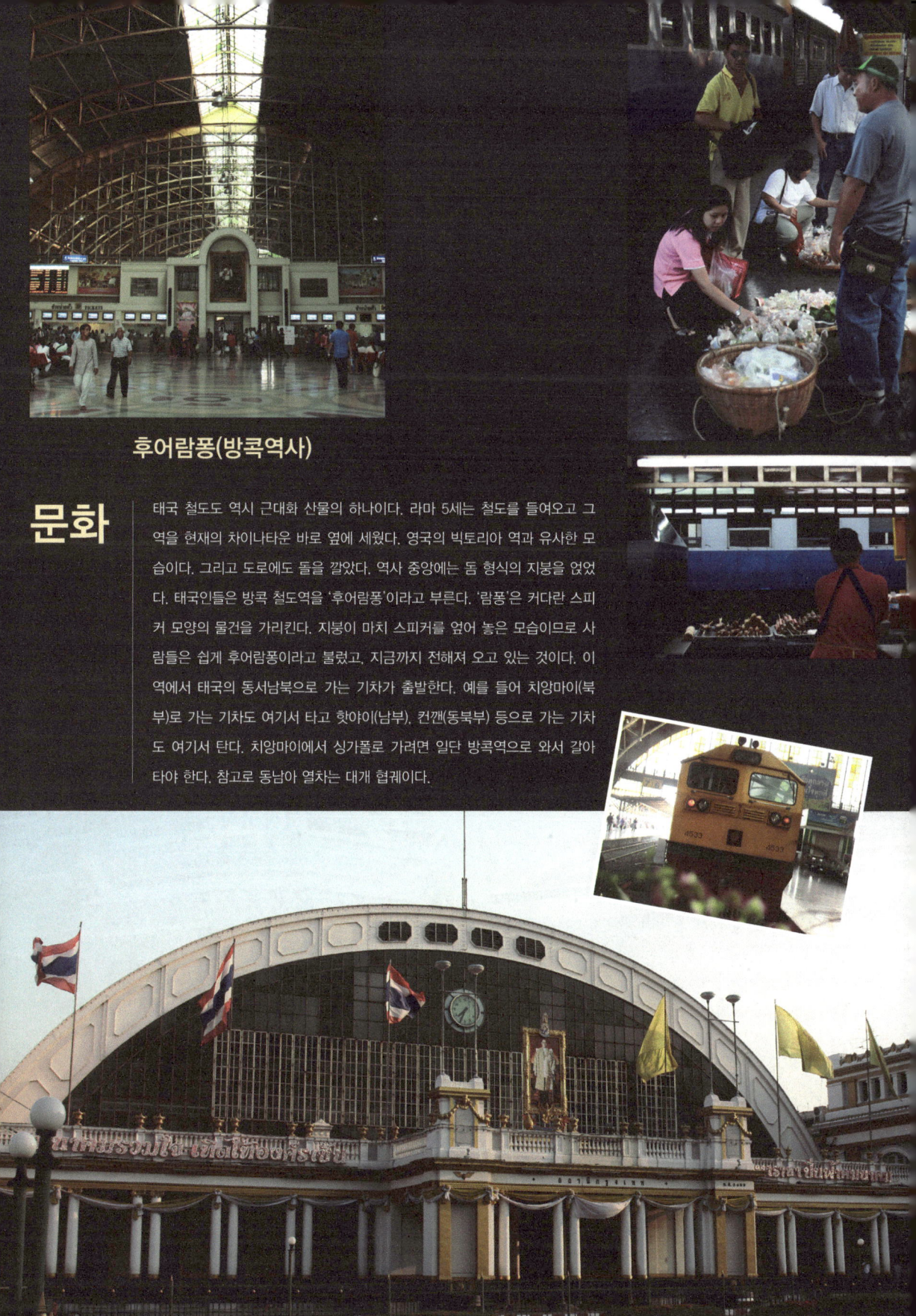

후어람퐁(방콕역사)

문화

태국 철도도 역시 근대화 산물의 하나이다. 라마 5세는 철도를 들여오고 그 역을 현재의 차이나타운 바로 옆에 세웠다. 영국의 빅토리아 역과 유사한 모습이다. 그리고 도로에도 돌을 깔았다. 역사 중앙에는 돔 형식의 지붕을 얹었다. 태국인들은 방콕 철도역을 '후어람퐁'이라고 부른다. '람퐁'은 커다란 스피커 모양의 물건을 가리킨다. 지붕이 마치 스피커를 엎어 놓은 모습이므로 사람들은 쉽게 후어람퐁이라고 불렀고, 지금까지 전해져 오고 있는 것이다. 이 역에서 태국의 동서남북으로 가는 기차가 출발한다. 예를 들어 치앙마이(북부)로 가는 기차도 여기서 타고 핫야이(남부), 컨깬(동북부) 등으로 가는 기차도 여기서 탄다. 치앙마이에서 싱가폴로 가려면 일단 방콕역으로 와서 갈아 타야 한다. 참고로 동남아 열차는 대개 협궤이다.

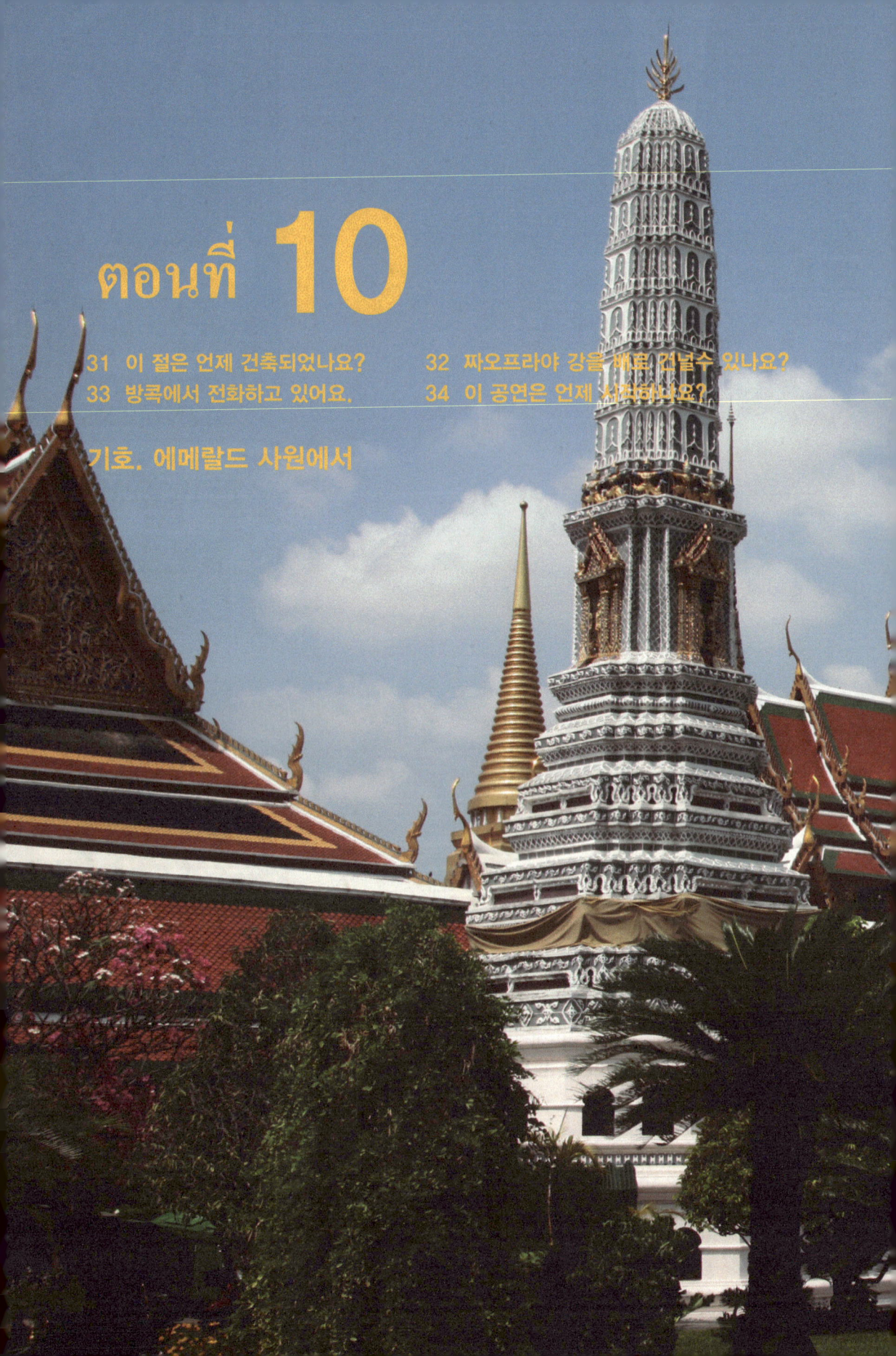

ตอนที่ 10

31 이 절은 언제 건축되었나요?   32 짜오프라야 강을 배로 건널수 있나요?
33 방콕에서 전화하고 있어요.   34 이 공연은 언제 시작하나요?

기호. 에메랄드 사원에서

이 절은 언제 건축되었나요? วัดนี้สร้างตั้งแต่เมื่อไร
왓니-싸-ㅇ 따-ㅇ 때- 므아라이

에메랄드 사원에 간 기호. 안내에게 절에 대해 묻는다.

 บทสนทนา

คีโฮ	วัดนี้สร้างตั้งแต่เมื่อไรครับ
	왓니-싸-ㅇ 땅때- 므어라이 크랍
คนนำเที่ยว	วัดนี้สร้างเมื่อปี ค.ศ. 1782
	왓니- 싸-ㅇ 므어삐- 커-써- 능판쩻러-이빼-ㅅ씹써-ㅇ
	เป็นปีที่ย้ายเมืองหลวงจากธนบุรีมาที่กรุงเทพฯ ค่ะ
	뻰삐-티-야-이므앙루엉 싸-ㄱ 톤부리 마-티-끄룽테-ㅂ 카
คีโฮ	ทำไมเขาเรียกวัดพระแก้วครับ
	탐마이카오리악왓프라깨-우 크랍
คนนำเที่ยว	เพราะมีพระแก้วมรกตอยู่ในโบสถ์ค่ะ
	프러미-프라깨-우머라꼿 유-나이보-ㅅ 카
คีโฮ	สวยมากครับ
	쑤어이마-ㄱ 크랍
	พระบรมมหาราชวังนี้ก็สร้างพร้อมกับวัดนี้ใช่ไหมครับ
	프라버롬마하-라-차왕니- 꺼싸-ㅇ 프러-ㅁ 깝왓니- 차이마이 크랍
คนนำเที่ยว	ไม่พร้อมค่ะ พระบรมมหาราชวังสร้างทีหลังค่ะ
	마이프러-ㅁ 카 프라버롬마하라-차 왕 싸-ㅇ 티-랑 카

◐• คำศัพท์

เมื่อ	ย้ายเมือง	มรกต	พร้อม(กับ)
므아	야-이므앙	머라꼿	프러-ㅁ(깝)
…할 때(접속사)	천도하다	에메랄드(보석)	함께, 일제히
เมื่อไร	เมืองหลวง	พระบรมมหาราชวัง	ทีหลัง
므아라이	므앙루엉	프라버롬마하-라-차왕	티-랑
언제	수도	왕궁(정궁)	나중에
ย้าย	ธนบุรี	วัง	
야-이	톤부리-	왕	
이사하다, 이주하다	톤부리	궁(宮)	

기　　호 : 이 사원은 언제 건축되었나요?
안내인 : 1782년에 건축되었어요.
　　　　톤부리에서 방콕으로 천도하던 해예요.
기　　호 : 왜 사람들은 에메랄드 사원이라고 부르나요?
안내인 : 법당 안에 에메랄드 불상이 있기 때문이지요.
기　　호 : 아주 아름다워요. 이 왕궁도 이 사원과 동시에 건축되었나요?
안내인 : 같이 짓지 않았어요. 왕궁은 나중에 지었어요.

การใช้ภาษา

สร้างตั้งแต่เมื่อไร

직역을 하면 '언제부터 지어졌나요?'입니다. 언제 지어져서 그 후 지금까지 계속되고 있나요?를 묻는 것입니다. 쉽게 '언제 지었나요?'라고 'สร้างเมื่อไร'보다 더 정확한 표현입니다.

　　예 : 이 왕궁은 언제 지어졌나요?　พระราชวังนี้สร้างตั้งแต่เมื่อไร

สร้างพร้อม(กับ)...ไหม

'… 과 동시에 건축했나요?(건축되었나요?)'라는 의미입니다. 괄호 안에 있는 전치사 กับ을 사용하면 왕궁(주어)과 에메랄드사원(전치사 กับ의 목적어)의 문법적 관계가 확실해 집니다.

　　예 : 이 건물과 저 빌딩은 동시에 지었나요?　ตึกนี้กับตึกนั้นสร้างพร้อมกันไหม

ทำไมเขาเรียกวัดพระแก้ว

이 문장에서 เขา는 삼인칭이라기보다는 부정칭에 가깝습니다. '누군지 말할 수는 없지만 사람들이' 그런 의미입니다. 번역도 '왜 (사람들은) '왓프라깨우'라고 부르지요?'입니다.
이렇게 เขา가 한 남성이나 여성을 가리키지 않고 부정칭으로 사용되는 경우가 많은데 생략도 가능합니다. 대표적인 예가 'เขาว่ากันว่า', 'ว่ากันว่า', 그리고 'เขาว่า'입니다. 뜻은 모두 '사람들이 그러는데…' 입니다.

　　예 : 사람들이 잉락이 수상이 될 거래.　เขาว่าคุณยิ่งลักษณ์จะเป็นนายก

ไวยากรณ์

관계대명사

태국어에는 관계대명사가 있는데, ซึ่ง, ที่, อัน, ผู้ 가 있습니다. 이 중 ผู้ 는 사람을 선행사로, อัน 은 사물을 선행사로 합니다. 나머지는 사람과 사물 모두 사용할 수 있습니다. 대체로 ที่를 가장 많이 사용합니다.

예 : 빨간 구두를 신은 여성은 우리 선생님이다.
ผู้หญิง<u>ที่</u>ใส่รองเท้าสีแดงเป็นอาจารย์ผม

우리 아버지는 검정색 가방을 좋아하신다.
คุณพ่อฉันชอบกระเป๋า<u>ที่</u>มีสีดำ

방콕을 흐르는 강은 짜오프라야 강입니다.
แม่น้ำ<u>ซึ่ง</u>ไหลผ่านกรุงเทพฯคือแม่น้ำเจ้าพระยา

책상 위에 있는 두꺼운 저 책은 법률서적입니다.
หนังสือเล่มหนานั้น<u>ซึ่ง</u>วางอยู่บนโต๊ะเป็นหนังสือกฎหมาย

일등을 한 학생은 우리 옆집에 산다.
นักศึกษา<u>ผู้</u>ได้ที่หนึ่งอยู่ข้างของบ้านฉัน

이 호텔의 매니저는 저기 저 키가 크고 뚱뚱한 분입니다.
ผู้จัดการของโรงแรมนี้คือ<u>ผู้</u>ชาย<u>ผู้</u>สูงและอ้วนโน้น

장미꽃이 피어 있는 정원은 보기에 좋다.
สวน<u>อัน</u>มีดอกกุหลาบบานอยู่ดูสวยมาก

사람들은 그를 용감한 학생이라고 한다.
ผู้คนชมเขากันว่าเป็นนักเรียน<u>ที่</u>กล้าหาญ

태국에는 인구가 많다. 그런데 그 인구는 대부분이 수도에 살고 있다.
ในประเทศไทยมีประชาชนมาก <u>ซึ่ง</u>ส่วนมากอาศัยอยู่เมืองหลวง

라마끼안 – 에메랄드 사원벽화 중심

문화

에메랄드 사원-왓프라깨우-는 라마 1세 때 건립된 왕립사원이다. 승려들이 거주하지 않고 행사가 있을 때 방콕 전역 또는 전국 승려들이 온다. 대법당에 에메랄드 부처가 안치되어 있는 사실로 유명하지만 그 사원의 벽 안쪽에 그려져 있는 라마끼안 이야기도 유명하다.

라마끼안은 인도 대서사시인 라마야나의 태국판이다. 톳싸깐이 납치해 간 프라람의 아내 씨다를 찾기 위한 프라람과 톳싸깐 사이의 싸움이 주요 내용인데, 프라람의 부하인 원숭이 하누만의 활동이 큰몫을 한다. 삼국지 이상의 재미를 준다. 라마끼안은 태국인의 가치관 형성에 가장 큰 영향을 준 작품이다. 예전부터 라마끼안은 무용극으로 공연되었는데, 이것은 '콘'이라고 부른다. 등장인물의 가면이 모두 다른 것이 태국인의 장인정신을 대변한다 하겠다.

입 애 서 톡(talk) 태 국 어

짜오프라야 강을 배로 건널수 있나요?
ลงเรือข้ามแม่น้ำเจ้าพระยาได้ไหม 롱르아카-ㅁ 매-남짜오프라야-다이마이

บทที่ 32

짜오프라야 강가에 온 기호. 옆의 아주머니에게 배를 타고 강을 건널 수 있는가를 묻는다.

🎧 บทสนทนา

คีโฮ	ป้าครับ ขอถามหน่อยครับ	
	빠-크랍 커-타-ㅁ 너-이 크랍	
ป้า	ได้จ๊ะ คิดว่าคุณไม่ใช่คนไทย มาจากประเทศอะไรจ๊ะ	
	다이짜 킷와- 쿤마이차이콘타이 마-짜-ㄱ쁘라테-ㅅ아라이 짜	
คีโฮ	เกาหลีครับ ป้าครับ แม่น้ำนี้แม่น้ำเจ้าพระยาใช่ไหมครับ	
	까올리- 크랍 빠-크랍 매-남니-매-남짜오프라야-차이마이크랍	
ป้า	ใช่ เป็นแม่น้ำยาวที่สุดในเมืองไทย	
	차이 뺀매-남야-우티-쏫나이므앙타이	
	บ้านฉันอยู่ฝั่งโน้น ฝั่งธนฯ	
	바-ㄴ찬유-황노-ㄴ 황톤	
คีโฮ	ป้ามาที่นี่ยังไงครับ มารถเมล์หรือครับ	
	빠-마-티-니-양아이크랍 마-롯메-르- 크랍	
ป้า	ลงเรือข้ามฟากมาจ๊ะ มารถเมล์ก็ได้ แต่ใช้เวลานานและแพงกว่าลงเรือ	
	롱르아카-ㅁ 화-ㄱ 마-짜 마-롯메-꺼다이 때-차이웰라나-ㄴ 래패-ㅇ 꽈- 롱르아	
	ป้าเลยลงเรือข้ามฟากทุกวัน ๕ นาทีก็ถึง ประหยัดเวลามาก	
	빠-르ㅓ이롱르아카-ㅁ 화-ㄱ 툭완 하-ㄴ티-꺼틍 쁘라얏웨라-마-ㄱ	

🔵 คำศัพท์

ลงเรือ	ถาม	ยาว	ข้ามฟาก	เลย
롱르아	타-ㅁ	야-우	카-ㅁ 화-ㄱ	르ㅓ이
배를 타다	질문하다	길다	강을 건너다	그래서(접속사)

แม่น้ำเจ้าพระยา	ประเทศ	ฝั่งธนฯ	แพง	ประหยัด
매-남짜오프라야-	쁘라테-ㅅ	황톤	패-ㅇ	쁘라얏
짜오프라야 강	나라, 국가	짜오프라야 강 연안의 톤부리쪽	비싸다	절약하다

기　　호 : 아주머니, 뭐 좀 여쭤봐도 되요?
아주머니 : 되지. 학생은 태국사람이 아닌 게구먼. 어느 나라에서 왔어?
기　　호 : 한국요. 아주머니 이 강이 짜오프라야 강이죠?
아주머니 : 그래요. 태국에서 가장 긴 강이지.
　　　　　 난 저쪽에 살아요. 강 건너 저쪽.
기　　호 : 여기는 어떻게 오세요? 버스 타고 오세요?
아주머니 : 배 타고 온다오.
　　　　　 버스로 올 수도 있지만 시간이 더 걸리고 돈도 배타는 것보다 더 비싸.
　　　　　 그래서 매일 배를 타고 강을 건너지. 5분이면 도착해. 시간절약이 많이 되지.

การใช้ภาษา

ขอถามหน่อย

뭔가 궁금한 게 있을 경우, 상대방에게 양해를 구하는 표현입니다.
ขอถามหน่อย 또는 '묻다'의 목적어로 'อะไร'를 넣어 ขอถามอะไรหน่อย, 또는 문장 뒤에 ได้ไหม 등을 넣어 ขอถามหน่อยได้ไหม 등 다양하게 사용하면 됩니다.

คุณไม่ใช่คนไทย

คุณเป็นคนไทย (당신은 태국사람입니다)의 부정문입니다. 동사가 เป็น 인 경우 부정하고 싶을 때는 ไม่ใช่를 사용합니다. 부정사 ไม่만 사용하면 틀리거나 다른 뜻이 됩니다.

มารถเมล์หรือ

มาโดยรถเมล์หรือ에서 교통수단을 말하는 전치사인 โดย 가 생략되었습니다. 이처럼 '차를 타고 오다 (가다)' 등의 표현에 전치사를 생략하는 경우가 허다합니다. 아니면 นั่ง(ขึ้น)รถเมล์มา 라는 식으로 표현하기도 합니다. 동사를 순서대로 나열하여 표현합니다.
예를 들어 '비행기 타고 가요.'라는 문장은 ขึ้นเครื่องบินไป, บินไป, ไปโดยเครื่องบิน과 같이 표현할 수 있으나 앞의 두 문장은 태국인이 즐겨 사용하는 표현입니다. 그러나 뒤 문장은 영어식 표현입니다.

ไวยากรณ์

접속사 II - 종속접속사 1

접속사는 앞의 말이나 문장을 이어 받아서 뒤에 오는 말이나 문장을 연결해주는 문법적 관계를 나타냅니다. 매우 다양한 종류가 있습니다. 일상생활에서 자주 사용되는 등위접속사에 대해서는 20과에서 언급했으므로 생략합니다.

1. ว่า .. 라고, …(지)를

선생님은 다음 달에 제주도에 데리고 가시겠다고 약속하셨다.
อาจารย์สัญญา<u>ว่า</u> เดือนหน้าจะพาไปเกาะเจจู

나는 이 어린이가 정직하다고 생각해요.
ฉันคิด<u>ว่า</u> เด็กคนนี้ซื่อสัตย์

우리가 어디서 만나기로 했는지 넌 기억하고 있니?
เธอจำได้ไหม<u>ว่า</u> เรานัดพบที่ไหน

2. ไม่ว่า ...ทั้งนั้น…막론하고, 가리지 않고, …구분이 없이

책이라면 무슨 책이든 그의 서점에는 다 있다.
<u>ไม่ว่า</u>หนังสืออะไร ที่ร้านขายหนังสือของเขามีทั้งนั้น

누구든 잘못하면 모두 벌을 받아야 한다.
เมื่อทำผิดต้องถูกลงโทษ(ได้รับโทษ)ทันที<u>ไม่ว่า</u>ใครทั้งนั้น

3. เลย 그래서, 그대로 계속해서

그가 오지 않아서 저 혼자 왔어요.
เขาไม่มา ฉันก็<u>เลย</u>มาคนเดียว

친구를 찾아갔는데 집에 없어서 혼자 영화를 보러 갔어요.
ไปหาเพื่อนแต่ไม่อยู่ <u>เลย</u>ไปดูหนัง

비용도 적게 들고 시간도 절약되어서 배를 타요.
ประหยัดทั้งเงินและเวลา ก็<u>เลย</u>ลงเรือ

4. อย่างกับ, ยังกับ, ยังกะ … 처럼, …같이

내 동생은 전봇대처럼 키가 크다.
น้องฉันสูงอย่างกับเสาไฟฟ้า

그는 돼지처럼 많이 먹는다.
เขากินมากยังกับหมู

그 아저씨는 호랑이처럼 사납다.
ลุงคนนั้นดุยังกะเสือ

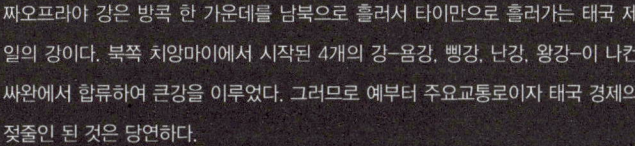

짜오프라야강과 생활

문화

짜오프라야 강은 방콕 한 가운데를 남북으로 흘러서 타이만으로 흘러가는 태국 제일의 강이다. 북쪽 치앙마이에서 시작된 4개의 강—욤강, 삥강, 난강, 왕강—이 나컨 싸완에서 합류하여 큰강을 이루었다. 그러므로 예부터 주요교통로이자 태국 경제의 젖줄인 된 것은 당연하다.

방콕은 이 강을 중심으로 방콕과 톤부리로 나뉘고, 톤부리의 강 연안 지역을 보통 '황톤'이라고 부른다. 많은 다리가 톤부리와 방콕을 잇고 있지만 강을 건너는 데는 버스나 자동차보다 배가 더 빠르고 경제적이다. '클렁'이라고 부르는 짜오프라야 강의 많은 지류가 방콕 시내에 발달되어 있어 방콕 시내로 들어가는 데도 이 클렁을 따라 배를 이용하는 것이 더 빠르다.

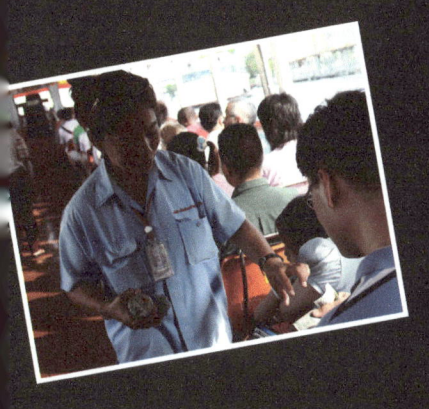

입에서 톡(talk) 태국어

방콕에서 전화하고 있어요. กำลังโทรศัพท์จากกรุงเทพฯ
깜랑토-라쌉짜-ㄱ 끄룽테-ㅂ

방콕에 돌아온 기호. 잉언에게 전화한다.

 บทสนทนา

คีโฮ	ฮัลโหล ที่นั่นบ้านอิงอรใช่ไหมครับ	
	할로- 티-난바-ㄴ잉어-ㄴ 차이마이 크랍	
พ่ออิงอร	ครับ ใช่ จะพูดกับใครครับ	
	크랍 차이 짜푸-ㅅ깝 크라이 크랍	
คีโฮ	ขอพูดกับอิงอรหน่อยครับ	
	커-푸-ㅅ깝잉어-ㄴ 너-이 크랍	
คุณพ่อ	อิงอรยังไม่กลับบ้าน ขอโทษครับ นั่นใครพูด	
	잉어-ㄴ양마이끌랍바-ㄴ 커-토-ㅅ 크랍 난크라이푸-ㅅ	
คีโฮ	คุณพ่อหรือครับ ผมคีโฮครับ	
	쿤퍼-르-크랍 폼기호 크랍	
	คุณพ่อคุณแม่สบายดีหรือครับ	
	쿤퍼-쿤매-싸바-이르-크랍	
พ่ออิงอร	สบายดี ขอบใจ อ้อ ... เดี๋ยวนะ อิงอรกลับบ้านพอดี	
	싸바-이-디- 커-ㅂ짜이 어... 디아우나 잉어-ㄴ 끌랍바-ㄴ퍼-디-	
	อิงอร คีโฮโทรมา	
	잉어-ㄴ 기호토-마-	

● คำศัพท์

พูด	ขอบใจ	เดี๋ยว	โทร
푸-ㅅ	커-ㅂ짜이	디아우	토-
말하다	고맙다	잠깐만	전화하다

โทรศัพท์	สบายดี	พอดี	โทรมา
토-라쌉	싸바-이디-	퍼-디-	토-마-
전화	(심신이)편안하다	마침, 꼭 알맞게	전화해 오다

기	호	: 여보세요 거기 잉어-ㄴ네죠?
잉어-ㄴ 아빠		: 네, 그래요. 누구를 바꿔줄까요?
기	호	: 잉어-ㄴ 좀 바꿔주세요.
잉어-ㄴ 아빠		: 잉어-ㄴ 은 아직 집에 오지 않았어요. 미안하지만 누구시죠?
기	호	: 아버님이세요? 저 기호예요.
		아버님어머님 안녕하시지요?
잉어-ㄴ 아빠		: 편히 잘 있어요. 고마워요. 어…잠깐만 기다려요. 마침 잉어-ㄴ이 오네.
		잉어-ㄴ 아 전화받아라. 기호다.

●• การใช้ภาษา

♂ ที่นั่น...ใช่ไหม

'거기 …죠?' 태국에서 전화할 때 상대방이 전화를 받으면 대체로 먼저 거기가 누구네 집이냐고 또는 거기가 어디냐고 확인부터 한다. 여기서 기호도 역시 잉어-ㄴ네 집으로 전화를 걸어 잉어-ㄴ 집인가를 확인부터 한다.

♂ จะพูดกับใคร

누구를 바꿔드릴까요? 또는 누구랑 통화하려고 하나요? 등 상대방이 통화하고자 하는 사람을 알고자 할 때 묻는 표현입니다. 그런데 잘못 걸렸을 때 상대방은 '그런 사람 여기 없어요.'(ขอโทษไม่มีคนชื่อนี้ที่นี่) 라고 답할 것입니다.

♂ ขอพูดกับ...

누구 바꿔주세요 등 통화하고 싶은 사람을 바꿔달라고 할 때 사용합니다. 끝에 ได้ไหม 붙이기도 합니다. 만일 이름을 말했을 때 당사자가 받고 있다면 그 사람은 아마 'นายา'(กำลังพูด) 이라고 할 것입니다. 뜻은 '지금 말하고 있어.'지요.

♂ ขอโทษ นั่นใครพูด

전화를 걸어 온 상대방이 누구인지 알고 싶을 때 예의있게 묻는 표현입니다. '거기 누구예요?' 또는 '누구시죠?' 라는 표현이지요. 앞의 ขอโทษ을 빼고 말하기도 합니다.

입에서 톡(talk) 태국어

🔵 ไวยากรณ์

🎯 접속사 II – 종속접속사 2

1. เพื่อ, เพื่อให้ …을 위하여, …을 하게 하기 위하여

인간이 먹기 위해 사느냐, 살기 위해 먹느냐는 중요한 문제이다.
มนุษย์เรากิน<u>เพื่อ</u>อยู่หรืออยู่<u>เพื่อ</u>กินนั้นเป็นปัญหาอันสำคัญ

의사는 자기 아버지를 살리기 위해 온갖 노력을 다 했다.
หมอใช้ความพยายามมากเท่าที่จะทำได้<u>เพื่อให้</u>คุณพ่อเขามีชีวิตอยู่

우리는 나라와 자신의 장래를 위해 최선을 다 해야 한다.
เราควรจะทำอย่างเต็มที่<u>เพื่อ</u>อนาคตของชาติและตัวเราเอง

2. …ก็, ก็ …면, …도, 그런데, 결국 (앞의 문장과 의미가 연결됨)

네가 가면 나도 간다.
ถ้าคุณไป ฉัน<u>ก็</u>ไป

형님이 웃으셔서 저도 따라 웃었어요.
พี่ชายหัวเราะ ผม<u>ก็</u>หัวเราะตามไป

먹지 않으면 배가 고프다.
ถ้าไม่กิน<u>ก็</u>หิว

그런데 왜 어제 안 왔지?
<u>ก็</u>ทำไมไม่มาเมื่อวานนี้เล่า

당신이 잘못해 놓고 누구를 탓하는 것이요?
<u>ก็</u>คุณไม่ดีเองแล้วโทษใครเล่า

일도 많고 손님도 찾아 오고…
งาน<u>ก็</u>มาก แขก<u>ก็</u>มาหา

3. ถ้า, ถ้าหาก, หาก, ถ้าว่า 만일..한다면, 만약 ..라면

내가 새라면 즉시 네게 날아갈 텐데…
ถ้าหากฉันเป็นนก จะบินไปหาเธอทันที

비가 오면 외출하지 않겠다.
ถ้าฝนตก ผมจะไม่ออกไปข้างนอก จะอยู่บ้าน

내가 너라면 그렇게는 안 할 거야.
หากฉันเป็นเธอ ฉันคงจะไม่ทำอย่างนั้น

4. นอกจาก …ยัง …외에, …를 제외하고

태국어 외에 그는 영어도 유창하다.
นอกจากภาษาไทยแล้วเขายังพูดภาษาอังกฤษคล่อง

저는 일요일 외에 시간이 전혀 없어요.
นอกจากวันอาทิตย์แล้ว ผมไม่มีเวลาเลย

더이쑤텝(치앙마이)

문화

북부어로 '더이'는 산이다. 더이쑤텝은 쑤텝산이다. 치앙마이시를 굽어보듯이 서 있는 이 산의 정상에 불사리를 모신 '왓프라탓 더이쑤텝라차워라위한'이 있다. 이 사원은 치앙마이 왕국의 6대왕 때인 1386년부터 비교적 최근까지 적어도 4차례에 걸쳐 건설되고 증개축되었다. 이 사원에 오르는 길은 현재는 케이블이 있지만 전에는 칠두(七頭) 파야낙(용) 계단을 올라갔다. 사원에 이르는 계단은 대체로 파야낙을 난간으로 하고 있다. 그러나 그 용의 머리 수가 사원의 중요도를 말해 준다고도 한다. 이 계단이 1657년에 만들어져 일반객의 참배가 쉬워졌다. 그 후 크루바씨위차이 스님의 주도하에서 치앙마이시에서 그 계단에 이르는 장장 11.53km 길이의 도로가 완성되었다. 사원으로 올라가는 계단 입구에 이 스님이 인자한 눈빛으로 참배객을 환영하고 있다.

입에서 톡(talk) 태국어

이 공연은 언제 시작하나요? การแสดงนี้เริ่มกี่โมง
까-ㄴ 싸대-ㅇ 니르ㅓㅁ 끼-모-ㅇ

잉어-ㄴ과 연극공연을 간 기호. 공연 시작시간을 묻고 공연 내용에 대해 이야기한다.

 บทสนทนา

คีโฮ	อีกกี่นาที การแสดงนี้จะเริ่มครับ
	이-ㄱ끼-나-티- 까-ㄴ 싸대-ㅇ 니-짜르ㅓㅁ 크랍
พนักงาน	๓๐ นาทีค่ะ เริ่ม ๒ ทุ่ม ที่นั่งของคุณอยู่ชั้นสองนะคะ
	싸-ㅁ씹나티-카 르ㅓㅁ써-ㅇ 툼 티-낭커-ㅇ 쿤유-찬써-ㅇ나카
คีโฮ	อิงอร เขาว่าที่นั่งเราอยู่ชั้นบน
	잉어-ㄴ 카오와-키-낭라오유-찬본
	เธอมาดูโขนบ่อยไหม
	트ㅓ마-두-코-ㄴ 버-이마이
อิงอร	ไม่ค่อยบ่อย แต่ชอบมาก โขนแสดงเรื่องรามเกียรติ์
	마이커-이버-이 때-쳐-ㅂ 마-ㄱ 코-ㄴ 싸대-ㅇ 르앙 라-마끼안
คีโฮ	ผมมาดูตั้งสองครั้ง แต่ยังไม่เข้าใจ ดูคล้ายกันหมด
	폼마-두-땅써-ㅇ 크랑 때-양마이카오짜이 두-와-ㄴ클라-이깐못
อิงอร	ถ้าคุณเข้าใจเรื่องรามเกียรติ์ อาจจะเข้าใจง่ายกว่านี้
	타-쿤카오짜이르앙라-마끼안 아-ㅅ짜카오짜이응아이꽈-니-

คำศัพท์

แสดง	ที่นั่ง	โขน	ตั้ง	หมด
싸대-ㅇ	티-낭	코-ㄴ	땅	못
공연하다	좌석	코-ㄴ(태국무용극)	..이나(많다는 의미)	모두

เริ่ม	ชั้นบน	เรื่องรามเกียรติ์	ครั้ง	ง่าย
르ㅓㅁ	찬본	르앙 라마끼안	크랑	응아이
시작하다	윗층	라마끼안이야기	회, 번	쉽다

기　　호 : 몇 분 후에 공연이 시작됩니까?
직　　원 : 30분입니다. 8시에 시작해요. 손님 좌석은 이층에 있습니다.
기　　호 : 잉어-ㄴ 우리 자리가 2층이래.
　　　　　너 콘을 자주 보니?
잉어-ㄴ : 그렇게 자주는 아냐. 하지만 좋아해. 콘은 라마끼안이야기거든.
기　　호 : 난 두 번이나 봤어. 그런데 아직도 모르겠어. 모두 비슷비슷해 보여.
잉어-ㄴ : 네가 라마끼안이야기를 이해한다면 더 쉽게 알 수 있을 거야.

การใช้ภาษา

ชั้นบน

아래층 또는 현재 있는 층을 기준으로 위층입니다. 경우에 따라서는 이층에 앉아서 ชั้นบน이라면 3층이 되겠지요.
'윗전', '윗분'이라는 의미도 있습니다.
반대로 아래층(보통 1층)은 ชั้นล่าง이라고 하고 지하층은 ชั้นใต้ดิน이라고 합니다.

ไม่ค่อยบ่อย

'ไม่ค่อย + 형용사 또는 부사'의 형식으로 형용사나 부사의 의미를 약하게 만듭니다. 의미는 '별로..않다' 또는 그다지…않다'입니다.

　　예 : ไม่ค่อยดี 별로 좋지 않다.　ไม่ค่อยสวย 그렇게 예쁘지 않다.
　　　　ไม่ค่อยบ่อย 그렇게 자주 ..하지 않는다.
　　　　ไม่ค่อยไปดูบ่อย 보러는 가는데 자주 가지는 않는다.
　　　　ไม่ค่อยไปกินบ่อย 먹으러는 가는데 그리 자주 가지는 않는다.

มาดูตั้งสองครั้ง

'มาดูสองครั้ง'의 의미는 '와서 두 번 보았다' 또는 '두 번 보았다.'라는 뜻인데, 회수 앞에 ตั้ง을 넣으면 두 번이라는 회수가 결코 적은 수가 아니라는 화자의 의미를 내포하고 있습니다. 경우에 따라서는 'ถึง'을 넣어도 됩니다.
만일 두 번이 '매우 적다'라는 의미를 갖고 있다면 'เพียง', 'แค่', 'เพียงแต่'를 넣습니다.

　　예 : 나는 대통령은 세 번이나 만났다.　ผมพบประธานาธิบดีตั้งสามครั้ง
　　　　그렇게나 많이 책을 가지고 있어요?　มีหนังสือมากถึงขนาดนั้นหรือ
　　　　저는 지갑에 돈이 1,000 밖에 없어요.　ผมมีเงินเพียง(แค่) พัน วอนในกระเป๋า
　　　　단 한 번이라도 만나고 싶습니다.　อยากพบเพียงหนึ่งครั้ง

입에서 톡(talk) 태국어

◉• ไวยากรณ์

🖋 접속사 II – 종속접속사 3

1. เมื่อ, เวลา, ตอน, ขณะที่, ขณะเมื่อ, ในเมื่อ, ครั้น …할 때, ..하면

   친구가 찾아 왔을 때 나는 밥을 먹고 있었다.
   ตอนเพื่อนมาหาฉัน ฉันกำลังกินข้าวอยู่
   눈이 와서 녹으면 길이 질퍽거린다.
   เมื่อหิมะตกแล้วละลาย ถนนจะเฉอะแฉะมาก
   물건을 사면 그 값을 지불해야 한다.
   ในเมื่อซื้อของ เราต้องจ่ายเงิน
   집에 있으면 심심하고 놀러나가자니 돈도, 친구도 없다.
   อยู่บ้านเฉย ๆ ก็เหงา ครั้นจะออกไปเที่ยวก็ไม่มีเพื่อนและเงิน
   학교에 갈 때 친구와 같이 간다.
   เวลาไปโรงเรียน มักจะไปกับเพื่อน

2. พอ … 하자마자

   집에 도착하자마자 비가 내리기 시작했다.
   พอถึงบ้าน ฝนเริ่มตกแล้ว
   시험에 합격한 것을 알자마자 부모님께 전화를 했다.
   พอรู้ว่าสอบได้ เขารีบโทรศัพท์ไปเรียนคุณพ่อคุณแม่ทันที
   비가 그치자마자 학생은 제각기 집으로 돌아갔다.
   พอฝนหยุดตก นักเรียนต่างก็กลับบ้าน

3. เพราะ...จึง, เพราะว่า..., เนื่องด้วย, เนื่องจาก...จึง, โดย(ด้วย)เหตุว่า...때문에, ...해서, 왜냐하면, …이유로

   비가 너무 많이 와서 강이 넘쳤다.
   เพราะฝนตกมากเกินไป แม่น้ำจึงท่วมแล้ว
   지금은 겨울이므로 짧은 소매 옷을 사는 것이 쉽지 않다.
   ตอนนี้หน้าหนาว จึงหาซื้อเสื้อแขนสั้นไม่ง่าย
   태국은 더운 나라여서 시원한 음료수가 잘 팔린다.
   เนื่องจากเมืองไทยเป็นเมืองร้อน เครื่องดื่มอัดลมจึงขายดี
   내가 널 사랑하는 것은 네 마음이 순수하기 때문이야.
   การที่ฉันรักเธอก็เพราะเธอมีจิตใจอันบริสุทธิ์
   매일 지각을 한 이유로 그는 직장에서 해고 당했다.
   ด้วยเหตุว่าเขาไปทำงานสายทุกวัน จึงถูกไล่ออกจากที่ทำงาน

태국의 전통춤

문화

태국은 다종족. 다문화국가임은 다 알고 있다. 그러므로 그 문화-춤과 노래, 그리고 의상은 매우 다채롭다. 북쪽에서는 전통춤을 '훤'이라고 부르고 동북북에서는 '쓰엉'이라고 부른다. 그리고 중부와 남부에서는 '람'이라고 한다. 깍지 낀 손가락을 움직임을 보여주는 '훤렙'같은 훤은 느리고 정적이며 우아함을 자랑하고 있다. 무릎 닿은 짧은 치마를 입고 농사짓는 자신들의 모습을 그린 춤 '쓰엉끄라띱카우'로 유명한 동북부의 춤은 그 박자가 경쾌하고 빨라서 보는 이에게 절로 흥이 나게 한다. 남부는 일찍부터 이슬람 상인의 영향을 받아 악기 구성과 춤사위가 독특하다.

왕실은 고산족이나 소수종족의 문화를 위시하여 각 지방의 전통문화를 개발하고 유지하는데 앞장서고 있다. 2차 세계대전 중에 피분수상은 온 국민이 즐길 수 있는 춤인 '람웡' 기본 동작 8개와 그 춤에 맞는 민속노래를 만들어냈다. 지금도 흥이 나면 람웡을 즐긴다.

ตอนที่ 11

35 카오왕은 몇 시에 문을 닫나요?   36 한국으로 엽서를 보내려고 합니다.

기호. 후어힌에 가는 도중에서

입에서 톡(talk) 태국어

카오왕은 몇 시에 문을 닫나요? เขาวังปิดกี่โมง 카오왕삗끼-모-ㅇ

บทที่ 35

후어힌으로 가는 길에 카오왕에 들린 기호. 안내에게 관람에 대해 묻는다.

บทสนทนา

คีโฮ   สวัสดีครับ ที่นี่ปิดกี่โมงครับ
           싸왓디-크랍 티-니- 삗끼-모-ㅇ 크랍

พนักงาน   ปิด ๕ โมงเย็น ค่ะ
           삗 하-모-ㅇ 옌 카

คีโฮ   ถ้าดูให้ทั่ว ใช้เวลานานเท่าไรครับ
           타-두-하이투어 차이웰라-나-ㄴ 타오라이 크랍

พนักงาน   แล้วแต่ค่ะ น่าจะประมาณ ๔-๕ ชั่วโมงนะคะ
           래-우때-카 나-짜쁘라마-ㄴ 씨-하- 추어모-ㅇ 나카

คีโฮ   มีมัคคุเทศก์ภาษาอังกฤษไหมครับ
           미-막쿠테-ㅅ파-싸-앙끄릿마이 크랍

พนักงาน   มีค่ะ วันละ ๒ ครั้ง รอบ ๑๐ โมงเช้าและบ่าย ๒ โมงค่ะ
           미-카 완라 써-ㅇ크랑 러-ㅂ 씹모-ㅇ차오래-이 써-ㅇ 모-ㅇ 카

คีโฮ   ขอบคุณครับ
           커-ㅂ쿤크랍

คำศัพท์

ปิด 삗   닫다

มัคคุเทศก์ 막쿠테-ㅅ   길안내자, 여행가이드

ภาษาอังกฤษ 파-싸-앙끄릿   영어

รอบ 러-ㅂ   주기, 바퀴(수량사), 부(部)

ทั่ว 투어   전부, 전체, 모두

แล้วแต่ 래-우때-   …에 달려있다

ละ 라   매(每), 당(當), ..마다

ประมาณ 쁘라마-ㄴ   대략, 약

기 호 : 안녕하세요? 몇 시까지 하나요?
매표원 : 오후 5시에 문을 닫아요.
기 호 : 모두 다 둘러보려면 얼마나 걸리나요?
매표원 : 보기에 달렸죠. 아마 4 – 5 시간은 걸릴 거예요.
기 호 : 영어하는 안내인이 있나요?
매표원 : 있어요. 하루에 두 번 있는데, 오전 10시와 오후 2시입니다.
기 호 : 고맙습니다.

การใช้ภาษา

ดูให้ทั่ว
'빠짐 없이 전체를 다 둘러보다' 는 뜻을 펴고 싶을 때 사용합니다.

น่าจะ...
'… 함 직하다', 또는 ' … 해야 한다'라는 의미입니다. 뒤에 따라오는 단어의 의미와 관계가 있습니다.

예 : 명사 น่าจะใช้ประมาณ ๔-๕ ชั่วโมง 대략 4 –5 시간은 걸릴 것입니다.
　　　동사 น่าจะไป 가야 합니다.

แล้วแต่
딱 뭐라고 잘라 말하거나 결정하기 곤란할 때 사용합니다. 의미는 '…에 달려 있다', '..의 결정에 따르다'이며 이와 같은 의미로는: 'สุดแต่', 'สุดแล้วแต่'가 있습니다.

예 : 농사가 잘 되고 안 되고는 하늘에 달려 있습니다.　ทำนาดีหรือไม่ดีนั้นแล้วแต่ฟ้า
　　　오늘 저녁에 무얼 먹을 지는 엄마를 따르자　　　เย็นนี้จะทานอะไรนั้นแล้วแต่แม่

รอบ...
여기서는 수량사로 이해하면 빠릅니다. 영화나 연극의 공연 시간을 예로 들어보면 매 두 시간 또는 세 시간마다 공연이나 상영이 있습니다. 어느 경우는 오전과 오후에 한 번씩 있기도 하고요. 이렇게 일정한 시간적 간격을 두고 공연이나 그 유사한 것이 행해질 때 그 하나하나를 태국어로는 รอบ 이라고 표현합니다.

예 : 오전 공연 รอบเช้า　　　　　　오후 공연 รอบบ่าย
　　　첫번째 공연 รอบแรก, รอบที่หนึ่ง　마지막 공연 รอบสุดท้าย
　　　오후 3시 공연 รอบบ่ายสามโมง　1회 공연 (하루에 한 번 공연) รอบครั้งเดียว

입에서 톡(talk) 태국어

◐• ไวยากรณ์

접속사 II – 종속접속사 4

1. **แม้…, แม้ว่า…, ถึงแม้ว่า…., ถึง…** 일지라도, 비록…라 해도

   그 사람은 부자이기는 해도 아무에게나 돈을 꿔주지 않는다.
   แม้เขาเป็นคนร่ำรวย แต่เขาไม่ให้ใครยืมเงิน

   비록 그는 부자는 아니라 해도 어려운 사람을 보면 기꺼이 도와준다.
   ถึงแม้เขาไม่ใช่คนรวยมาก แต่เมื่อพบคนยากจนก็ยินดีช่วย

   우리 학교 교장선생님은 큰 공로는 없으시지만 의욕적인 분입니다.
   แม้ผู้อำนวยการของโรงเรียนเราไม่ค่อยมีความดีความชอบ แต่ท่านเป็นคนทำงานจริงจัง

2. **เพราะฉะนั้น…จึง, เพราะฉะนั้น, โดย(ด้วย)เหตุ…, ดังนั้น, ฉะนั้น…จึง** 그래서, 그렇기 때문에

   가을이라서 단풍이 곱게 물들었다.
   เป็นฤดูใบไม้ร่วงแล้ว ฉะนั้นใบไม้จึงเปลี่ยนสีอย่างสวยงาม

   그는 지나치게 술을 마셨기 때문에 목숨을 잃었다.
   ด้วยเหตุที่เขาดื่มเหล้ามากเกินไปจึงต้องเสียชีวิตในที่สุด

   커피가 너무 뜨거웠기 때문에 얼른 마실 수가 없었다.
   กาแฟร้อนมากเกินไป เพราะฉะนั้นผมจึงไม่สามารถดื่มเร็วได้

3. **กลับ …는 커녕 오히려, 도리어**

   도둑을 잡아주었더니 오히려 날보고 도둑이라고 했다.
   จับขโมยให้เขาแต่เขากลับหาว่าผมเป็นขโมย

   나는 좋게 말하고 있는데 그는 도리어 욕을 했다.
   ผมพูดดี ๆ เขากลับด่าเอา

   누가 봐도 틀렸는데 그는 맞는다고 한다.
   ใคร ๆ ก็เห็นว่าผิด แต่เขากลับเห็นว่าถูก

4. **ถ้าอย่างนั้น, ถ้าเช่นนั้น, ถ้างั้น, งั้น** 그렇다면, 그러면, 그러시다면

   그렇다면 이 계획을 바꿔야 합니다.
   ถ้าเช่นนั้นควรจะเปลี่ยนแผนการนี้

   그러면 어떻게 하는 게 좋을까요?
   ถ้าอย่างนั้นเราจะทำอย่างไรดีต่อไป

   그러면 저는 이 문제에 대해 할 말이 없습니다.
   งั้นผมไม่มีอะไรจะพูดเกี่ยวกับปัญหานี้

펫부리-프라나컨키리(카오왕)

문화

방콕에서 후어힌으로 내려가는 남쪽에 도시 펫부리가 있다. 이곳에는 해발 95 m정도의 봉우리가 셋인 싸몬산이 있다. 라마 4세는 이 산 위에 마구간, 차고, 시종거주지, 부엌, 그리고 사방에 하얀 성벽을 두른 여름 별장을 지었다. '프라나컨키리'는 '산 위의 수도'라는 뜻이다. 2405년에 완성된 후 라마 4세, 5세, 6세는 가끔 이 곳에 들려 묵기도 했는데 현재는 역사공원으로 지정되었고 박물관도 있다. 서민들은 이 곳을 '카오왕'이라고 부른다. 이 부근은 라마 2세의 도시라고 해도 과언이 아닐 정도로 라마 2세의 채취가 배어 있다. 산위로 오르는 층계도 있지만 케이블을 타고 올라가며 전경을 음미하는 재미도 있다. 겨울에 가면 온 산이 소리 없이 은은한 향기를 뿜어내는 리라와디 꽃으로 덮여 있다.

한국으로 엽서를 보내려고 합니다.
อยากจะส่งโปสการ์ดไปเกาหลี 야-ㄱ짜쏭뽀스까-ㅅ빠이까올리

우체국에 간 기호. 한국으로 엽서를 보내려고 한다.

บทสนทนา

คีโฮ	ผมจะส่งโปสการ์ดใบนี้ไปเกาหลีครับ 폼짜쏭뽀스까-ㅅ바이니-빠이까올리-크랍
พนักงาน	มีจดหมายด้วยหรือเปล่าครับ 미-쫏마-이두어이르-쁠라오크랍
คีโฮ	มีครับ มีโปสการ์ด ๒ ใบและจดหมาย ๑ ฉบับครับ 미-크랍 미뽀스까-ㅅ 써-ㅇ 바이래쫏마-이 능차밥크랍
พนักงาน	จะส่งแบบธรรมดา หรือว่าลงทะเบียนครับ 짜쏭배-ㅂ탐마다 르-와-롱타비안크랍
คีโฮ	โปสการ์ดนั้นส่งแบบธรรมดา 뽀스까-ㅅ난쏭배-ㅂ탐마다
	แต่จดหมายนั้นลงทะเบียนครับ เท่าไหร่ครับ 때-쫏마-이난롱타비안크랍 타오라이크랍
พนักงาน	187 บาท ขอบคุณครับ 러-이빼-ㅅ씹 바-ㅅ 커-ㅂ 쿤크랍

 คำศัพท์

อยาก 야-ㄱ … 하고 싶다	**โปสการ์ด** 뽀스까-ㅅ postcard, 엽서	**ฉบับ** 차밥 장, 통(수량사)	**ลงทะเบียน** 롱타비안 등기
ส่ง 쏭 보내다	**จดหมาย** 쫏마-이 편지	**ธรรมดา** 탐마다- 보통, 일반	**เท่าไหร่** 타오라이 얼마, **เท่าไร**

기호 : 이 엽서를 한국으로 부치려고 합니다.
직원 : 편지도 있나요?
기호 : 있어요. 엽서 2장과 편지 하나(한 통)가 있어요.
직원 : 보통으로 보내실 건가요? 등기로 보내실 건가요?
기호 : 그 엽서는 보통으로 하고요, 그 편지는 등기로 할 거예요.
　　　 얼만가요?
직원 : 187바트입니다. 고맙습니다.

การใช้ภาษา

ส่ง...ไปเกาหลี

'한국으로 부치다'라는 의미입니다. 문법적으로 하자면 한국이라는 단어도 ประเทศเกาหลี 로 바꾸고, '…로'라는 방향을 가리키는 전치사 ที่ 를 넣어야 되지만 구어체에서는 흔히 생략합니다. 다만 신경을 쓸 부분은 '…로 보내다'에서 보내는 물건(사람)을 동사 뒤에 두어야 한다는 것입니다.

มี...ด้วยหรือเปล่า

'…도 있나요? 없나요?'라는 의미입니다. 이 표현은 มี...หรือเปล่า 라는 표현과 내용이 같습니다. 참고로 다시 말씀드리면 '...หรือเปล่า' 를 사용한 의문문입니다. หรือ 앞의 내용인지 아닌지를 묻는 의문문입니다.
주의해야 할 점은 '여기서도 '가지고 있다'라는 뜻의 동사 มี 뒤에 목적어를 넣어야 된다는 것입니다. 물론 대화당사자들이 그 목적어에 대해 알고 있는 경우는 생략해도 무방합니다.

ส่งแบบธรรมดา ส่งแบบอากาศ ส่งแบบลงทะเบียน

태국의 우편체계는 보통우편(일반우편), 항공우편, 등기우편 등이 있습니다. 우리나라와 마찬가지입니다. 그러므로 우체국에 가서는 어떻게 보낼 것인가를 정확히 말해줘야 합니다.
보통우편이나 항공우편인 경우는 우표만 사서 봉투에 붙이면 됩니다만 등기우편은 수신인, 발신인, 수신인의 주소와 연락처… 등등에 대해 자세히 기입합니다. 요새는 EMS 도 있고, 물론 배로 보내는 경우도 있습니다.

เท่าไหร่

이 표현은 구어체에서 흔히 사용되는 표현인데, 문어체의 เท่าไร와 같습니다.

ไวยากรณ์

접속사 II - 종속접속사 5

1. เช่น ... เป็นต้น, เป็นต้นว่า ... …와 같은

태국에는 수박, 파인애플, 망쿳, 말라꺼(파파야) 같은 열대과일이 많다.
ในเมืองไทยมีผลไม้เมืองร้อนมากเช่น แตงโม สับปะรด มังคุดและมะละกอเป็นต้น

태국인들은 새우, 생선, 조개, 게 같은 해산물을 즐겨먹는다.
คนไทยชอบกินอาหารทะเล เป็นต้นว่า กุ้ง ปลา หอยและปู

2. ทั้ง ๆ ที่, ทั้งที่ ...에도 불구하고

부모님이 말리는 데도 불구하고 그 두 사람은 결혼했다.
ทั้ง ๆ ที่พ่อแม่ห้าม เขาทั้งสองคนก็ยังแต่งงานกัน

비가 몹시 내리는 데도 불구하고 아들은 어머님을 뵈러 고향에 내려갔다.
ทั้ง ๆ ที่ฝนตกหนักมาก ลูกชายก็ยังไปหาคุณแม่ที่บ้านเกิด

선생님은 편찮으신 데도 불구하고 고아들을 가르치러 매일 가십니다.
อาจารย์ไปสอนเด็กกำพร้าทุกวันทั้งที่กำลังป่วยอยู่

3. แล้วก็, ...แล้ว กรีะ다 나서, ..하고 나서

그 사람들은 한 시간쯤 회의를 하고 나서 모두 물놀이를 했다.
พวกนั้นประชุมกันสักชั่วโมงหนึ่งแล้วก็เล่นน้ำกัน

집에서 나와서 급히 지하철을 타러 갔다.
ออกจากบ้านแล้วไปขึ้นรถไฟใต้ดินอย่างรีบร้อน

나는 친구를 만나고 나서 서둘러 저녁식사 약속장소로 달려갔다.
ผมพบเพื่อนแล้วก็รีบไปที่นัดพบกินอาหารเย็น

4. ดังนั้น, ดังนั้น ....จึง

친구가 찾아 왔다. 그래서 아버지는 점심을 대접하셨다.
เพื่อนมาหาผม คุณพ่อจึงเลี้ยงอาหารกลางวัน

나는 동생을 매우 사랑한다. 그래서 매일 돌봐 준다.
ฉันรักน้องมาก จึงคอยดูแลเธอทุกวัน

숙제를 다 마치고 났으므로 부모님과 피서를 갔다.
ทำการบ้านเสร็จแล้ว จึงไปพักร้อนกับพ่อแม่

TIP

'그래서', '그러므로' 라는 결과를 말해주는 접속사는 จึง은 사용하기 편리하나, 반드시 주어 뒤에 넣어야 하는 것을 잊지 마세요. 다른 접속사와 위치가 다릅니다.

178 | EBS

야시장 – 또룽

문화

태국의 야시장을 '또룽'이라고 한다. 또룽은 사람이 모이는 곳이면 어디서든지, 특히 관광지에서는 밤마다 성황을 이루는데, 때에 따라서는 새벽까지 장이 서기도 한다. 이 곳에는 없는 것이 없다. 기념품을 위시하여 옷, 과일, 가구, 국수, 밥과 반찬, 아이스크림, 간식거리… 등등 정말 많다. 먹거리도 아주 싼 것부터 비싼 것까지 있다. 식당보다 싸다. 음식도 즐기고 분위기도 즐기려고 관광객은 물론 태국인들도 밤마다 나온다. 추억을 떠올리게 만들고 물건을 살 때 흥정하는 재미, 더 맛있게 해 달라고 부탁하는 음석 등등 인간의 정감이, 살 맛이 넘치는 곳이다.

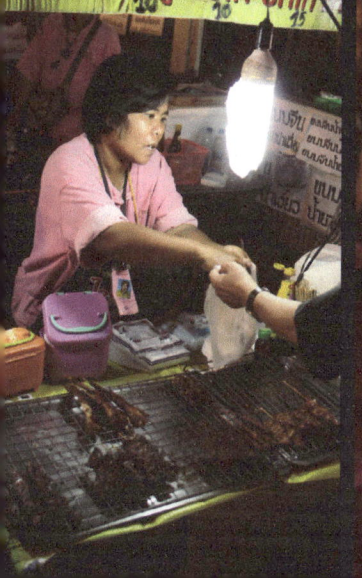

ตอนที่ 12

37 "쏭끄란"은 무슨 날인가요?
38 중요한 태국 명절은 무엇이 있나요?

기호. 치앙마이에서

입에서 톡(talk) 태국어

"쏭끄란"은 무슨 날인가요? "วันสงกรานต์"คืออะไร
"완쏭끄라–ㄴ"크–아라이

치앙마이에 간 기호. 쏭끄란 축제를 보고 관광청 직원에게 묻는다.

 บทสนทนา

คีโฮ　　　　สวัสดีครับ ผมเป็นนักศึกษาเกาหลีครับ
　　　　　　싸왓디–크랍 폼뻰낙쓱싸–까올리크랍

　　　　　　ผมขอถามอะไรหน่อยนะครับ
　　　　　　폼커–타–ㅁ 아라이너–이나크랍

เจ้าหน้าที่　ยินดีค่ะ
　　　　　　인디–카

คีโฮ　　　　เทศกาลสงกรานต์คืออะไรครับ
　　　　　　테–ㅅ싸까–ㄴ 쏭끄라–ㄴ 크–아라이크랍

เจ้าหน้าที่　คือวันขึ้นปีใหม่ของไทยค่ะ
　　　　　　크–완큰삐–마이커–ㅇ타이카

　　　　　　ชาวเกาหลีมีวันปีใหม่แบบเกาหลีไหมคะ
　　　　　　차–우까올리–미–완삐–마이배–ㅂ까올리–마이카

คีโฮ　　　　มีครับ ที่บ้านผมไหว้บรรพบุรุษในวันขึ้นปีใหม่ครับ
　　　　　　미–크랍 티–바–ㄴ 폼와이반파부룻나이완큰삐–마이크랍

เจ้าหน้าที่　หรือคะ คนไทยรดน้ำดำหัว อวยพรกันค่ะ
　　　　　　르–카 콘타이롯남담후어우어이퍼–ㄴ 깐카

คำศัพท์

สงกรานต์　　　　**ปีใหม่**　　　　**บรรพบุรุษ**　　　**รดน้ำดำหัว**　　　**อวยพร**
쏭끄라–ㄴ　　　　　삐–마이　　　　반파부룻　　　　롯남담후어　　　　우어이퍼–ㄴ
쏭끄란　　　　　　새해　　　　　　조상, 선조　　　(태국에서) 새해에　축하하다
　　　　　　　　　　　　　　　　　　　　　　　　물을 뿌리며 덕담
　　　　　　　　　　　　　　　　　　　　　　　　하다

เทศกาล　　　　　**วันขึ้นปีใหม่**　　　　　　　**รด**
테–ㅅ싸까–ㄴ　　　완큰삐–마이　　　　　　　롯
명절　　　　　　　　새해　　　　　　　　　　(액체를) 뿌리다.

기호 : 안녕하세요? 저는 한국 학생입니다.
　　　좀 여쭐 게 있는데요.
직원 : 하시지요.(그러세요, 말씀하세요)
기호 : 쏭끄란 명절이 뭔가요/
직원 : 태국의 새해이지요.
　　　한국인도 한국식 새해가 있나요?
기호 : 있어요. 저의 집은 새해에 조상님께 차례를 지내요.
직원 : 그래요? 태국인들은 물을 뿌리며 덕담을 해요.

การใช้ภาษา

วันปีใหม่

'วันปีใหม่' 또는 'วันขึ้นปีใหม่' 모두 설날 또는 새해 첫날을 의미합니다.
우리나라도 그렇지만 태국에서도 새해를 축하하고 즐깁니다.
불교국가이므로 그 전날부터 절에 가서 사원 곳곳과 불상을 청소하고 물로 닦은 후 새해 첫날에는 음식을 만들어 승려에게 공양을 바칩니다. 그리고 집에 온 후 집안 어른에게 인사를 하고 만수무강을 기원합니다. 그 후에는 동네 어른을 찾아뵙고 인사를 드린 후 여러가지 놀이를 합니다.
태국에는 보통 양력 1월 1일을 공식적인 새해로 인정합니다. 그러나 화교들은 음력 1월 1일을 새해로 즐기며 각종행사를 합니다. 우리 나라의 '민속의 날'과 일치합니다. 이외에 태국인들(동남아 인도문화권 국가)이 즐기는 새해가 있는데, 그 날이 양력 4월 13-15일 사이로 태국인들은 '완 쏭끄란'(วันสงกรานต์) 이라고 부릅니다.

ไหว้บรรพบุรุษ

직역하면 '조상에게 인사하다'입니다. 우리는 보통 차례를 지냅니다만 태국인들은 차례와 같은 의식을 하지 않습니다. 쏭끄란 다음 날 집에 모셔놓은 조상의 유골함을 들고 사원에 가서 승려의 독경을 듣고 남옵(태국식 향수의 일종)을 뿌리는 의식을 하고 다시 집으로 모셔옵니다.

รดน้ำดำหัว

인도문화권의 여러 나라의 축하의식입니다. 성수를 양손에 뿌려주며 축하하고 덕담을 해줍니다. 쏭끄란 명절에는 노상에서 물을 뿌리며 즐기는 모습은 이 풍습의 다른 모습입니다.
4월 중순 경에 태국에 가면, 특히 중부이북의 지역으로 가면 이러한 풍습을 즐길 수 있습니다. 이 시기에 길을 가다가 물을 맞았다고 해서 화를 내거나 언짢아 말고 즐겁게 대하며 즐기기 바랍니다.

อวยพร

'축하하다'라는 뜻입니다. 'พร' พร은 하늘이 주는 복입니다. 태국인들은 '덕담을 해 달라'는 표현으로 ขอพร 또는 ให้พร이라는 표현을 스스럼 없이 합니다.

ไวยากรณ์

접속사 II - 종속접속사 6

1. แม้แต่, แม้กระทั่ง (부정문에서) ..마저, ..나마도, ..조차

그는 매우 가난하다. 그래서 철 따라 갈아 입을 옷조차 없다.
เขายากจนมาก จึงไม่มีแม้แต่เสื้อที่จะเปลี่ยนใส่ตามฤดูกาล

오늘 은행에 못 가서 지갑에는 한 푼도 없다
วันนี้ไม่ได้ไปธนาคาร จึงไม่มีเงินแม้กระทั่งสตางค์เดียว

2. มิฉะนั้น 그렇지 않으면

얼른 이 방에서 나가세요. 그렇지 않으면 경찰을 부르겠어요.
ออกจากห้องนี้เดี๋ยวนี้ มิฉะนั้นฉันจะเรียกตำรวจ

열심히 공부해라. 그렇지 않으면 낙방한다.
ตั้งใจดูหนังสือ มิฉะนั้นจะสอบตก

서둘러라. 그렇지 않으면 기차 놓치겠다.
รีบหน่อยซิ มิฉะนั้นจะตกรถไฟ

TIP มิฉะนั้น 과 상대되는 의미로 사용할 수 있는 어구는 งั้น (그러면)이다.

3. อย่างไรก็ตาม, อย่างไรก็ดี, ทั้งนี้และทั้งนั้น, ทั้งนี้ทั้งนั้น, ถึงกระนั้นก็ดี
여하튼간에, 하여간, 어쨌든간에, 그렇다 해도, 그럼에도 불구하고, 요컨대

날씨가 춥던 덥던 간에 나는 매일 일찍 일어나 출근한다.
อากาศจะหนาวหรือร้อนอย่างไรก็ตาม ผมจะตื่นเช้าแล้วไปทำงานทุกวัน

볼 일이 있던 없던 당신은 그를 만나야 합니다.
มีธุระหรือไม่มีธุระอย่างไรก็ดี คุณต้องพบเขา

어찌되었든 간에 넌 나랑 먼저 의논했어야 했어.
ถึงกระนั้นก็ดี(อย่างไรก็ตาม)คุณน่าจะต้องปรึกษากับฉันก่อน

4. โดยเฉพาะ, โดยเฉพาะอย่างยิ่ง 특히, 더군다나

세계 문화, 특히 한국의 문화가 빠르게 세계로 전파되고 있다.
วัฒนธรรมทั่วโลกโดยเฉพาะวัฒนธรรมเกาหลีกำลังแพร่หลายไปทั่วโลกอยู่อย่างรวดเร็ว

치앙마이 : 북부의 교육과 문화의 중심지

문화

'신도시'라는 의미의 치앙마이는 태국 제2의 도시일 뿐만 아니라 태국북부의 교육, 정치, 경제, 문화의 중심지이며 인근의 미얀마와 중국을 잇는 요충지이도 하다. 치앙마이를 중심한 이 지역을 통틀어 란나타이라고도 한다. 란나타이 왕국은 1296년에 망라이 왕이 치앙마이로 천도한 후 1558년까지 독립왕국으로 남부의 쑤코타이왕국, 아유타야왕국과 함께 공존하였다. 1558년부터 200여년간 미얀마의 속국으로 전락하였다가 톤부리시대에는 다시 톤부리왕국의 속국이 되었다. 짝끄리 왕조의 라마 1세는 속방인 이 지역의 자치를 인정하였으나 라마 5세의 중앙집권화 정책으로 태국의 한 행정구역으로 전락함으로써 완전히 독립을 상실하고 합병되었다.

치앙마이 시내(구도)를 돌아보면 수도 성곽과 4대문을 비롯하여 여러 사원, 음식(칸똑), 독특한 건축양식과 목조가옥, 의상과 춤 등에서는 란나타이 문화를 여전히 간직하고 있다. 태국북부의 초중등학생은 일주일에 하루 전통의상을 입고 등교할 정도로 전통문화를 보존하고 있다.

입에서 톡(talk) 태국어

중요한 태국 명절은 무엇이 있나요?
มีเทศกาลสำคัญอะไรบ้างที่เมืองไทย 미-테-ㅅ싸까-ㄴ 쌈칸아라이바-ㅇ티-므앙타이

기호. 태국의 중요한 명절에 대해 관광청 직원에게 묻는다.

 บทสนทนา

คีโฮ ในเมืองไทยมีเทศกาลสำคัญอะไรบ้างครับ
  나이므앙타이미-테-ㅅ싸까-ㄴ 쌈칸아라이바-ㅇ크랍

เจ้าหน้าที่ มีหลายเทศกาลค่ะ
  미-라-이테-ㅅ싸까-ㄴ카

  ที่รู้จักกันในหมู่คนต่างชาติ คือ วันสงกรานต์และวันลอยกระทงค่ะ
  티-루-짝깐나이무-콘따-ㅇ차-ㅅ 크- 완쏭끄라-ㄴ래완러-이끄라통카

คีโฮ ในวันเทศกาลคนไทยส่วนมากทำอะไรกันครับ
  나이완테-ㅅ싸 까-ㄴ 콘타이쑤언마-ㄱ탐아라이깐크랍

เจ้าหน้าที่ ไปทำบุญที่วัดบ้าง กลับบ้านเกิดไปเยี่ยมพ่อแม่บ้าง และไปเที่ยวกันบ้างค่ะ
  빠이탐분티-왓바-ㅇ 끌랍바-ㄴ끄ㅓㅅ빠이이암퍼-매-바-ㅇ래빠이티아우깐바-ㅇ카

คีโฮ ไม่ต้องทำงานหรือครับ
  마이떠-ㅇ 탐응아-ㄴ르-크랍

เจ้าหน้าที่ ส่วนมากเป็นวันหยุดยกเว้นวันลอยกระทงค่ะ ไม่หยุด
  쑤언마-ㄱ뻰완윳 욕웨-ㄴ 완러-이끄라통카마이윳

  มีคนไปเที่ยวต่างประเทศก็ไม่น้อย
  미-콘빠이티아우따-ㅇ 쁘라테-ㅅ꺼마이너-이

คำศัพท์

สำคัญ	ลอย	ส่วนมาก	บ้านเกิด	วันหยุด	ต่างประเทศ
쌈칸	러-이	쑤언마-ㄱ	바-ㄴ끄ㅓㅅ	완윳	따-ㅇ쁘라테-ㅅ
중요하다	(물에) 띄우다, 뜨다	대부분, 대개	고향	휴일	외국
หลาย	กระทง	ทำบุญ	เยี่ยม	ยกเว้น	น้อย
라-이	끄라통	탐분	이암	욕웨-ㄴ	너-이
여러	바나나잎 배	복을 빌다	방문하다	…을 제외하다	적다

186 | EBS

기호 : 태국의 중요한 명절은 뭐가 있나요?
직원 : 여러 가지가 있어요. 외국인들에게 알려진 것은 쏭끄란과 러이끄라통이에요.
기호 : 명절에 태국사람들은 대부분 무엇을 하나요?
직원 : 절에 시주도 하고 고향에 가서 부모님도 뵙고 놀러도 가요.
기호 : 일은 하지 않나요?
직원 : 러이끄라통 명절을 빼고 대개 휴일이에요. 외국여행을 가는 사람도 적지 않아요.

การใช้ภาษา

มีอะไรบ้าง
대체로 하나의 답을 요하는 มีอะไร와 같은 의미이나 나열한다는 성격이 좀 더 많다. 예를 들면 '뭐 뭐가 있지요?'라는 질문입니다. 이러한 질문에는 '…도 있고 …도 있고 …도 있고' 처럼 나열하는 답을 하면 됩니다. 이러한 맥락의 질문으로 ทำอะไรบ้าง이 있습니다. 굳이 해석하라면 '뭐 하면서 지내?'입니다. 답은 '낚시도 하고, 책도 읽고, 친구도 만나고…' 등등으로 답하면 됩니다.

ในหมู่…
번역은 '…무리(사람, 동물) 중에'라고 할까요? 그러므로 ในหมู่คนต่างชาติ은 '외국인들 사이에(서, 서는)'입니다.

ไม่ต้องทำงานหรือ
ไม่ต้องทำงาน 즉 '일할 필요 없어요'라는 서술문의 의문형이다. 보통 명절은 휴일인 것을 알고 있는 입장이지만 혹시 해서 재확인하려는 의도에서 문장 끝에 หรือ를 붙여 의문문을 만들었습니다. 직역하면 '일할 필요 없나요?'이지만 보통은 '일하지 않나요?'라는 표현이라고 생각하면 됩니다.

ไม่น้อย
น้อย는 มาก의 반대말이지만 앞에 부정사 ไม่를 넣으면 바로 มาก이 되는 것은 아닙니다. '적지 않다', '제법 많다', '꽤 많다'라는 의미에 가깝습니다. 이러한 경우는 ไม่มาก도 마찬가지입니다. '많지 않다'이지 적다는 의미는 아니기 때문입니다. 참고로 ไม่มากก็น้อย 는 '다소'라는 의미로 사용해도 무방합니다.

예 : 그는 제법 많은 돈을 가지고 있습니다. เขามีเงินไม่น้อย / เขามีเงินไม่ใช่น้อย

ไวยากรณ์

접속사 II - 종속접속사 7

1. แล้วแต่…, ตามแต่…, ขึ้นอยู่กับ… …에 따라서, …에게 달렸다

   영화를 보던 연극을 보던 네 맘대로다.
   จะดูหนังหรือจะดูละครแล้วแต่คุณ(จะเลือก)
   얼마가 되던 주기에 달렸다.
   เท่าไรก็ได้ตามแต่จะให้
   소망을 이루는 문제는 그에게 달려있는 문제입니다.
   ปัญหาที่เขาจะประสบความสำเร็จหรือไม่นั้นขึ้นอยู่กับเขา(จะทำอย่างไร)

2. จนกว่า, จนระทั่ง, กว่าจะ …할 때까지

   죽을 때까지 널 사랑할 거야.
   ฉันจะรักเธอจนกว่าจะตาย
   네가 올 때까지 난 여기서 기다릴 테야.
   จะรอคุณที่นี่ตนกระทั่งคุณจะมา
   공부를 다 마칠 때까지 삼 년이 더 있어야 한다.
   กว่าจะสำเร็จการศึกษา ต้องใช้เวลาอีก ๓ ปี

3. …จน … 너무나 ..해서 ..하다, …할 정도로 ..하다

   이 커피잔은 너무 비싸서 살 수가 없습니다.
   ถ้วยกาแฟนี้แพงเกินไปจนซื้อไม่ได้
   할아버지가 매우 역정을 내셨으므로 손자가 울었다.
   คุณปู่ดุหลานอย่างรุนแรงจนหลานร้องไห้
   그 사람이 혼자서 말을 너무 많이 했으므로 사람들은 하나씩 잠이 들어 버렸다.
   เขาพูดมากคนเดียวจนทำให้คนเหล่านั้นหลับตาม ๆ กันหมด

4. …든지, ..이나

   사람이나 동물이나 모두 먹어야 한다.
   คนก็ดี สัตว์ก็ดี ต้องกินทั้งนั้น
   연필이든 공책이든 네가 사용한 물건은 제자리에 놓아야 한다.
   ดินสอก็ตามสมุดก็ตามเมื่อใช้แล้วควรเก็บให้เป็นที่เป็นทาง
   동양인이든 서양인이든 모두 평화를 원한다.
   ชาวตะวันออกก็ดี ชาวตะวันตกก็ดี ทุกคนต้องการสันติภาพ

태국의 명절

문화

중층문화국인 태국의 국민들은 비록 그 혈통과 문화가 달라도 상대방의 문화를 존중하며 공존한다. 명절도 다양하다. 힌두문화 및 명절이 기본적으로 자리 잡고 있으며 그 위에 지역을 중심으로 불교문화와 이슬람문화 또는 기독교문화가 병존한다.

태국의 새해만 보아도 양력 1월 1일, 음력 1월 1일(뜨룻찐), 그리고 힌두문화권의 1월 1일(쏭끄란)을 전국민이 함께 즐기며 휴식을 취한다. 이 외의 큰명절은 러이끄라통이 있다. 태음력 10월 보름날에 정성껏 만든 작은 끄라통(바나나잎 배)을 만들어 향초를 꽂고 한 해의 농사를 감사하고 내년의 풍작을 기원한다. 액막이도 하고… 정성스러운 마음으로 촛불을 켠 후 흐르는 물에 띄운다. 교교한 보름달빛을 받으며 떠가는 끄라통은 정말 아름답다. 근래에는 하늘로 등을 띄우기도 한다. 6월이면 우본라차타니에서 밀납으로 부처의 일생을 그린 대형 축제가 달빛 속에서 열린다. 태국이 관광대국으로 명성을 떨치는 이유가 예사롭지 않다.

ตอนที่ 13

39 자족경제정책은 왜 시작되었나요?
40 쏨땀을 좋아하세요? 똠얌꿍을 좋아하세요?

기호. 대학교에서

자족경제정책은 왜 시작되었나요?
การรณรงค์เศรษฐกิจพอเพียงเริ่มมีทำไม 까-ㄴ론나롱쎄-ㅅ 타낏퍼-피앙르ㅓㅁ미-탐마이

대학교에 들린 기호. 그 대학교 교수에게 태국의 자급자족경제정책에 대해 묻는다.

บทสนทนา

คีโฮ	สวัสดีครับอาจารย์ 싸왓디-크랍 아-짜-ㄴ
	วันนี้เรียนเกี่ยวกับการรณรงค์เศรษฐกิจพอเพียงแล้ว 완니-리얀끼아우깝까-ㄴ 론나롱쎄-ㅅ 타낏퍼피앙래-우
	แต่ผมไม่เข้าใจคำว่า "พอเพียง" ครับ 때-폼마이카오짜이캄와- "퍼-피앙" 크랍
	กรุณาอธิบายง่าย ๆ ให้ผมฟังหน่อยได้ไหมครับ 까루나-아티바-이응아이응아이하이폼황너-이다이마이크랍
อาจารย์	คำว่า "พอเพียง" หมายถึง "พอมีพอกิน" คือทำให้ทุกคนมีกิน 캄와- "퍼-피앙" 마-이틍 "퍼-미-퍼-낀" 크 탐하이툭콘미-낀
คีโฮ	ใครเป็นผู้ริเริ่มครับ 크라이뻰푸-리르ㅓㅁ크랍
อาจารย์	ในหลวงของเรา 나이루엉커-ㅇ라오
คีโฮ	หรือครับ ในหลวงรักประชาชนมากจริง ๆ นะครับ 르-크랍 나이루엉락쁘라차-촌마-ㄱ 찡 찡 나크랍
อาจารย์	แน่นอน เนี่ยประชาชนถึงเคารพในหลวงมากไง 내-너-ㄴ 니아쁘라-차촌틍카오롭락나이루엉마-ㄱ응아이

คำศัพท์

รณรงค์ 론나롱 운동, 캠페인	เศรษฐกิจพอเพียง 쎄-ㅅ타낏퍼-피앙 자족경제	หมายถึง 마-이틍 의미하다	ประชาชน 쁘라차-촌 국민
เศรษฐกิจ 쎄-ㅅ타낏 경제	เกี่ยวกับ 끼아우깝 …에 관하여	ริเริ่ม 리르ㅓㅁ 시작하다	แน่นอน 내-너-ㄴ 분명하다, 확실하다
พอเพียง 퍼-피앙 풍족하다	อธิบาย 아티바-이 설명하다	ในหลวง 나이루앙 왕에 대한 국민들의 호칭	เคารพ 카오롭 존경하다

기호 : 안녕하세요? 교수님.
오늘 자족경제운동에 대해 배웠는데 '퍼피앙'이라는 단어를 알 수가 없어요.
좀 쉽게 풀어서 설명해주시겠어요?
교수 : '퍼피앙'은 '굶는 국민이 없을 정도로 풍족하다'라는 뜻으로 전 국민이 잘 산다는 뜻이에요.
기호 : 누가 시작했나요?
교수 : 라마 9세이지요.
기호 : 그래요? 왕은 국민을 진정으로 사랑하는군요.
교수 : 그렇고 말고. 그래서 국민들이 왕을 진정으로 사랑하는 거지요.

การใช้ภาษา

กรุณา

불교에서 남을 고통에서 해방시켜주려는 배려심을 의미하는 '까루나'이지만, 일상생활에서는 남에게 무엇을 요구할 때 정중하게 시작하는 말입니다. 예를 들어 '책 좀 집어 달라'고 부탁할 때 여러 가지 표현이 있습니다. หยิบหนังสือให้ฉัน, ช่วยหยิบหนังสือให้ผมหน่อย, กรุณาช่วยหยิบหนังสือให้ผมหน่อย 등등 많습니다만 กรุณา로 시작하면 그 표현은 'ขอ'로 시작되는 문장처럼 정중한 표현이 됩니다.
이처럼 어떠한 것에 대한 요구나 권유를 나타낼 때는 문장 앞에 ขอ, โปรด, กรุณา, เชิญ 을 붙입니다.

예 : 허락해 주세요. ขออนุญาต   좀 도와주세요. ขอให้ช่วยผม
천천히 말씀해주세요. โปรดพูดช้าๆ หน่อย 우편으로 보내주세요. กรุณาส่งไปทางไปรษณีย์
이 문제를 쉽게 설명해주시겠어요? กรุณาอธิบายเรื่องนี้ง่ายๆให้ผมหน่อย
어서 오세요. เชิญข้างใน   이리로 오세요. เชิญทางนี้

อธิบายง่ายๆให้ผมฟังหน่อยได้ไหม

'동사 1 ให้ 주어+동사 2…ได้ไหม' 이러한 형식의 표현은 일상생활에서 많이 사용됩니다.
의미는 '동사 1 해서 주어에게 동사 2 하게 해 주실 수 있습니까?/라는 공손하게 부탁하는 문구입니다. 문장 끝에 ได้ไหม를 넣어 상대방의 허락을 정중하게 받아내려는 의도가 보입니다.

ในหลวง

현재 재위 중인 태국 왕을 태국인들은 간단히 ในหลวง 이라고 친근하게 부릅니다.

พอมีพอกิน" คือ ทำให้ทุกคนมีกิน

'พอ'라는 단어는 '충분하다', '충족하다' 라는 뜻을 가진 단어입니다. 'มี' 는 '소유하다', '가지고 있다' 라는 뜻이고 'กิน' 은 '먹다'라는 뜻입니다. 그러므로 'พอมีพอกิน' 은 '충분히 소유하고 충분히 먹는다'라는 단순한 의미입니다. 이렇게 해서 มีกิน, 다시 말해 '먹거리가 있어 굶지 않는' 것이지요. 근본 취지는 굶는 국민이 없도록 하자는 캠페인입니다.

◉ ไวยากรณ์

🖋 동사 : ให้의 용법

태국어에서 동사 ให้는 '주다'라는 뜻 외에 많은 용법이 있습니다. 일상생활에서 많이 사용되는 경우를 보면 다음과 같습니다.

1. 주다

어머니가 동생에게 돈을 주십니다.	คุณแม่ให้เงินน้อง
엄마가 생일선물로 반지를 줍니다.	แม่ให้แหวนเป็นของขวัญวันเกิด
칭찬은 어린이에게 용기를 줍니다.	คำชมมักจะให้กำลังใจแก่เด็กทุกคน
아버지는 은행에서 꾼 돈을 아들에게 주었다.	คุณพ่อให้เงินกู้จากธนาคารแก่ลูกชาย

2. … 결과가 나오다, …를 초래하다.

매일 밥을 지나치게 많이 먹는 것은 건강에 해가 됩니다.	กินข้าวไปมากทุกวันจะให้โทษต่อสุขภาพ
예의바른 처신은 네게 득이 된다.	การปฎิบัติตัวอย่างมีมารยาทจะให้คุณแก่เธอ

3. … 하게 하다

우리는 그가 태국에 돌아가지 못하게 했다.	เราไม่ให้เขากลับเมืองไทย
텔레비전은 가끔 책을 못 보게 만들기도 한다.	โทรทัศน์บางทีทำให้ฉันอ่านหนังสือไม่ค่อยได้
마침내 은행은 돈을 꿔주는 데 동의했다.	ในที่สุดธนาคารตกลงแล้วว่า จะให้กู้เงินไป
집주인은 그 학생에게 방을 빌려주기로 했다.	เจ้าของบ้านคิดว่าจะให้เช่าห้องให้นักศึกษาคนนั้น
형은 동생에게 과자를 사 오라고 했다. (과자 심부름을 시켰다)	พี่สั่งให้น้องไปซื้อขนมมา

4. 수식사 앞에서 부사구를 만든다.

태국어를 잘 배우세요.	เรียนภาษาไทยให้ดี
아름답게 장식하다.	ตกแต่งให้สวยงาม

5. …에게 …을 해 주다

하얀 가방을 사서 어머니에게 드렸다.	ซื้อกระเป๋าสีขาวให้คุณแม่
고모는 조카에게 방을 마련해 주셨다.	คุณป้าจัดห้องให้หลาน

왕실 산업-고산족을 위한 크롱까-ㄴ루엉

문화

왕실은, 다시 말해 왕실 구성원은 태국 국민을 하나로 통합시키는 구심점이다. 태국 국민이 어려운 지경에 놓이면 그곳이 아무리 멀고 가기 힘들어도 맨 먼저 왕이, 공주가, 왕자가 달려가 그 상처받은 마음을 어루만지고 함께 해결책을 모색한다. 그리고 궁핍으로 벗어나 함께 잘 살기 위한 그 지역 특성을 살린 각종 프로그램을 만들어 교육시키고 생산하고 판매한다. 그 예의 하나가 바로 고산족을 위한 교육과 각종 경제계획-크롱까-ㄴ루엉이다. 수천 년 동안 해발 1,000m 이상의 고지생활이 몸에 밴 고산족 아동들에게 신식교육의 기회를 주고, 어른들에게는 계절적 이동교육과 이동도서관을 통해 교육의 질을 높여준다. 그리고 고냉지 채소 재배를 비롯하여 커피생산, 추운 지역의 장미나 화초, 민물생선 양식, 약초 및 버섯, 말린 과일과 꽃 등 그 지역 특산물의 생산 등을 통해 아편재배보다 더 높은 수익을 올리도록 돕고 있다.

쏨땀을 좋아하세요? 똠얌꿍을 좋아하세요?
ชอบส้มตำหรือต้มยำกุ้ง 처-ㅂ쏨땀르-똠얌꿍

음식이야기를 하는 기호. 교수님에게 좋아하는 음식에 대해 묻는다.

 บทสนทนา

คีโฮ	อาจารย์ชอบทานส้มตำหรือต้มยำกุ้งครับ	
	아-짜-ㄴ 처-ㅂ 타-ㄴ 쏨땀르- 똠얌꿍크랍	
อาจารย์	ชอบทั้งสองอย่าง	
	처-ㅂ 탕써-ㅇ 야-ㅇ	
	ไปอีสานต้องทานส้มตำ แต่อยู่กรุงเทพฯ ต้องทานต้มยำกุ้ง	
	빠이이-싸-ㄴ 떠-ㅇ 타-ㄴ 쏨땀 때-유-끄룽테-ㅂ 떠-ㅇ 타-ㄴ 똠얌꿍	
คีโฮ	ผมชอบส้มตำครับ เพราะรสชาติคล้ายอาหารเกาหลี	
	폼처-ㅂ쏨땀크랍 프러롯차-ㅅ클라-이아-하-ㄴ 까올리-	
	พอผมคิดถึงแม่ ก็จะไปทานส้มตำไก่ย่างครับ	
	퍼-폼킷틍매- 꺼짜빠이타-ㄴ 쏨땀까이야-ㅇ크랍	
อาจารย์	ครูก็ชอบกิมจิ (คิมชี) ไปทานบ่อย	
	크루-꺼처-ㅂ김치 빠이타-ㄴ 버-이	
คีโฮ	งั้นอาทิตย์หน้า ผมจะเชิญอาจารย์ทานอาหารเกาหลีนะครับ	
	응안아-팃나- 폼짜츠ㅓㄴ아-짜-ㄴ타-ㄴ 아-하-ㄴ 까올리-나크랍	
อาจารย์	ดี ไปทานกันที่สุขุมวิทพลาซ่า	
	디- 빠이타-ㄴ 깐티-쑤쿰윗플라싸-	

คำศัพท์

อย่าง	**รส, รสชาติ**	**ครู**	**สุขุมวิทพลาซ่า**	**ย่าง**
야-ㅇ	롯, 롯차-ㅅ	크루-	쑤쿰윗프라싸	야-ㅇ
(유별사) 가지	맛	교사	Korea Town	(불에) 굽다
อีสาน	**คิดถึง**	**งั้น**	**ไก่**	**อาทิตย์**
이-싸-ㄴ	킷틍	응안	까이	아-팃
동북부	생각나다, 보고 싶다	그러면	닭	주일(구어체)

기호 : 교수님은 쏨땀을 좋아하세요? 또는 똠얌꿍을 좋아하세요?
교수 : 두 가지 다 좋아해요.
　　　동북부에 가면 쏨땀을 먹고 방콕에 있을 때는 똠얌꿍을 먹어요.
기호 : 저는 쏨땀을 좋아해요. 맛이 한국음식과 비슷하거든요.
　　　엄마 생각이 나면 쏨땀과 까이양을 먹으러 가요.
교수 : 나도 김치를 좋아해서 자주 먹으러 가요.
기호 : 그럼 다음 주에 제가 한국음식을 대접할게요.
교수 : 좋지. 함께 쑤쿰윗플라자에 가서 먹도록 하지.

การใช้ภาษา

ชอบทั้งสองอย่าง(คน)
'ทั้ง'은 '모두 다', '양쪽 다' 라는 의미입니다. 그러므로 ทั้งสองอย่างด이면 '두 가지 모두' 또는 '두 가지 다' 입니다. 이 문장은 '두 가지 다 좋아한다'라는 표현입니다.

อาทิตย์
보통은 명사로 '태양'을 의미하지만, 구어에서는 (일)주일(週日, week) สัปดาห์를 의미합니다. 그러므로 อาทิตย์หน้า는 '다음 주' 입니다.

ส้มตำ
태국 동북부 고유 음식입니다. 풋말라꺼의 속살을 채로 썰어 마늘, 고추(프릭키누), 설탕 등으로 맛을 낸 음식인데, 맛을 낼 때 손을 무치는 것이 아니라 절구에 넣어 가볍게 찧으므로 '찧는다'라는 ตำ이 들어갑니다. 맛은 새콤, 달콤, 매콤합니다. 매운 정도는 식성에 맞추어 고추를 많고 적게 넣습니다. 우리나라의 김치와 같은 강한 맛입니다.

ต้มยำกุ้ง
일반적으로 우리나라의 신선로 용기에 끓이는 새콤 매콤한 찌개입니다. 지방에 따라 국물에 야자즙(까티)을 넣기도 합니다. 넣는 주재료에 따라 이름도 달라집니다. 새우를 넣으면 '똠얌꿍', 닭고기를 넣으면 '똠얌까이', 그리고 버섯을 넣으면 '똠얌헷'이라고 합니다.

พอ... ก็...
'… 하면 … 하다'라는 표현에 사용하는 문형입니다.

　　예 : 생각나면 만나러 간다.　พอคิดถึง ก็ไปหา
　　　　엄마 생각이 나면 내 사진을 본다.　พอนึกถึงแม่ ก็ดูรูปถ่ายของฉันเอง

ไวยากรณ์

동사 : 복합동사

태국어에서 동사는 인칭이나, 시제, 또는 성에 따라 전혀 변하지 않습니다. 물론 어미 변화도 없습니다. 시제를 나타내는 조동사나 부사구를 사용하면 원하는 시제를 나타낼 수 있습니다.
그러므로 문법적 관계 파악이 중요합니다. 다시 한 번 정리하면 다음과 같습니다.

나는 (우리가, 그 여자가, 그 남자가, 그 어른이)간다. ผม(เรา, เธอ, เขา, ท่าน) ไป
나는 갔다. ผมไปแล้ว
나는 갈 것이다. ผมจะไป
나는 가고 있다. ผมกำลังไป(อยู่)
나는 가고 싶다. ผมอยากไป
나는 가야만 한다. ผมต้อง(ควร, น่า)ไป
가지 마시오. อย่าไป
가시오, 가. ไป(เถอะ, ซิ)

위에 언급된 바와 같이, 한 음절로 된 태국어 단어는 타이족 본래의 단어입니다. 쉽고 간결하지만 경우에 따라서는 여러 개의 의미를 갖는 경우가 있고, 또 한 단어가 명사적으로도 동사적으로도 사용됩니다. 그래서 생활이 복잡해짐에 따라 동사도 복잡해졌습니다. 의미가 비슷하거나 같은 단어를 이어 복합동사를 만들어 그 의미를 풍성하게 만들어 사용하고 있습니다. 일상생활에서 자주 사용되는 복합동사를 몇 개 나열해 보면 다음과 같습니다.

1. 동사 + 동사

가르치다, 훈시하다	สั่งสอน	시험보다	สอบไล่
합격하다	สอบได้, สอบผ่าน	낙방하다	สอบตก
여행하다	ท่องเที่ยว	선거하다	เลือกตั้ง
존경하다	นับถือ	깨뜨리다	ทำแตก
부러뜨리다	ทำหัก	파괴하다	ทำลาย
소근대다	พูดซุบซิบ	농담하다	พูดเล่น

2. 동사 + 명사

돈을 벌다	หาเงิน	이해하다	เข้าใจ
실망하다	เสียใจ	믿다	ไว้ใจ
농사를 짓다	ทำนา	헤엄치다	ว่ายน้ำ
결심하다, 작정하다	ตั้งใจ	놀라다	ตกใจ
실직하다	ตกงาน	구직하다	หางาน

음식 - 쏨땀

문화

태국의 유명한 음식이 뭐냐고 물으면 대체로 똠얌꿍, 쏨땀, 그리고 꾸어이띠아우(국수)를 든다. 그 중 쏨땀은 우리나라의 잘 익은 김치맛과 비슷해서 한국인의 입맛에 딱 맞는다. 매운 정도는 넣는 프릭키누(매운 고추)의 수를 조절하면 된다. 쏨땀은 동북부의 대표적인 음식이다. 쏨땀을 만드는 데는 절구가 절대 필요하다. 그리고 익지 않은 파파야(말라꺼) 채와 마늘, 프릭키누 그리고 각종 양념이다. 절구에 마늘과 고추를 넣고 가볍게 찧다가 말라꺼채를 넣고 찧는다. 이렇게 하면 양념이 골고루 배어 제맛이 난다. 간장, 게장, 액젓, 설탕 등으로 기호에 따라 맛을 내고 맨 위에 굵게 빻은 땅콩가루를 얹어 모양을 낸다. 쏨땀은 카우니아우(찐 찰밥), 랍(비교적 맵게 볶은 고기)이나 까이양(태국식 숯불양념닭구이), 그리고 채소를 곁들여 먹는다. 시원한 마루에 돗자리를 깔고 앉아 먹어야 제격이다.

ตอนที่ 14

41 머리가 아프고 열도 납니다.   42 약 주세요.

기호. 병원에서

입에서 톡(talk) 태국어

머리가 아프고 열도 납니다. ปวดหัวและมีไข้ 뿌엇후어래미-카이

열이 나고 머리가 아픈 기호. 근처의 클리닉에 가서 치료를 받는다.

🎧 บทสนทนา

คีโฮ	สวัสดีครับคุณหมอ 싸왓디-크랍쿤머-
หมอ	สวัสดีครับ เชิญนั่ง เป็นยังไงบ้าง 싸왓디-크랍 츠ㅓㄴ낭 뻰양아이바-ㅇ
คีโฮ	ปวดหัว มีไข้ และไอด้วยครับ 뿌엇후어 미-카이 래아이두어이크랍
หมอ	เป็นตั้งแต่เมื่อไหร่ 뻰땅때-므아라이
คีโฮ	เป็นมา ๒-๓ วันแล้ว ทานไทลีนอล ก็ยังไม่หายครับ 뻰마- 써-ㅇ 싸-ㅁ완래-우 타-ㄴ 타이래널 꺼양마이하-이크랍
หมอ	ขอหมอดูคอหน่อย อ้าปากกว้างๆ อ้อ..... คออักเสบ 커-머-두-커-너-이 아-빠-ㄱ 꽝꽈-ㅇ 어-....커-악쎄-ㅂ
	ไม่ต้องห่วง หมอจะสั่งยาให้ ทาน ๓-๔ วัน ก็หาย 마이떠-ㅇ후엉 머-짜쌍야-하이 타-ㄴ 싸-ㅁ 씨-완 꺼하-이
คีโฮ	ขอบคุณครับคุณหมอ สวัสดีครับ 커-ㅂ쿤크랍쿤머- 싸왓디-크랍

🔵 คำศัพท์

หมอ 머- 의사	**ไข้** 카이 열	**หาย** 하-이 사라지다	**อ้าปาก** 아-빠-ㄱ 입을 벌리다	**อักเสบ** 악쎄-ㅂ 염증이 있다. 곪다	**สั่ง** 쌍 주문하다, 명령하다
ปวดหัว 뿌엇후어 머리가 아프다. 골치아프다	**ไอ** 아이 기침	**คอ** 커- 목	**กว้าง** 꽈-ㅇ 넓다	**ห่วง** 후엉 염려하다	**ปาก** 빠-ㄱ 입

202 | EBS

기호 : 안녕하세요? 선생님
의사 : 안녕하세요? 앉으세요. (증세가)어떤가요?
기호 : 머리가 아프고 열이 나고 기침도 해요.
의사 : 이런 증세가 얼마나 되었나요?
기호 : 이삼일 되었어요. 타이레놀을 먹었는데도 낫지 않아요.
의사 : 어디 봅시다. 입을 크게 벌리세요, 어…염증이 있군요.
　　　걱정하지 말아요. 내가 약을 처방해 줄 게요. 삼사일 먹으면 날 거예요.
기호 : 고맙습니다. 의사선생님. 안녕히 계세요.

การใช้ภาษา

เป็นตั้งแต่เมื่อไร

เป็น은 다양하게 사용되지만 이 문장에서 '(병의) 증세가 있다'라는 뜻입니다. 그런 증세가 말하는 시점까지 지속한 경우는 보통 'เป็นมา'로 표현합니다.

ตั้งแต่เมื่อไร 의 ตั้งแต่ 는 전치사로서, 그 의미는 '…로부터'(시간에 사용) 입니다. 그러므로 ตั้งแต่เมื่อไร 는 '언제부터'라는 뜻입니다. 그러므로 เป็นตั้งแต่เมื่อไร 는 언제부터 병증세(감기 등)가 있었는가를 묻는 의사의 질문입니다.

... ด้วย

이 문장에서 ด้วย는 '…도' 라는 의미의 수식사입니다. 보통 나열식으로 설명할 때 많이 사용합니다. 여기서는 기호가 자신의 병 증세를 '머리도 아프고, 열도 있고, 기침까지도 한다'고 의사에게 설명합니다. 이럴 경우 마지막에 '…ด้วย' 를 붙여 앞의 것(증세) 외에 마지막에 언급한 증세까지 있다고 표현하는 것입니다.

　　예 : 고향에 가서 추수도 하고 떡도 먹고 말린 생선도 샀다.
　　　　ไปบ้านเกิดแล้ว ไปเกี่ยวข้าว ไปกินขนมต็อก และซื้อปลาแห้งด้วย

เป็นมา ๒-๓ วันแล้ว

한 이삼일간 (그 증세가) 지속되어 오고 있으며 현재도 그렇다는 표현입니다.
태국인들은 우리 한국인처럼 하루이틀, 삼사 일, 서너 개 등등 처럼 수에 대해 어림잡는 표현을 많이 사용합니다.

　　예 : 한 사나흘 고향에 다녀오겠습니다. จะกลับบ้านมาสามสี่วัน
　　　　수박을 두세 통 사 왔어요. ซื้อแตงโมมาสองสามลูก
　　　　생일 선물로 장미를 대여섯 송이 가지고 왔어요.
　　　　เอาดอกกุหลาบห้าหกดอกมาฝากเป็นของขวัญวันเกิด

ไวยากรณ์

동사 เป็น의 다양한 사용법

เป็น은 문장 속에서 다양한 용법으로 사용됩니다. 알아두면 매우 편리합니다. 그 기능과 뜻을 요약하면 다음과 같습니다.

1. 동사 'to be'입니다. 뜻은 '…이다'이고 생략이 가능하지요. 이 의미의 부정은 ไม่ใช่인 것을 잊지마세요.

   그는 학생이고 저 분은 선생님이십니다.   เขาเป็นนักศึกษาและผู้ชายคนนั้นเป็นครู
   이 것은 가방이고 저것은 구두입니다.   นี่เป็นกระเป๋า นั่นเป็นรองเท้า
   저 나무는 사과나무가 아닙니다.   ต้นไม้ต้นนั้น ไม่ใช่ต้นแอปเปิ้ล

2. … 의 자격으로, …로(서)　　(보통 ในฐานะ와 함께 사용한다)

   그는 회사 대표 자격으로 그 회의에 참석했다.   เขาเข้าประชุมในฐานะเป็นประธานบริษัท
   저는 한국인으로서 여기 왔습니다.   ดิฉันมาที่นี่ในฐานะเป็นคนเกาหลี
   저 노인은 의사로서 의견을 말했습니다.   ผู้อายุสูงผู้นั้นออกความเห็นในฐานะเป็นหมอ

3. …이 되다, …로 되다

   얼음이 녹아 물이 되었습니다.   น้ำแข็งละลายเป็นน้ำแล้ว
   작은 물방울이 모여 큰 강이 되었습니다.   หยดน้ำเม็ดเล็กรวมเป็นแม่น้ำสายใหญ่

4. …의 병증세가 있다.

   열이 많이 납니다.   เป็นไข้สูง

5. 병명 앞에 붙인다.

   그의 아버님은 말라리아로 고생하셨습니다.   คุณพ่อเขาไม่สบายเป็นมาลาเรีย
   동생이 감기에 걸렸어요.   น้องเป็นหวัดแล้ว
   암입니다.   เป็นโรคมะเร็งแล้ว

6. 동사 뒤에서 (경험이나 훈련에 의해) '할 수 있다' 또는 '할 줄 안다'라는 의미를 갖는다.

   나는 송편을 빚을 줄 압니다.   ผมทำขนม ซงเพียน เป็น
   아버님은 잡채를 만들 수 있습니다.   คุณพ่อทำอาหารเกาหลี ชับแช เป็น
   그 사람은 말 할 줄 알아요.   เขาพูดเป็น
   나는 자전거를 탈 줄 모릅니다.   ฉันขี่จักรยานไม่เป็น

7. 살아 있다, 생명이 있다.

   그 집은 활어만 팝니다.   ร้านนั้นขายแต่ปลาเป็น
   예전에는 생매장을 하기도 했다고 합니다.   ว่ากันว่า เมื่อก่อนมีการฝังทั้งเป็น

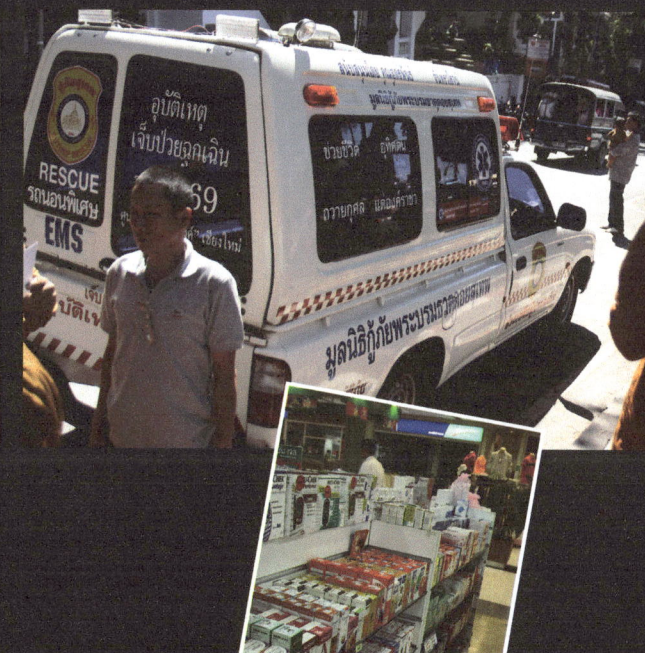

병원, 클리닉, 약국, 노점 약

문화

얼마 전만 해도 태국의 병원문턱은 높아서 가난한 사람들은 가지 못했다. 복지카드가 있는 공무원들에게도 대형신식병원은 여전히 거리가 있었다. 그러나 탁씬정부의 의료보험정책으로 전보다는 쉽게 갈 수 있게 되었지만 대형병원의 의료수가는 여전히 높다.

대형신식병원은 그야말로 호텔식 병원이다. 그 안에 첨단 의료시설 외에 휴게실은 물론 음식점, 극장, 빵집, 까페 등등 새로운 시설이 들어서 있고 의사들은 다정하고 친절하다. 아들처럼 묻는 대로 답해주고 미소까지 곁들인다. 약은 간단한 것은 살 수 있지만 의사의 처방전이 있어야 제대로 약을 살 수 있다. 그러나 사람들이 모이는 거리나 시장에서는 여전히 재래식 약과 약초, 민간요법이 성하다.

입에서 톡(talk) 태국어

약 주세요. ขอรับยาครับ ค㎡-랍야-크랍

의사의 처방을 받은 기호. 약을 사러 약국으로 간다.

 บทสนทนา

คีโฮ	สวัสดีครับ ส่งใบสั่งยาครับ	
	싸왓디-크랍 쏭바이쌍야-크랍	
เภสัชกร	ไปชำระเงินตรงช่องจ่ายเงินก่อนนะคะ แล้วเอาใบสั่งยามาที่นี่นะคะ	
	빠이참라응언뜨롱처-ㅇ 짜-이응언꺼-ㄴ 나카 래-우아오바이쌍야-마-티-니-나카	
คีโฮ	ขอบคุณครับ	
	커-ㅂ쿤크랍	
เภสัชกร	มีประกันสุขภาพไหมคะ	
	미-쁘라깐쑥카파-ㅂ마이카	
คีโฮ	ไม่มีครับ ผมเป็นชาวต่างประเทศครับ	
	마이미-크랍 폼뻰차-우따-ㅇ 쁘라테-ㅅ 크랍	
เภสัชกร	ไม่เป็นไรค่ะ นี่ยาแก้ไอนะคะ เวลาไอ ทานยานี้ครึ่งช้อน	
	마이뻰라이카 니-야-깨-아이나카 웰라-아이 타-ㄴ 야니-크릉처-ㄴ	
	และกินยาหลังอาหาร วันละ ๓ ครั้ง	
	래낀야-랑아-하-ㄴ 완라 싸-ㅁ 크랑	

คำศัพท์

ใบสั่งยา	ช่องจ่ายเงิน	สุขภาพ	แก้	หลัง
바이쌍야-	처-ㅇ짜-이응언	쑥카파-ㅂ	깨-	랑
처방전	수납계	건강	고치다, 수리하다	후에, …한 후에

ชำระ	ประกัน	ประกันสุขภาพ	ช้อน	ชาวต่างประเทศ
참라	쁘라깐	쁘라깐쑥카파-ㅂ	처-ㄴ	차-우따-ㅇ쁘라테-ㅅ
지불하다, 내다	보증하다	건강보험	숟가락	외국인

206 | EBS

기호 : 안녕하세요? 여기 (약)처방전이 있어요.
약사 : 우선 수납창구에 가셔서 돈을 내세요. 그리고 처방전은 이리 가져오세요.
기호 : 고맙습니다.
약사 : 건강보험증이 있으세요?
기호 : 없어요. 저는 외국인입니다.
약사 : 괜찮아요. 이건 기침약이에요. 기침이 나면 이 약을 반숟가락 드세요.
그리고 식후에 드시는데, 하루에 세 번입니다.

การใช้ภาษา

หลังอาหาร

번역하면 '식후'라는 의미입니다. 여기서 หลัง 은 여러 가지 용법이 있고 뜻이 있지만 '…후에'라는 접속사입니다. 보통은 หลังจากก이라는 형태로도 사용되는데, หลัง 뒤에는 간단히 명사만 오는 경우가 많고 หลังจาก 뒤에는 문장이 옵니다. หลัง 의 반대 의미를 가진 말로는 ก่อน 이 있습니다. '우선, 먼저'라는 뜻입니다. 뒤에 문장이 올 때는 보통 ก่อนที่ (…하기 전에)를 사용합니다.

예 : 식후에 누워서 쉬세요. หลังอาหาร กรุณานอนพักผ่อน
이 약은 식전에 드세요. ทานยานี้ก่อนอาหาร
외국에 나가기 전에 여권을 만들어야 합니다. ก่อนจะออกไปต่างประเทศ ต้องทำหนังสือเดินทางก่อน

วันละ ๓ ครั้ง

'하루에 세 번'이라는 뜻입니다. 이 표현은 กิน ๓ ครั้งทุกวัน 이라고도 바꿔 사용할 수 있습니다. 복용방법과 시기는 의사나 약사가 반드시 언제 어떻게 먹으라고 설명해 주겠지요?

ครึ่งช้อน

'반 숟가락'이라는 의미이지요. 약을 반 숟가락만 먹으라는 뜻입니다. 만일 두 수저라면 สองช้อน이라고 합니다. 한 숟가락반이면 ช้อนครึ่ง 또는 หนึ่งช้อนครึ่ง 이라고 합니다. 보통 수가 1 일일 때는 หนึ่ง을 생략합니다.
หนึ่ง은 다른 단어로도 사용되고, 수량사(유별사)의 앞이나 뒤에 붙습니다. 다만 2 이상일 때는 반드시 수량사 앞에 두어야 합니다.

예 : 아기는 반 숟가락, 7세 이상의 아동은 1 숟가락 먹이세요.
เด็กอ่อนให้กินครึ่งช้อน เด็กอายุ ๗ ขวบขึ้นไป ให้กินหนึ่งช้อน
하루에 왕복합니다. ไปกลับวันเดียว, ไปกลับภายในหนึ่งวัน
한 사람이 갑니다 ไปคนเดียว, ไปหนึ่งคน
두 사람이 갑니다. สองคนไป, ไปสองคน

ไวยากรณ์

ด้วย의 다양한 용법

수식사 ด้วย는 문장 속에서 다양한 용법으로 사용됩니다. 알아두면 매우 편리합니다. 그 기능과 뜻을 요약하면 다음과 같습니다.

1. (추가 동작) …도 (하고) …도 (하다)

   이 두리안은 맛도 있고 값도 싸다.　　　　ทุเรียนนี้อร่อยด้วยราคาถูกด้วย
   그의 여자 친구는 예쁘기도 하고 공부도 잘 한다.　เพื่อนหญิงของเขาสวยด้วยเรียนเก่งด้วย

2. .. 도 역시, 또한, 함께

   동생과 같이 외식하러 갑니다.　　　　　น้องก็ไปกินข้าวนอกบ้านด้วย
   나도 같이 갑니다.　　　　　　　　　ผมก็ไปด้วย
   나도 데려가 줘요.　　　　　　　　　พาผมไปด้วยคน
   나는 형의 피서여행에 동의합니다.　　　ผมเห็นด้วยกับการไปเที่ยวพักร้อนของพี่

3. (요구 사항을 나타낼 때) … 주세요

   모르는 남자가 따라오니 도와주세요.　　ช่วยด้วย คนแปลกหน้าตามหลังมา
   제게도 알려주세요.　　　　　　　　ขอให้ดิฉันทราบด้วย

4. …로(써), … 를 가지고, …을 사용하여

   한국인은 수저로 밥을 먹습니다.　　　　ชาวเกาหลีกินข้าวด้วยช้อนกับตะเกียบ
   태국인은 식사할 때 숟가락과 포크를 사용합니다.　คนไทยกินข้าวด้วยช้อนกับส้อม
   태국인은 찰밥은 보통 손으로 먹습니다.　คนไทยมักกินข้าวเหนียวด้วยมือ
   이 책상은 나무로 만들었습니다.　　　โต๊ะนี้ทำด้วยไม้

   *** 이 경우 ด้วย를 생략하기도 한다.

   젓가락으로 먹다.　　　　　　　　　กิน(ด้วย)ตะเกียบ
   승용차로 가다.　　　　　　　　　　ไป(ด้วย)รถ

5. 전치사적 용법

   …로 가득차다 เต็มไปด้วย　　…로 구성되다 ประกอบด้วย　　같이, 함께 พร้อมด้วย

6. … 때문에, …에 의하여

   그 아이는 억울해서 울었다.　　　　　เด็กหญิงคนนั้นร้องไห้ด้วยความเสียใจ

재래시장 (2)-수산물

문화

태국은 강도 많고 또 긴 해안을 가지고 있는 반도국이다. 서쪽의 안다만해와 타이만에는 해수욕장이 발달하기도 했지만 양식업도 발달했다. 염전도 많아 천일염을 생산한다. 그러나 강물을 이용한 양식업도 발달하였다. 유명한 수산물로는 새우를 들 수 있다. 바닷새우도 있고 민물새우도 있다. 민물새우는 크기가 작으나 강물 어디서나 소쿠리만 들여 밀면 잡힌다. 바닷새우는 육지로 바닷물을 끌여들여 기른다. 지나다 보면 산소공급을 위해 쉴새 없이 움직이는 작은 물레방아가 보인다. 그래서 시장에 가면 좌판에 바닷생선과 민물생선을 늘어놓고 판다. 생물로 팔기도 하고 손질을 해서 말려 팔기도 한다.

ตอนที่ 15

43 북부 여행은 어땠어?　　44 수상시장이 어디 있니?
45 암파와-에서는 어디서 묵니?　46 이번 토요일에 시간 있니?
47 내가 집구경 시켜줄 게.　　48 저녁 준비 다 되었어요.

기호. 방콕에서 잉어-ㄴ 을 다시 만나다.

บ้านสวน มโนเวชพันธ์
BANSUAN MANOVEJCHAPHAN

HOMESTAY

북부 여행은 어땠어? เที่ยวภาคเหนือเป็นอย่างไรบ้าง
티아우파-ㄱㄴ아쁜야-ㅇ라이바-ㅇ

방콕에 내려온 기호. 잉어-ㄴ과 만난다.

🎧 **บทสนทนา**

อิงอร ดีใจที่ได้พบคุณอีก เป็นยังไงบ้าง
디-짜이티-다이폽쿤이-ㄱ 쁜양아이바-ㅇ

คีโฮ เที่ยวภาคเหนือสนุกมาก ไปเชียงใหม่และอยุธยา
티아우파-ㄱㄴ아싸눅마-ㄱ 빠이치앙마이래유타야

ได้เรียนรู้อะไรหลายอย่าง
다이리안루-아라이라-이야-ㅇ

แต่คงเหนื่อยมากมั้ง กลับกรุงเทพฯแล้วไม่สบาย
때-콩느아이마-ㄱ 망 끌랍끄룽테-ㅂ 래-우마이싸바-이

เป็นหวัดมา ๔-๕ วัน แล้ว
쁜왓마- 씨-하-완래-우

อิงอร ไปหาหมอหรือเปล่า
빠이하-머-르-쁠라오

คีโฮ ไปคลินิกข้างที่พัก ตอนนี้ค่อยยังชั่วแล้ว
빠이클리닉카-ㅇ 티-팍 떠-ㄴ 니-커-이양추-래-우

อิงอร ไปเที่ยวบางปะอินด้วยหรือเปล่า ที่นั่นสวยมาก
빠이티아우바-ㅇ빠인두어이르-쁠라오 티-난쑤어이마-ㄱ

คีโฮ ไปมาแล้ว แวะก่อนไปเชียงใหม่ ศาลาไทยกลางสระสวยจริงๆ
빠이마-래-우 왜꺼-ㄴ 빠이치앙마이 싸-알라-타이끄라-ㅇ싸쑤어이찡찡

 **คำศัพท์**

เรียนรู้	คง	คลินิก	ที่พัก	ตอนนี้	กลาง
리안루-	콩	클리닉	티-팍	떠-ㄴ 니-	투언
배워 알다	아마	클리닉(Clinic)	숙소	지금, 이 시간에	한 가운데, 중앙
หลาย	มั้ง, กระมัง	ข้าง	ชั่ว	ศาลา	สระ
까-훼-	망.	카-ㅇ	추어	싸-라-	티-
여러(명사앞에서)	가벼운 위심을 나타내는 접미사	… 옆에	나쁘다	정자	연못

잉어-ㄴ : 다시 만나서 기뻐. 어때?
기　　호 : 북부여행은 즐거웠어. 치앙마이와 아유타야에 갔어. 많이 배웠어. 그런데 좀 피곤했었나 봐. 방콕에 돌아와서 감기로 4~5일간 아팠어.
잉어-ㄴ : 의사에게는 갔었니?
기　　호 : 숙소 옆에 있는 클리닉에 갔었어. 지금은 많이 나았어.
잉어-ㄴ : 방빠인에도 다녀왔니? 아주 아름다운 곳인데.
기　　호 : 다녀 왔어. 치앙마이에 가기 전에 들렸어. 연못 한 가운데에 있는 정자가 아주 아름다웠어.

การใช้ภาษา

หลาย

의미는 '많다' 또는 '다수이다'인 수식사로, 보통 명사(수량사) 앞에서 명사를 수식합니다. 명사 뒤에서 수식하는 태국어의 다른 형용사와는 좀 다르지요.

예 : 여러 나라 사람들이 함께 춤을 춥니다. คนที่มาจากหลายประเทศเต้นรำด้วยกัน
많은 사람들이 모여들었습니다. หลายคนมารวมกัน
나는 여러 날 태국에 가 있었습니다. ฉันไปอยู่เมืองไทยหลายวัน
아버지는 어른을 만나면 먼저 인사를 하라고 여러 번 내게 말씀하셨습니다.
คุณพ่อสั่งสอนผมหลายครั้งว่า ต้องไหว้ก่อนเมื่อพบผู้ใหญ่

คง

우리 말로는 '아마' 또는 '대개'로 번역될 수 있는 조동사입니다. 그러나 그 가능성은 반이상으로 '아마 … 일 것이다' 또는 '어쩌면 … 인지도 모른다'라는 의미를 가진 조동사인 อาจจะ 보다 그 가능성이 높습니다.

예 ; 비가 이렇게 많이 오니까 그는 아마 안 올 지도 모른다. ฝนตกหนักอย่างนี้ เขาอาจจะไม่มาก็ได้
갑자기 높은 산을 올라갔다 와서 아마 매우 피곤할 것입니다.
ปีนภูเขาสูงชันอย่างกะทันหัน คงเหนื่อยมาก
내가 시험에 합격하면 부모님은 몹시 기뻐하실 거야. ถ้าผมสอบผ่านได้ พ่อแม่ผมคงจะดีใจมาก

ค่อยยังชั่ว

이 표현은 어느 정도 길게 또는 며칠간 병으로 누워 있거나 아플 경우 '좀 차도가 있다'라는 표현을 하고 싶을 때 사용합니다. 아직은 완전히 낫지 않은 상태입니다. 생략한 부분까지 함께 설명하면 'ค่อยดีขึ้น (조금은 나아졌다) แต่ (그러나) ยังชั่ว (아직 나쁘다)' – 이러한 표현입니다.

ไวยากรณ์

형용사 I

태국어에서 형용사는 수식사 또는 서술역할을 합니다. 수식사의 역할을 할 경우 명사 뒤에 둡니다. 특이한 점은 어느 위치에서 어느 역할을 하던 어형이 변하지 않는다는 점입니다.

예 : 착한 사람 (คนดี), 두꺼운 책 (หนังสือหนา) 에서 처럼 형용사 ดี와 หนา 는 각각 명사 คน(사람) 과 หนังสือ(책)를 수식합니다.

그러나 다음 문장에서는 형용사 โต, ถูก, ดี, หนา는 수식사가 아니라 서술작용을 합니다.

예 : 딸이 성장한다 **ลูกสาวโตขึ้น** (부동사와 사용)
　　쌀값이 내렸다. **ราคาข้าวถูกลง** (부동사와 사용)
　　이 사람은 착하다 **คนนี้ดี** (지시형용사 뒤)
　　이 책은 두껍다 **หนังสือนั้นหนา** (지시형용사 뒤)
　　저게 더 좋아요. **นั่นดีกว่า** (주어가 지시대명사)

의문사가 수식사 역할을 할 경우 수량사 뒤에 옵니다.

예 : 어느 것(모자)이 엄마 것이에요? **ใบไหนเป็นของแม่**
　　누가(사람) 나랑 가겠어요? **คนไหนจะไปกับผม**

그러나 의문사라고 해서 모두 의문문이 되는 것은 아닙니다.

예 : 어느 것(컵)을 사도 됩니다. **ซื้ออันไหนก็ได้**
　　어느 것(가방)이든지 좋습니다. **ใบไหนก็ดี**

약간의 예외가 있는데 명사 앞에 오는 형용사도 있다는 점입니다. 그러한 형용사로는 ต่าง (다르다), หลาย (많다), บาง (어떤) 등과 같은 형용사입니다.

예 : 외국, 다른 나라 **ต่างประเทศ**　　여러 나라 **หลายประเทศ**
　　타국, 다른 나라 **ต่างชาติ**　　이복의, 배다른 **ต่างท้อง**
　　지방 **ต่างจังหวัด**　　가끔, 때때로 **บางที**

전통무예

문화

동남아 공통의 전통무예도 있지만 태국의 전통무예인 무어이타이(킥복싱)은 세계적으로 유명하다. 이 외에 긴 장대를 가지고 겨루는 마이프렁이 있고, 칼이나 작은 팔목보호대를 하고 겨루는 무예도 있다. 맨손 겨루기 공연은 대표적인 것이 무어이타이가 있다. 이 경기는 주먹, 팔꿈치, 팔목, 발, 정강이, 무릎, 손바닥, 발바닥, 머리 그리고 몸통으로 상대방을 공격할 수 있는 호신예술이다.

특이한 점은 어떤 무예든 공연 전에 이들은 반드시 스승에 대한 감사의 기도와 승리를 비는 의식을 춤으로 표현한다는 점이다. 물론 음악반주가 반드시 따른다. 악기들은 공연 내내 또는 시합 내내 연주하며 공연의 기를 살려주고 흥을 돋운다.

입에서 톡(talk) 태국어

수상시장이 어디 있니? ตลาดน้ำอยู่ที่ไหน 딸라-ㅅ남유-티-나이

บทที่ 44

수상시장에 대해 들은 기호. 잉어-ㄴ 에게 수상시장에 대해 묻는다.

🎧 บทสนทนา

คีโฮ　　　ได้ยินว่า มีตลาดน้ำน่าไปชมหลายแห่ง มีที่ไหนบ้าง
　　　　　다이인와- 미-딸라-ㅅ 남나- 빠이촘라-이해-ㅇ 미-티-나이바-ㅇ

อิงอร　　มีหลายแห่ง ใกล้กรุงเทพฯ ก็มี ที่ราชบุรีและที่อัมพวาก็มี
　　　　　미-라-이해-ㅇ 끌라이끄룽테-ㅂ꺼미 티-라-ㅅ차부리래티-암파와꺼미-

　　　　　ฉันชอบอัมพวามากกว่า
　　　　　찬처-ㅂ암파와-마-ㄱ꽈-

คีโฮ　　　ไปที่นั่นอย่างไร ไกลไหม
　　　　　빠이티-난야-ㅇ라이 끌라이마이

อิงอร　　ไม่ไกล วันศุกร์นี้ว่างไหม
　　　　　마이끌라이 완쑥니-와-ㅇ 마이

คีโฮ　　　ผมว่างทั้งวัน ทำไม มีอะไรหรือเปล่า
　　　　　폼와-ㅇ탕완 탐마이 미-아라이르-쁠라오

อิงอร　　ครอบครัวจะไปค้างคืนหนึ่งที่อัมพวา ไปด้วยไหม
　　　　　크러-ㅂ크루어짜빠이카-ㅇ크-ㄴ능티-암파와- 빠이두어이마이

คีโฮ　　　ดีจัง ขอไปด้วยนะ แต่ผมต้องขออนุญาตคุณพ่ออิงอรก่อน
　　　　　디-짱 커-빠이두어이 나 때-폼떠-ㅇ커-아누야-ㅅ 쿤퍼-잉어-ㄴ 꺼-ㄴ

🔵 คำศัพท์

ตลาดน้ำ	ใกล้	ทั้งวัน	คืน	ได้ยิน
따라-ㅅ남	끌라이	탕완	크-ㄴ	다이인
수상시장	가깝다	온 종일, 하루 종일	밤	듣다

ชม	อัมพวา	ค้าง	อนุญาต	ขออนุญาต
촘	암파와-	카-ㅇ	아누야-ㅅ	커-아누야-ㅅ
구경하다	암파와(군의 이름)	남다, 숙박하다	허락하다	허락받다

기　　호 : 갈만한 수상시장이 여러 곳 있다고 들었는데, 어디 있어?
잉어-ㄴ : 여러 군데 있어. 방콕 근처에도 있고, 라차부리에도 있고, 암파와에도 있어.
　　　　　난 암파와를 더 좋아해.
기　　호 : 거긴 어떻게 가? 머니?
잉어-ㄴ : 멀지 않아. 이번 금요일에 시간 있니?
기　　호 : 난 하루 종일 시간이 있어. 왜? 무슨 일 있니?
잉어-ㄴ : 우리 식구들이 암파와에 가서 하루 밤 자고 와. 갈래?
기　　호 : 좋아. 나도 데리고 가 줘. 그런데 먼저 네 아버지에게 허락을 받아야 겠다.

การใช้ภาษา

ได้ยินว่า

ได้ยิน 은 '들리다'라는 뜻으로 화자가 의지를 가지고 듣는 ฟัง 과는 차별된다. 다시 말해 들으려고 의도 하지 않았는데도 들리는 것을 의미한다. ได้ยินว่า 는 'ว่า 뒤에 나오는 사실을 들었다'라는 의미가 된다.

　예 : 태국에는 수상시장이 많다고 들었다. ได้ยินว่าในเมืองไทยมีตลาดน้ำหลายแห่ง
　　　새소리가 창밖에서 들린다. ได้ยินเสียงนกน้อยร้องมาจากนอกหน้าต่าง
　　　오늘 나는 종일 집에서 노래를 들었다. วันนี้ผมฟังเพลงทั้งวันที่บ้าน
　　　먼데서 노래 소리가 들려온다. ได้ยินเสียงร้องเพลงมาแต่ไกล

그러나 '남들이 그러는데' 라는 의미를 가진 언사인 เขาว่า 또는 เขาว่ากันว่า 와는 좀 다르다.

　예 : 사람들이 그러는데 대통령이 내일 여기 온다고 한다.
　　　เขาว่ากันว่าประธานาธิบดีจะมาที่นี่พรุ่งนี้
　　　서울 사람들은 잘 생겼다고 한다. เขาว่าคนกรุงโซลหล่อทุกคน

ไปด้วยไหม

'같이 갈래?' 또는 '갈래/'라는 뜻으로 함께 갈 것을 권유하거나 상대방의 의사를 타지하는 문장입니다. 답은 '간다(ไปด้วย)' 또는 못 간다(ไปไม่ได้)'로 할 수 있습니다.

ขอไปด้วย

'함께 가자'는 뜻의 문장 ไปด้วย 의 앞에 권유(요구)를 표하는 조동사 ขอ를 앞에 넣으면 뒤 따라오는 문장에 대한 요구를 하는 것입니다. 그러므로 '함께 가게 해 줘' 또는 '나도 데리고 가줘'라는 뜻입니다. ขอไปด้วยคน 이라고도 합니다.

◉ ไวยากรณ์

형용사 II

형용사도 동사와 같이 단순형용사와 복합형용사, 그리고 전성형용사가 있습니다. 복합형용사는 대부분이 유사한 의미의 형용사를 사용하여 만듭니다.

1. 단순형용사
날씨가 춥다 또는 덥다와 같이 하나의 형용사로 되어 있습니다. 일상생활에서 많이 사용되는 형용사를 살피면 다음과 같습니다.

짧다 **สั้น**	무디다 **ทื่อ**	틀리다 **ผิด**	맞다 **ถูก**	깊다 **ลึก**	깨끗하다 **สะอาด**	얕다 **ตื้น**
더럽다 **สกปรก**	달다 **หวาน**	짜다 **เค็ม**	맵다 **เผ็ด**	싱겁다 **จืด**	쓰다 **ขม**	시다 **เปรี้ยว**
싱싱하다 **สด**	따뜻하다 **อุ่น**	높다 **สูง**	헐렁하다 **หลวม**	넓다 **กว้าง**	재미있다 **สนุก**

아름다운 산 **ภูเขาสวย**   기다란 치마 **กระโปรงยาว**   추운 날씨 **อากาศหนาว**   옛친구 **เพื่อนเก่า**

2. 복합형용사

아름답다 **สวยงาม**   정직하다 **ซื่อตรง**   확실하다 **แน่นอน**   게으르다 **เกียจคร้าน**   튼튼하다 **แข็งแรง**
어리석다 **โง่เง่า**   예의바르다 **เรียบร้อย**   용감하다 **กล้าหาญ**   작다 **เล็กน้อย**   오래되다 **เก่าแก่**
크다 **ใหญ่โต**   민첩하다 **ไวพริบ**

3. 전성형용사

1) 동사 앞에 น่า를 붙인다. 의미는 '..할 가치가 있다' 또는 '… 할 만하다'입니다.

귀엽다 **น่ารัก**   있을 만하다 **น่าอยู่**   애석하다 **น่าเสียดาย**   읽을만하다 **น่าอ่าน**   볼 만하다 **น่าดู**
수치스럽다 **น่าอาย**   애처롭다 **น่าสงสาร**   먹음직스럽다 **น่ากิน**   의심스럽다 **น่าสงสัย**

2) เป็น이나 มี를 명사나 다른 품사 앞에 붙인다.

유익하다 **มี(เป็น)ประโยชน์**   능력있다 **มีความสามารถ**   아프다 **มี(เป็น)ไข้**
미혼(독신)이다 **เป็นโสด**   생명력있다 **มีชีวิตชีวา**   가치있다 **มีค่า**

3) 형용사 앞에 ใจ(마음)을 붙여 심적 상태를 표현한다.

친절하다 **ใจดี**   냉담하다, 침착하다 **ใจเย็น**   성급하다 **ใจร้อน**   일편단심이다 **ใจเดียว**
대범하다 **ใจกว้าง**   졸렬하다 **ใจแคบ**   이기적이다 **ใจดำ**   귀가 얇다 **หูเบา**   도량이 넓다 **ใจกว้าง**

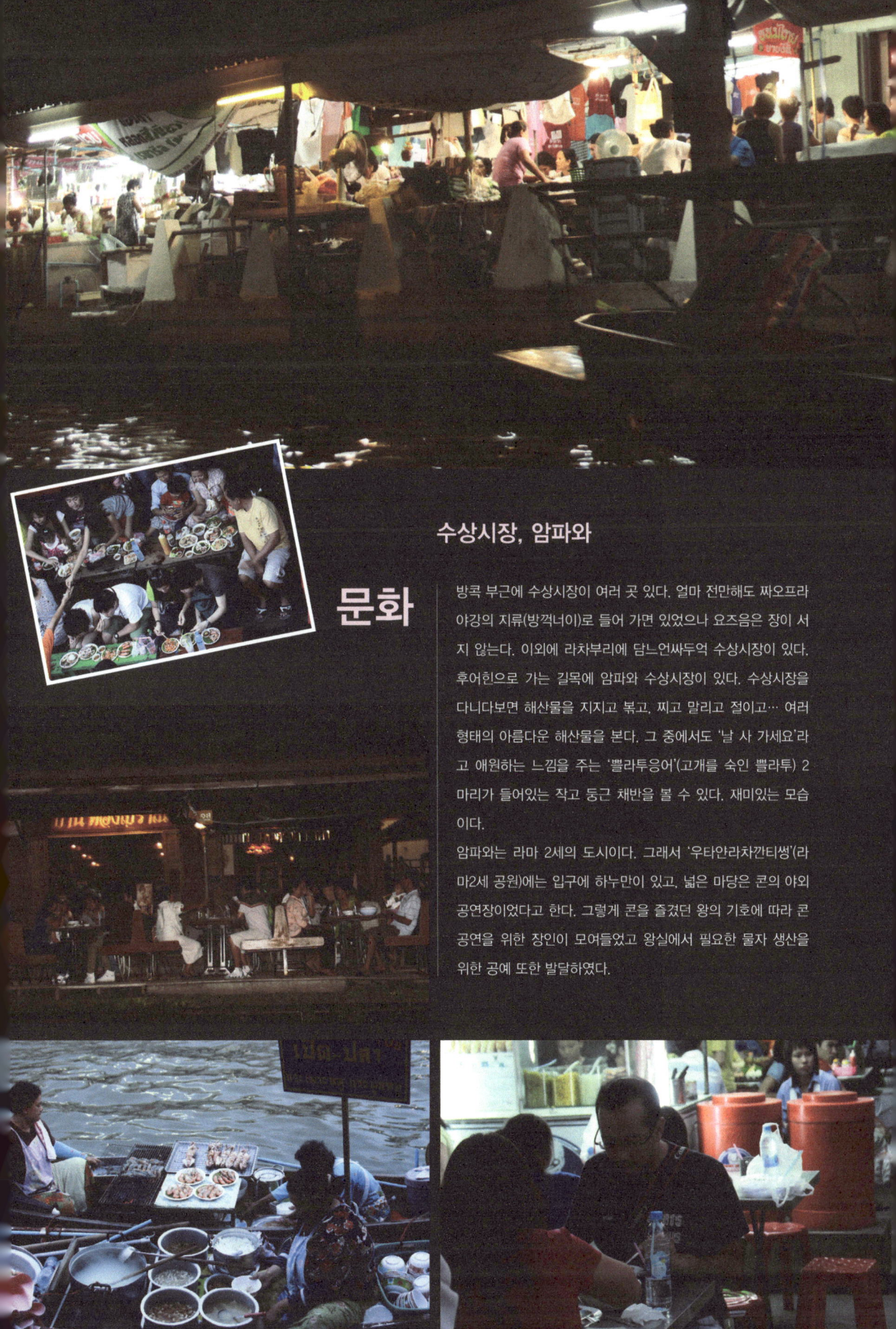

수상시장, 암파와

문화

방콕 부근에 수상시장이 여러 곳 있다. 얼마 전만해도 짜오프라야강의 지류(방껵너이)로 들어 가면 있었으나 요즈음은 장이 서지 않는다. 이외에 라차부리에 담느언싸두억 수상시장이 있다. 후어힌으로 가는 길목에 암파와 수상시장이 있다. 수상시장을 다니다보면 해산물을 지지고 볶고, 찌고 말리고 절이고… 여러 형태의 아름다운 해산물을 본다. 그 중에서도 '날 사 가세요'라고 애원하는 느낌을 주는 '쁠라투응어'(고개를 숙인 쁠라투) 2마리가 들어있는 작고 둥근 채반을 볼 수 있다. 재미있는 모습이다.

암파와는 라마 2세의 도시이다. 그래서 '우타얀라차깐티썽'(라마2세 공원)에는 입구에 하누만이 있고, 넓은 마당은 콘의 야외공연장이었다고 한다. 그렇게 콘을 즐겼던 왕의 기호에 따라 콘 공연을 위한 장인이 모여들었고 왕실에서 필요한 물자 생산을 위한 공예 또한 발달하였다.

입 에 서 톡(talk) 태 국 어

암파와-에서는 어디서 묵니? เราจะพักที่ไหนในอัมพวา
라오짜팍티-나이나이암파와-

บทที่ 45

암파와에 가기로 한 기호. 잉어-ㄴ에게 그날 밤 잘 곳에 대해 묻는다.

บทสนทนา

คีโฮ	อิงอร เราไปอัมพวาแล้วจะพักที่ไหน รู้ไหม 잉어-ㄴ 라오빠이암파와 래-우팍티나이 루-마이
อิงอร	พักที่บ้านเพื่อนพ่อ เป็น Home Stay 팍티-바-ㄴ프언퍼- 뻰 Home Stay
คีโฮ	เธอเคยพักที่นั่นไหม 트ㅓㅋㅓ이팍티-난마이
อิงอร	ไม่เคย แต่พ่อบอกว่าน่าอยู่ อยู่ริมคลอง เงียบสงบ มีสวนผลไม้ด้วย 마이크ㅓ이 때-퍼-버-ㄱ 와- 나-유 유-림크러-ㅇ 응이압쏩 미-쑤언폰라마이두어이
	มีมะพร้าว มีส้มโอ มีมะม่วงเยอะแยะ 미마프라-우 미-쏨오- 미-마무엉 yoe 얘
คีโฮ	เคยอ่านเจอว่า มีไปดูหิ่งห้อยด้วยนะ... จริงเหรอ 크ㅓ이아-ㄴ쯔ㅓ 미-빠이두-힝허-이두어이나 찡러-
อิงอร	มีสิ หิ่งห้อยจะอยู่บนต้นลำพู 미 힝허-이짜유-본똔람푸-
	ตอนกลางคืน เรานั่งเรือหางยาวไปดูกันนะ 떠-ㄴ 끌라-ㅇ크ㅓ-ㄴ 라오낭르아하-ㅇ야-우빠이두-깐나

คำศัพท์

ริมคลอง	สวนผลไม้	เจอ	ต้นลำพู	เรือหางยาว	ส้มโอ
림크러-ㅇ	쑤언폰라마이	쯔ㅓ-	똔람푸-	르어하-ㅇ야-우	쏨오-
운하 연안, 물가	과수원	만나다, 보다	람푸 나무	모터가 달린 긴 배	쏨오(과일 이름)

เงียบสงบ	เยอะแยะ	หิ่งห้อย	กลางคืน	มะพร้าว	มะม่วง
응이압쏩	여애	힝허-이	끌라-ㅇ크ㅓ-ㄴ	마프라-우	마무앙
조용하다	많다	반딧불	한밤, 한밤중, 밤중	야자	망고

기　　　호 : 잉언, 우리가 암파와에 가서 어디서 묵는지 아니?
잉어-ㄴ : 아버지 친구 댁에 묵어. 홈스테이해
기　　　호 : 거기서 자 봤니?
잉어-ㄴ : 아니. 하지만 아버지가 괜찮은 곳이라고 하셨어. 운하에 붙어 있어서 조용하고 과수원도 있대.
　　　　　야자, 쏨오, 망고가 많대.
기　　　호 : 책에서 일은 적이 있는데 반딧불도 보러 가는 곳이 있다던데…
잉어-ㄴ : 있어. 반딧불은 람푸나무에 살아. 밤중에 긴배를 타고 구경가지.

การใช้ภาษา

น่าอยู่

'있을 만하다', 또는 '아늑하다' 라는 뜻입니다. 동사 앞에 '… 할 만하다' 또는 '…할 가치가 있다'라는 뜻의 น่า를 붙여 형용사를 만든 경우입니다. 이러한 형용사로는 다음과 같습니다.

　　예 : 들을 만하다 น่าฟัง　귀엽다 น่ารัก　볼 만하다 น่าดู　먹음직스럽다. น่ากิน
　　　　혐오스럽다 น่าเกลียด　생각해 볼 만하다 น่าคิด　…함 직하다 น่าจะ…　믿을만 하다 น่าเชื่อ
　　　　구경거리가 된다 น่าชม　마실 만하다. น่าดื่ม　성가시다 น่ารำคาญ　읽을거리이다 น่าอ่าน

มีเยอะแยะ

'많다', '충분하다' 라는 뜻을 가진 형용사 เยอะ 와 แยะ 는 따로 사용하기도 하고 복합해서 เยอะแยะ 처럼 같이 사용하기도 합니다. 보통 구어체 문장에서 사용합니다. 문어체로는 มาก 또는 มากมาย 입니다.

　　예 : 과일이 충분히 있으니 많이 드세요.　มีผลไม้เยอะแยะ เชิญทานเยอะ ๆ นะคะ
　　　　그런 사람은 한국에도 많아요.　　　คนแบบนั้นมีในประเทศเกาหลีก็มีเยอะ

เคยอ่านเจอ

เจอ는 '만나다'라는 단어 พบ의 구어체입니다. '읽은 적이 있다'라는 의미의 เคยอ่าน과 '만나다' 라는 뜻의 เจอ를 합하여 새로운 의미를 구성했습니다. 그 의미는 '읽은 적이 있는데, 그 결과…를 찾아냈다(만났다)' 입니다. 목적어(찾아낸 사실)는 อ่าน과 เจอ사이에 넣습니다. 일반적으로 대화를 나누는 사람들 사이에 알고 있을 경우가 많습니다.

　　예 : 책을 찾아냈다.　　　　　　หาหนังสือเจอ
　　　　그 책을 난 찾지 못했어.　　หนังสือเล่มนั้น ผมหาไม่เจอ
　　　　(음식이) 넘어가지 않는다.　กินข้าวไม่ลง

이런 류의 표현에 대한 결과의 실패는 결과를 말하는 동사 앞에 부정사를 넣으면 됩니다.

　　예 : 찾았다 หาเจอ(พบ)　못 찾았다 หาไม่เจอ
　　　　잠을 잤다 นอนหลับ　잠을 못 잤다 นอนไม่หลับ

ไวยากรณ์

부사 I

부사의 위치는 동사 뒤나 목적어 뒤에 둡니다.
보통 장소, 방향 및 거리, 시간, 정도, 상태를 나타내는 부사가 있습니다.

1. 장소를 나타내는 부사

　　여기 ที่นี่　　거기 ที่นั่น　　저기 ที่โน่น　　다른 곳 ที่อื่น
　　도처(사방) ทุกแห่ง　　어느 한 곳에 แห่งหนึ่ง　　근처 แถว

　그 가방은 여기에 놓으세요.　วางกระเป๋านั้นที่นี่
　다른 곳에 가서 사겠어요.　จะไปซื้อที่อื่น
　이 근처에는 셋집이 많아요.　มีห้องให้เช่ามากแถวนี้

2. 방향 및 거리를 나타내는 부사

　　위(에) ข้าง(ด้าน, ตอน)บน　　밑(에) ข้างล่าง　　뒤(에) ข้างหลัง　　밖(에) ข้างนอก
　　앞(에) ข้างหน้า　　오른쪽(에) ข้างขวามือ　　동쪽(에) ทิศตะวันออก
　　서쪽(에) ทิศตะวันตก　　남쪽(에) ทิศใต้　　북쪽(에) ทิศเหนือ
　　동남부 ภาคตะวันออกเฉียงใต้, ภาคอาคเนย์　　동북부 ภาคตะวันออกเฉียงเหนือ, ภาคอีสาน
　　서남부 ภาคตะวันตกเฉียงใต้, ภาคหรดี　　서북부 ภาคตะวันตกเฉียงเหนือ, ภาคพายัพ
　　중부 ภาคกลาง　　동부 ภาคตะวันออก　　서부 ภาคตะวันตก
　　남부 ภาคใต้　　북부 ภาคเหนือ

　나는 태국 동북부 음식을 좋아합니다.　　ฉันชอบกินอาหารภาคอีสาน
　태양은 동쪽에서 떠서 서쪽으로 집니다.　พระอาทิตย์ขึ้นทิศตะวันออกและตกทิศตะวันตก
　오른편 옆집이 바로 우리 집입니다.　　บ้านถัดไปทางขวาเป็นบ้านผม

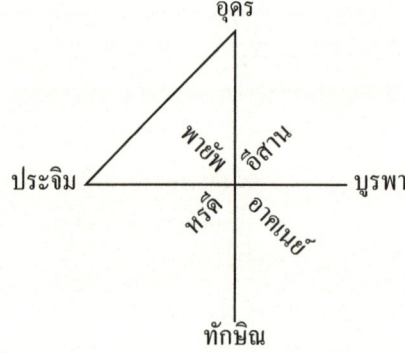

HOME STAY

문화

방콕은 물론 지방에도 민박집이 많이 발달해 있다. 암파와의 강을 따라 자연의 정취를 만끽할 수 있는 민박집이 많다. 거의 모두 태국식 방이나 방갈로를 야자 농원이나 과수원 가운데 만들어 놓고 에어컨을 갖춘 신식설비로 손님을 기다린다. 태국인도 가고 외국인도 간다.

여기선 르어항야우를 내어 오후에는 수상시장을 돌게 하고, 어두워지면 반딧불을 구경시켜준다. 태국어로 '힝허이'라고 하는 빈딧불은 암파와의 명물이다. 강사에 늘어서 있는 람푸나무에서만 산다. 그리고 아침에는 탁발 나온 승려에게 공양을 직접 바치게 한다. 우리에게는 신선한 경험이다. 밤에 힝허이를 보고 온 날 나는 밤새 '형설지공(螢雪之功)에 대해 생각했다.

이번 토요일에 시간 있니? วันเสาร์นี้ว่างไหม 완싸오니-와-ㅇ 마이

암파와에서 돌아온 기호. 잉어-ㄴ이 토요일에 집으로 초대한다.

อิงอร	ตอนเย็นวันเสาร์นี้ว่างไหม
	떠-ㄴ 옌완싸오니-와-ㅇ마이
คีโฮ	กลับจากอัมพวาแล้วว่าง ทำไมเหรอ
	끌랍짜-ㄱ암파와-래-우와-ㅇ 탐마이러-
อิงอร	ก็อยากชวนทานข้าวเย็นที่บ้านฉัน
	꺼야-ㄱ추언타-ㄴ카-우옌티-바-ㄴ 찬
คีโฮ	เกรงใจน่ะ คุณพ่อคุณแม่จะเหนื่อยมาก
	끄레-ㅇ짜이나 쿤퍼-쿤매-짜느아이마-ㄱ
อิงอร	ไม่หรอก ก็พ่อให้ฉันชวนเธอ
	마이러-ㄱ 꺼퍼-하이찬추언트ㅓ
คีโฮ	ขอบพระคุณคุณพ่อ ผมไปแน่ ๆ
	커-ㅂ 프라쿤쿤퍼- 폼빠이내내-
	ผมจะเอาผลไม้ไปฝากคุณแม่และเอาเหล้าองุ่นไปฝากคุณพ่อ
	폼짜아오폰라마이빠이화-ㄱ쿤매- 래아오라오앙운빠이화-ㄱ쿤퍼-
	แต่ผลไม้อะไรดี เมืองไทยมีผลไม้มากจริงๆอร่อยด้วย
	때-폰라마이아라이디- 므앙타이미-폰라마이마-ㄱ찡찡 아러-이두어이
อิงอร	ซื้อมะม่วง มังคุดและมะละกอไปฝากก็พอแล้วนะ
	쓰-마무엉 망쿳래마라꺼-빠이화-ㄱ꺼퍼-래-우나

วันเสาร์	เกรงใจ	แน่	เหล้า	เหล้าองุ่น	มะละกอ
완싸오	끄레-ㅇ짜이	내-	라오	라오앙운	말라꺼-
토요일	꺼리끼다, 염려하다	분명히	술	포도주	파파야, 말라꺼
ชวน	เหนื่อย	ฝาก	องุ่น	มังคุด	
추언	느어이	화-ㄱ	앙운	망쿳	
권유하다	피곤하다	(선물로) 주다, 맡기다	포도	망고스틴, 망쿳	

224 | EBS

잉어-ㄴ : 토요일 저녁에 시간 있니?
기   호 : 암파와에서 돌아와서 시간 있어. 왜 그러는데?
잉어-ㄴ : 우리 집에서 저녁 먹자고.
기   호 : 글쎄… 미안해서… 부모님이 피곤하신데.
잉어-ㄴ : 아냐. 아버지가 널 부르라고 하셨어.
기   호 : 정말 고맙다. 그럼 가야지. 어머니에겐 과일을 사다드려야지.
         그리고 아버지에겐 포도주를 드려야지. 근데 과일은 뭐가 좋지?
         태국에는 과일이 정말 많아. 맛도 좋고.
잉어-ㄴ : 망고, 망고스틴, 그리고 파파야면 돼.

การใช้ภาษา

ว่างไหม
'텅 비다'라는 뜻의 ว่าง은 공간에도 사용되고 시간에도 사용됩니다. 시간이면 '시간 있니?', '시간이 비니?' 등의 의미이고, 공간인 경우는 '빈(방)' ห้องว่าง같이 사용됩니다.
여기서는 '시간 있니?'라고 해석됩니다.

... ก็พอแล้ว
'…면 돼(충분해)'라고 표현할 때 사용합니다. พอ는 여기서는 '충분하다', '족하다', '부족함이 없다'라는 뜻입니다. 뒤에 แล้ว는 관용적인 표현입니다. 뜻은 '됐어', '충분해' 입니다.
물이나 음식을 떠 담을 때 만족한 상태에 도달하면 พอแล้ว라면 됩니다.

เกรงใจ
태국인들이 자주 사용하는 언사입니다. 예를 들어 친구집에 갔는데, 친구 할머니께서 반기시며 음식을 내놓으시고 자꾸 먹으라고 권하실 때, 어떻게 하겠어요. 할머니 마음 생각해서 주시는대로 먹어야지요. 이때 사용될 수 있는 표현이 바로 เกรงใจ 입니다. 우리 한국어로는 표현이 쉽지 않지요. 경우에 따라 여러 가지로 번역됩니다. 배려하다? 남(상대방)의 마음을 배려하는 따뜻한 마음입니다.
　　　예 : 내 친구는 할머니께서 섭섭해 하실까봐 밥을 두 그릇이나 먹었다.
　　　　　เพื่อนผมกินข้าวถึง๒ถ้วยเกรงใจว่าคุณยายจะเสียใจ

เอา...ไปฝาก
'… 을 선물로 가져다 드리다', 또는 '… 을 선물하다' 라는 뜻입니다. 태국인들은 남에게서 그냥 물건을 받는 것을 그리 좋아하지 않습니다. 반드시 갚아야 한다는 생각 때문이지요. 그래서 '무엇인가를 맡긴다'라는 표현을 즐겨 사용합니다. 그럼 언젠가는 찾아갈 테니까요.

ไวยากรณ์ไทย

부사 II

1. 시간을 나타내는 부사

날	วัน
오늘	วันนี้
내일	พรุ่งนี้
모레	มะรืนนี้
어제	เมื่อวานนี้
그제	วานซืนนี้
새벽	รุ่งเช้า, เช้าตรู่
아침, 오전	ตอนเช้า
오후	ตอนบ่าย
늦은 아침	ตอนสาย
점심	ตอนกลางวัน
정오	เที่ยงวัน
저녁	ตอนเย็น
초저녁	ตอนค่ำ, หัวค่ำ
밤	คืน
오늘 아침	เช้านี้
어제 오후	บ่ายเมื่อวานนี้
내일 저녁	เย็นพรุ่งนี้
하루 종일	ทั้งวัน, วันยังค่ำ, ตลอดวัน
하루 걸러서	วันเว้นวัน
반나절	ครึ่งวัน
매일	ทุกวัน
매일밤	ทุกคืน
5일 이내	ภายในห้าวัน
주일	สัปดาห์
달(개월)	เดือน
다음 날	วันต่อไป
10년 후	อีก 10ปี
낮	กลางวัน
밤중	กลางคืน
밤새	ทั้งคืน, ตลอดคืน
주초	ต้นสัปดาห์
주말	สุดสัปดาห์
월말	สิ้นเดือน
초순	ต้นเดือน
중순	กลางเดือน
하순	ปลายเดือน
금년	ปีนี้
작년	ปีที่แล้ว
내년	ปีหน้า
년말	สิ้นปี
년초	ต้นปี

그는 삼일에 한 번 여기에 옵니다.	เขามาที่นี่ทุกสามวัน
동생은 밤새 소설책을 읽었습니다.	น้องอ่านนวนิยายทั้งคืน
아버지는 자정에 귀가하셨습니다.	คุณพ่อกลับบ้านเที่ยงคืน
오빠는 다섯 달 동안 미국에 있었습니다.	พี่ชายอยู่อเมริกาห้าเดือน
10일 이내에 책을 돌려줘야 합니다.	ต้องคืนหนังสือภายในสิบวัน
친구가 아침 일찍 우리 집에 왔어요.	เพื่อนมาบ้านฉันแต่เช้า

차암 해변

문화

후어힌에 이르기 전에 20여년 전에 개발된 차암이라는 작은 동네가 타이만에 연해 있다. 여기는 바닷생선이 많다. 후어힌 전에 있고 후어힌보다는 물가가 싸고 싱싱해서 태국인들이 많이 찾는다. 가다가 돼지고기 숯불구이를 사 가지고 가서 육해공군을 모두 맛본다. 차암 해산물 식당에서 우리는 조개, 게, 새우, 생선을 즐길 수 있다. 손만 대면 툭툭 나오는 게살을 먹으며 차암에 살고 싶다는 생각을 해 본다. 차암에도 비교적 큰 콘도가 많은데, 모두 방콕 사는 사람들의 주말별장으로 사용된다고 한다.

관광객을 위해 차암에서는 볼거리 만들어 전시하기도 하는데, 이 해변에는 태국의 가장 유명한 작가 쑨턴푸 (1786-1855)의 대표작인 '프라아파이마니'의 주인공—미남 예술가 프라아파이마니와 그를 짝사랑하는 못생기고 거대한 해신(海神) 피쓰어의 상을 만들어 보는 이를 감상에 젖게 하고 있다.

입에서, 톡(talk) 태국어

내가 집구경 시켜줄 게. ฉันจะพาคุณชมบ้านฉัน 찬짜파-쿤촘바-ㄴ 찬

잉어-ㄴ의 집에 온 기호. 잉어-ㄴ의 안내로 집을 둘러 본다.

🎧 บทสนทนา

อิงอร   คีโฮ เราจะไปเดินเล่นรอบๆ บ้านฉัน
             기호 라오짜드ㅓ ㄴ레-ㄴ 럽러-ㅂ바-ㄴ 찬

คีโฮ   บ้านนี้กว้างและสว่างดี
          바-ㄴ 니-꽈-ㅇ 래 싸와-ㅇ 디

อิงอร   คุณอยู่ที่แฟลตใช่ไหม แต่คนไทยชอบบ้านที่มีบริเวณกว้าง ๆ
             쿤유-티-홀랫차이마이 때-콘타이처-ㅂ 바-ㄴ 티-미버리웨-ㄴ 꽈-ㅇ

            ชั้นล่างมีห้องครัวและห้องรับแขก ชั้นบนมีห้องนอน
            찬라-ㅇ 미-허-ㅇ 크루어래허-ㅇ 랍캐-ㄱ 찬본미-허-ㅇ 너-ㄴ

คีโฮ   สวนดอกไม้กว้างมาก ต้นไม้ก็เยอะ ต้นนี้ต้นมะม่วงใช่ไหม
          쑤언다-ㄱ 마이 꽈-ㅇ 마-ㄱ 똔마이꺼 yeo   똔니-똔마무엉차이마이

อิงอร   ใช่แล้ว ปีนี้มีลูกเต็มต้นเลย
             차이래-우 삐-니-미-루-ㄱ 뗌똔ㄹㅓ이

คีโฮ   ลูกเยอะจัง ลูกโต๊โต ดูเหมือนกิ่งจะหัก
          루-ㄱ yeo 짱 루-ㄱ 또또- 두-ㅁ안낑짜학

🔵 คำศัพท์

พา	สว่าง	ห้องครัว	สวนดอกไม้	โต
파-	싸와-ㅇ	허-ㅇ크루어	쑤언더-ㄱ마이	또-
동반하다, 이끌다	밝다	부엌	정원	크다, 성장하다

เดินเล่น	แฟลต	ห้องรับแขก	ต้นไม้	กิ่ง
드ㅓㄴ렌	홀랫	허-ㅇ랍캐-ㄱ	똔마이	낑
산보하다	공동주택	응접실	나무	(나무) 가지

รอบ	บริเวณ	ห้องนอน	เต็มต้น	หัก
러-ㅂ	버리웨-ㄴ	허-ㅇ너-ㄴ	뗌똔	학
주변	주변, 경내, 일대	침실	많이 열리다	부러지다

잉어-ㄴ : 기호, 우린 우리 집을 둘러보자.
기　　호 : 집이 매우 넓고 밝구나.
잉어-ㄴ : 넌 아파트에 살지? 태국사람들은 넓은 집에 사는 걸 좋아해.
　　　　　아래층에는 부엌과 응접실, 위층에는 침실이 있어.
기　　호 : 정원이 아주 넓구나. 나무도 많고. 이 나무가 망고나무 맞지?
잉어-ㄴ : 그래. 금년에 망고가 많이 열렸어.
기　　호 : 정말 많이 열렸다. 크기도 하고. 가지가 부러질 것 같아..

การใช้ภาษา

สว่างดี

2개의 형용사로 이루어진 복합형용사로 보이나 실은 '밝다'라는 형용사 สว่าง 을 ดี 가 수식한 경우입니다. '매우 밝다'라는 뜻입니다. 이처럼 ดี 는 문장 내의 위치에 따라서 형용사 또는 부사의 역할을 합니다. 문장 내의 위치가 태국어에서 매우 중요함을 나타내는 부분입니다.

　　예 : 이 방이(은) 좋아요.　　　ห้องนี้ดี (형용사, 술어)
　　　　 이 방이 아주 밝아요.　　 ห้องนี้สว่างดี (부사)
　　　　 이 방이 밝고 좋아요.　　 ห้องนี้สว่างและดี (형용사, 술어)

ไปเดินเล่น

태국인은 유사한 기능의 동사를 이어 복합동사를 만들어 동사의 수도 늘리고 그 의미도 풍요롭게 합니다. เดินเล่น 처럼 '걷는다'의 เดิน 과 '놀다' 또는 '장난치며 즐기다'라는 뜻의 เล่น 을 연결하여 '산보하다'라는 새로운 동사를 창출해내는 것입니다.
이외에도 태국인은 동사를 순서적으로 나열하여 문장을 간결하고 짜임새있게 만듭니다.
ไปเดินเล่น 도 같은 경우입니다. 우선 '가고' ไป, 그리고나서 '산보하다' เดินเล่น 인 것이지요. 뜻은 산보하러 가다입니다.

ดูเหมือน(ว่า)

뜻이 '마치 …인 것 같다' 또는 '…인 것처럼 보이다'라는 뜻입니다. 가능성이 있는 짐작이나 추측을 할 때 사용합니다.

　　예 : 비가 올 것 같다.　　　　　　　　　　　ดูเหมือนว่าฝนจะตก
　　　　 입은 옷은 허술해도 박식한 사람인 것 같다.　ถึงจะแต่งตัวรุ่มร่ามแต่ดูเหมือนว่าเป็นคนมีความรู้สูง
　　　　 그 사람이 제일 돈이 많을 거야.　　　　　ดูเหมือนว่าเขามีเงินมากที่สุด

ไวยากรณ์

부사 III

1. 정도를 나타내는 부사

많다 มาก, เป็นอันมาก	적다 น้อย	매우 ทีเดียว, จัด	그 보다도 ยิ่งกว่านั้น
약간 นิดหน่อย	적어도 อย่างน้อย	기껏해야 อย่างมาก	…이상 …ขึ้นไป
…이하 …ลงมา	대부분 เป็นส่วนมาก, เป็นส่วนใหญ่, โดยมาก		비교적 ค่อนข้าง
사실은 ความจริง, จริง ๆ แล้ว, ที่จริง	모두, 완전히 ครบ		대략 ประมาณ, ราว ๆ
거의 เกือบ, แทบ, จวน	반드시, 꼭 ให้ได้	그다지, 별로 ไม่ค่อย…เท่าไร	
특히, 절대로 เป็นอันขาด, อย่างเด็ดขาด, โดยเด็ดขาด			

예 : 적어도 4 세 이상의 남자아이만 들어갈 수 있어요.
  มีเพียงแต่เด็กชายอายุ ๔ขวบขึ้นไปเท่านั้นจะสามารถเข้าไปได้
  태국사람 대부분은 불교를 믿는다.
  คนไทยส่วนใหญ่นับถือศาสนาพุทธ
  비교적 선선한 날이면 거의 모든 사람이 놀러나간다.
  เมื่ออากาศค่อนข้างเย็น เกือบทุกคนออกไปเที่ยวกัน

2. 상태를 나타내는 부사

이렇게. 이처럼, 이와 같이 เช่นนี้	…처럼, …같은 อย่าง(เช่น, ดัง)
그렇게, 그와 같이 อย่างนั้น	똑같이(방법, 종류) อย่างเดียว
똑같다, 닮았다 เหมือนกัน	똑같다(나이, 키의 수치) เท่ากัน
같다, 동일하다 เดียวกัน	비슷하다, 유사하다 คล้ายกัน
동등하다, 평등하다 เสมอกัน	일제히, 한꺼번에 พร้อมกัน
함께, 같이 ด้วยกัน	별도로, 따로 ต่างหาก	대신에 แทน

예 : 그 사람이 그렇게 말하는 데는 이유가 있다. **เขาพูดอย่างนั้นมีเหตุผล**
  새들이 일제히 동쪽으로 날아갔다. **นกบินไปยังทางตะวันออกพร้อมกัน**
  얼굴이 닮은 두 사람은 같은 날에 태어났다. **สองคนที่มีหน้าตาเหมือนกันเกิดในวันเดียวกัน**
  형과 아우은 키가 크지만 형이 약간 더 크다. **พี่กับน้องสูงเหมือนกันแต่พี่สูงกว่าน้องนิดหน่อย**
  그 부부는 동갑내기이다. **สามีภรรยาคู่นั้นอายุเท่ากัน**

3. 의문부사

언제부터(시간) แต่ไหน, ตั้งแต่เมื่อไร	어디서부터(장소) จากไหน	어떤 อย่างไหน
무슨 이유로 เพราะอะไร, เหตุอะไร(ใด)		

서민의 집과 그 내부

문화

도시에서는 아파트가 즐비하고, 가스, 온수기, 에어컨을 고루 갖추고 현대식으로 살고 있지만 조금만 방콕이나 대도시를 벗어나면 소박한 농가가 금방 눈에 들어 온다. 이들의 삶은 소박하다. 대체로 지면에서 낮게는 4-50cm, 높게는 1-1.5m 정도 떨어져서 마루를 깔고 지은 집은 나무 집이다. 부자는 티크로, 가난한 사람은 보통 목재나 대나무로 짓는다. 층계를 올라가 집안으로 들어가면 마루와 간소한 옷장, 책장 등이 있고 가장자리에 방과 부엌이 있다. 방에는 침상이 있기도 하고 돗자리가 있기도 하다. 방과 부엌은 벽일 수도 있지만 보통은 휘장으로 구분한다. 그 마루 한 켠에는 불단이 있다. 식구들은 아침저녁으로 꽃과 향초를 바치고 기도를 한다. 식사는 돗자리를 깔고 둘러 앉아 먹는다. 물론 밥상은 없어도 좋다.

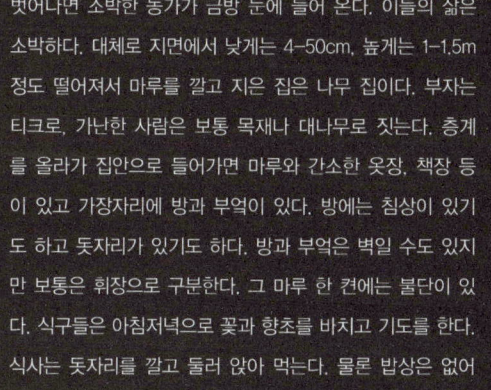

저녁 준비 다 되었어요. เชิญทานอาหารเย็นได้แล้ว
ㅊㅓㄴ타ㄴ 아-하-ㄴ옌다이래-우

48 บทที่

집구경을 하는 기호. 잉어-ㄴ의 어머니가 저녁 먹으라고 부른다.

 บทสนทนา

แม่อิงอร	เชิญทานข้าวค่ะ กับข้าวเสร็จแล้ว	
	ㅊㅓㄴ타-ㄴ카-우카 깝카-우쎘래-우	
อิงอร	ค่ะ กำลังไปค่ะ	
	카 깜랑빠이카	
พ่ออิงอร	จะดื่มเหล้าองุ่นไหม	
	짜드-ㅁ 라오앙운마이	
คีโฮ	ขอบคุณครับ ขอนิดนึงครับ ผมคออ่อน	
	커-ㅂ쿤크랍 커-닛능크랍 폼커-어-ㄴ	
พ่ออิงอร	หลังเรียนจบแล้ว คุณจะทำอะไร	
	랑리안쫍래-우 쿤짜탐아라이	
คีโฮ	อยากทำงานที่บริษัทเกาหลีที่มีสาขาอยู่เมืองไทยครับ	
	야-ㄱ탐응아-ㄴ 티-버리쌋까올리-티-미-싸-카-유-므엉타이크랍	
	ผมชอบเมืองไทยมาก อยากอยู่ที่เมืองไทยครับ	
	폼처-ㅂ 므엉타이마-ㄱ 야-ㄱ유-티-므엉타이크랍	
อิงอร	ความคิดดีมาก บริษัทเกาหลีเปิดสาขาในเมืองไทยหลายแห่ง	
	콰-ㅁ 킷디-마-ㄱ 버리쌋까올리쁘ㅓㅅ싸-카-나이므엉타이라-이해-ㅇ	

● คำศัพท์

กับข้าว	**นิดนึง**	**อ่อน**	**บริษัท**	**ความคิด**
깝카우	닛능	어-ㄴ	버리쌋	콰-ㅁ킷
반찬	약간, 조금	연하다,	회사	생각, 사상, 사고
	(นิดหน่อย)	약하다술에 약하다		
เสร็จ			**สาขา**	
쎗			싸-카-	
끝내다, 완료하다	**ดื่ม**	**เรียนจบ**	지점	
	드-ㅁ	리안쫍		
	마시다	졸업하다,		
		학업을 마치다		

232 | EBS

잉어-ㄴ엄 마 : 식사하세요. 반찬 다 만들었어요.
잉　어 - ㄴ : 네, 가요.
잉어-ㄴ아버지 : 포도주 마시겠나?
기　　호 : 고맙습니다. 조금만 주세요. 저 술이 약해요.
잉어-ㄴ아버지 : 졸업한 후에 뭘 하겠나?
기　　호 : 한국회사 방콕 지사에서 일하고 싶어요.
　　　　　 태국이 좋아요. 태국에서 살고 싶어요.
잉　어 - ㄴ : 좋은 생각이네. 태국에 한국회사 지사가 많이 나와 있으니까.

การใช้ภาษา

กำลังไป

직역하면 '가고 있다' 라는 표현입니다. 우리나라식 표현으로는 '네, 가요'라는 표현에 적합합니다.
กำลัง 뒤에 동사가 왔을 경우는 형태는 현재진행형이나 보통 현재형을 의미합니다. 이러한 예는 전화를 걸고 받을 때도 사용됩니다. 밖에서 걸려 온 전화를 받았는데, 상대방이 찾는 사람이 마침 전화를 받았을 경우 그 사람은 กำลังพูด, 즉 '말하고 있어요'(우리나라식은 '전데요')라고 답합니다. '먹기에 적당한 때이다' 라는 의미의 กำลังกิน 도 많이 사용됩니다.
이외에 กำลัง 뒤에 형용사가 올 경우는 현재의 상황이나 상태를 나타냅니다.

　　예 : 이 파파야는 딱 먹기에 적당한 때이다(알맞게 익었다) มะละกอนี้กำลังกิน
　　　　 한창 알맞은(좋은) 상태에 있다. กำลังดี
　　　　 날씨가 한창 덥다. อากาศกำลังร้อน
　　　　 한창 젊다(꽃다운 또는 혈기왕성한 나이이다). กำลังหนุ่มสาว

คออ่อน

คอ는 인체의 경우 '목', '목구멍'이라는 의미를 가지고 있으나 구어로는 '특히 좋아하다(즐기다)'라는 뜻이 있습니다. 그래서 술을 즐기는 사람을 คอเหล้า 라고도 합니다.
คออ่อน 은 술을 즐기기는 하지만 세지 못하고 약하다는 의미입니다. 반대로 주량이 셀 때는 คอแข็ง, คอทองแดง, คอเป๊ก, คอเหล็ก 등으로 표현합니다.

เรียนจบแล้ว

'졸업하다', '공부를 마치다', 학업을 끝내다' 등으로 번역됩니다. 많이 사용되는 다른 표현으로는 สำเร็จการศึกษา 라고도 합니다. เรียนจบแล้ว 는 '졸업했어요' 라는 표현이지만 만일 뒤에 다른 문장이 이어져서 따라나오면 '졸업한 후에'라는 의미가 됩니다. แล้ว 라는 단어는 문장 뒤에서 과거형, 또는 완료형을 만들기도 하지만 접속사로 사용될 때는 ' 그리고 나서' 또는 '그리고는' 이기 때문입니다.

ไวยากรณ์

전치사 I

전치사는 독립되지 않은 말로, 명사나 대명사 앞에 놓여 다른 명사나 대명사와의 관계를 나타냅니다. 일상생활에서 자주 사용하는 전치사를 중심으로 살피면 다음과 같다.

1. ของ, แห่ง … 의(소속)

    아무도 그 병의 원인을 모른다.   ไม่มีใครรู้เหตุของโรคนั้น
    국립도서관이 어디 있나요?   หอสมุดแห่งชาติอยู่ที่ไหน

2. แก่, ให้ … 에게, …에

    이 꽃을 누구에게 드릴까요?   จะให้ดอกนี้แก่ใคร
    친구가 선풍기를 사서 내게 주었다.   เพื่อนซื้อพัดลมให้ผม

3. ใน … 안에, … 속에, ที่ 에(장소)

    엄마는 서울에 살고 있고 나는 부산에 있다.   แม่อยู่ที่กรุงโซลและผมอยู่ที่เมืองปูซาน
    가방 안에 지갑이 들어 있다.   ในกระเป๋ามีกระเป๋าสตางค์
    대기 중에 먼지가 많다.   ในอากาศมีฝุ่นมาก

4. ตั้งแต่, แต่… 부터(시간), จาก … 로 부터(장소)

    오후 한 시부터 나는 약속이 있다.   ตั้งแต่บ่ายโมงฉันมีนัด
    오늘부터 나는 열심히 공부할 것이다.   ตั้งแต่วันนี้ไปผมจะตั้งใจเรียน
    서울에서 5 시간 반 걸린다.   ใช้เวลาห้าชั่วโมงครึ่งจากกรุงโซล
    친구가 음식점에서 나왔다.   เพื่อนออกมาจากร้านอาหาร

5. ถึง, จนถึง, จนกว่า, ภายใน … จนกระทั่ง

    3시까지는 물건을 보내야 합니다.   ต้องส่งของภายในบ่ายสามโมง
    죽을 때까지 나는 일을 하고 싶다.   ฉันอยากทำงานจนกว่าจะตาย
    날이 샐 때까지 나는 편지를 썼다.   ผมเขียนจดหมายจนถึงสว่าง

6. ต่อหน้า, หน้า … 앞에서, … 면전에서

    자동차가 내 앞에서 충돌했다.   รถชนกันต่อหน้าผม
    형은 동생앞에서 감히 담배를 피우지 못했다.   พี่ชายไม่กล้าสูบบุหรี่หน้าน้องชาย

7. กับ …와(과), …에게서, …으로 직접, …에서

    아버지가 어머니와 함께 가신다.   พ่อกับแม่ไปด้วยกัน
    그에게서 빌리지 마라라.   อย่าไปยืมกับเขา
    쑤차다선생님에게서 태국어를 배운다.   เรียนภาษาไทยกับอาจารย์สุชาดา
    그 사건을 직접 눈으로 보았다.   เหตุการณ์นั้นผมเห็นกับตา

8. ใกล้ 가까이

    내가 네 가까이 있을 게   ฉันจะอยู่ใกล้เธอ

가정 식탁과 음식

문화

태국은 매식문화가 발달했다. 주식인 밥부터 반찬, 후식, 물까지 시장에서 살 수 있다. 여성들이 일을 하기 때문에 맞벌이 부부가 많아 그런가 했지만 가만히 들여다 보면 그렇지도 않다. 전업주부인 아내를 둔 남자들이 집에 갈 때 시장에서 또는 음식점에서 봉지봉지-고기에서 생선, 채소, 그리고 과일- 사가지고 가기 때문이다. 집에서 사 간 음식을 풀어 접시에 담아 상차림을 하고 먹는다. 그들의 이야기를 빌리면 사 먹는 게 시간과 돈이 절약된다고 한다.

그래도 농촌에서는 주부들이 음식을 한다. 상차림은 우리처럼 한 상에 모두 차려 놓고 필요한 순서대로 먹는 게 보통이나. 우리와 다른 점은 반찬 그릇마다 숟가락이나 포크 등이 놓여 있어 반찬이나 국 그릇에서 그 숟가락이나 포크로 필요한 만큼의 음식을 떠다 자기 접시에 담고, 자기 숟가락과 포크 또는 젓가락으로 먹는 것이다. 이렇게 반찬이나 국그릇에 있는 수저를 '천끌랑'이라고 한다. 특이한 점은 먹으면서도 간장이나 설탕 등으로 자기 입맛에 맞게 조정해가며 먹는다는 점이다.

ตอนที่ 16

49 은혜를 잊지 못할 것입니다. 50 지금 체크아웃 하라고 합니다.
51 제 짐을 서울로 직접 부쳐 주세요. 52 서울서 다시 만나.

기호. 한국으로 귀국하다.

입 에 서 톡(talk) 태 국 어

은혜를 잊지 못 할 것입니다. ลืมน้ำใจของท่านไม่ได้
름남짜이커-ㅇ타-ㄴ 마이다이

บทที่ 49

귀국하기 전에 기호는 잉어-ㄴ의 부모님을 찾아뵙는다.

 บทสนทนา

คีโฮ	ผมจะกลับเกาหลีพรุ่งนี้ จึงมากราบลาครับ	
	폼짜끌랍까올리프룽니- 쯩마-끄라-ㅂ라-크랍	
พ่ออิงอร	พ่อเสียดายที่คุณจะกลับบ้านเร็วอย่างนี้	
	퍼-씨아다-이티-쿤짜끌랍바-ㄴ 레우야-ㅇ니-	
แม่อิงอร	แม่ก็คิดว่าเวลาผ่านไปรวดเร็วจริง ๆ	
	매-꺼킷와- 웰라-파-ㄴ 빠이루엇레우찡찡	
คีโฮ	ขอบพระคุณคุณพ่อคุณแม่ที่ดีต่อผมและดูแลอย่างอบอุ่น	
	커-ㅂ프라쿤쿤퍼-쿤매- 티-디-떠-폼래두-래-야-ㅇ 옵운	
	ผมจะไม่ลืมคุณพ่อคุณแม่และอิงอรเลยครับ	
	폼마이름쿤퍼쿤매래잉어-ㄴ 르ㅓ이크랍	
แม่อิงอร	แล้วเราจะพบกันอีกนะ	
	래-우라오짜폽깐이-ㄱ나	
คีโฮ	ขอให้คุณพ่อคุณแม่มีสุขภาพแข็งแรงนะครับ	
	커-하이쿤퍼-쿤매-미-쑥카파-ㅂ캥래-ㅇ 나크랍	
แม่อิงอร	แม่ก็ขอให้คีโฮเดินทางกลับโดยสวัสดิภาพ	
	매-꺼커-하이기호드ㅓㄴ타-ㅇ끌랍도-이싸왓디파-ㅂ	

○● คำศัพท์

ลืม	กราบลา	เร็ว	ดูแล	สุขภาพ	โดยสวัสดิภาพ
르-ㅁ	끄라-ㅂ라	레우	두-래-	랍	도-이싸왓디파-ㅂ
잊다, 망각하다	하직인사하다	빠르다	보살피다	건강	안녕히, 평안하게

น้ำใจ	เสียดาย	ผ่าน	อบอุ่น	แข็งแรง
남짜이	씨아다이	파-ㄴ	옵운	캐-ㅇ래-ㅇ
인정	애석하다	통과하다	따뜻하다	튼튼하다

238 | EBS

기   호 : 내일 한국으로 돌아갑니다. 그래서 인사드리러 왔어요.
잉어-ㄴ아버지 : 이렇게 빨리 귀국해서 섭섭하네.
잉어-ㄴ 엄   마 : 정말 세월이 빨라요.
기   호 : 그 동안 제게 잘 해주시고 따뜻하게 보살펴주신 두 분께 감사드립니다.
             두 분과 잉언을 잊지 않을 것입니다.
잉어-ㄴ 엄   마 : 그리고 우리 또 만나요.
             아버님어머님 건강하세요.
잉어-ㄴ 엄   마 : 기호가 평안하게 귀국하기를 바래요.

การใช้ภาษา

กราบลา
กราบ 은 우리 나라의 세배식으로 엎드려 절을 하는 행위를 말합니다. 엎드려 예를 갖추는 것은 그만큼 상대방을 존경한다는 뜻을 내포하고 있지요. 그래서 실제로는 엎드려 절을 하지는 않지만 말로는 กราบลา 라고 합니다. '하직 인사를 드리다' 라면 되겠지요?

อย่างอบอุ่น
อบ 과 อุ่น 은 각각 '따뜻하다', '온화하다' 라는 뜻으로, 유사한 단어를 붙여 만든 복합형용사입니다. 이 형용사에 อย่าง 을 붙여 부사로 만들었습니다. 이렇게 앞에 อย่าง 을 붙여 만든 부사는 매우 많습니다.

예 : 잘   อย่างดี   아름답게   อย่างสวยงาม   흥겹게   อย่างครึกครื้น
    확실히 อย่างแน่นอน   용감하게   อย่างกล้าหาญ   많이   อย่างมากมาย

อย่าง 외에도 โดย 역시 명사, 동사 또는 형용사 앞에 붙어서 부사구를 만듭니다.

예 : 급히, 빨리 โดย(อย่าง)เร็ว   안전하게   โดยปลอดภัย
    의외로   โดย(อย่าง)ไม่นึกฝัน   공개적으로 โดย(อย่าง)เปิดเผย

ขอให้...มีสุขภาพแข็งแรง
어른에게 인사를 할 때 많이 사용하는 표현입니다. 어른의 만수무강과 무병장수를 비는 그런 의미가 포함되어 있습니다.
' … '에 어른의 함자를 넣어도 좋고, 아니면 아예 없애고 그냥 ขอให้มีสุขภาพแข็งแรงดีนะคะ 라고 해도 됩니다.

ขอให้เดินทางกลับโดยสวัสดิภาพ
먼 여행을 떠나거나 길을 떠나는 사람에게 안전과 평안을 비는 인사입니다. 이러한 표현 외에 ขอให้เดินทางกลับโดยปลอดภัย 이라고 해도 좋고, 그냥 짧게 ขอให้โชคดี 또는 โชคดี 라고 해도 좋습니다.

ไวยากรณ์

전치사 II

1. ด้วย … 을 가지고, … 으로(재료)

예전에 한국인은 나무와 흙으로 집을 지었다.	สมัยก่อนคนเกาหลีปลูกบ้านด้วยไม้และดิน
국립극장은 외국인으로 가득 찼다.	โรงละครแห่งชาติเต็มไปด้วยคนต่างชาติ
나는 인내심으로 그 일을 할 것입니다.	ฉันจะทำด้วยความอดทน
서양사람들은 포크와 나이프로 밥을 먹는다.	คนฝรั่งกินอาหารด้วยส้อมและมีด

2. โดย …으로(수단), …편으로, …에 의해서

나는 비행기로 제주도에 갔다.	ฉันไปเกาะเชชูโดยเครื่องบิน
서점 앞에서 우연히 그녀를 만났다.	หน้าร้านหนังสือพบเธอโดยบังเอิญ
이 노래는 정선생님에 의해 작곡되었다.	เพลงนี้แต่งโดยคุณซอง

3. ตาม… 에 따라서, … 주변, … 대로, …에 의해서

교통법에 따라 운전을 한다.	ขับรถตามกฎจราจร
해변을 따라 걷다.	เดินตามชายทะเล
원숭이는 숲에 많이 있다.	มีลิงมากตามป่า
그의 말에 의하면 오늘은 쉰다고 합니다.	ตามที่เขาพูดวันนี้หยุดงาน

4. รอบ …주변에, … 둘레에

집 주위에 나무를 많이 심었다.	รอบ ๆ บ้านปลูกต้นไม้ไว้มาก ๆ
학교 주변에는 음식점과 카페가 많다.	รอบมหาวิทยาลัยมีร้านอาหารและร้านกาแฟมาก

5. กลาง … 한 가운데, …중앙에 ระหว่า … สายใน

바다 한 가운데에서 수영을 했다.	ว่ายน้ำกลางทะเล
집과 사무실 사이에 공원이 있다.	มีสวนสาธารณะระหว่างบ้านและที่ทำงาน

6. ตลอด 계속, 쭉

어제는 하루 종일 사무실에 있었다.	เมื่อวานนี้อยู่ที่ทำงานตลอดวัน
밤새 책을 보았더니 졸립다.	ดูหนังสือตลอดคืนก็ง่วงนอน
태국에는 일년 내내 꽃이 핀다.	ในเมืองไทยมีดอกไม้บานตลอดปี

7. บน, เหนือ … 위에, … 상부에 ใต้ …밑에,

책상 위에 물컵이 있다.	มีแก้วน้ำบนโต๊ะ
내 머리 위에 천장이 있다.	มีเพดานเหนือหัวผม
의자 밑에 신발이 있다.	ใต้เก้าอี้มีรองเท้า

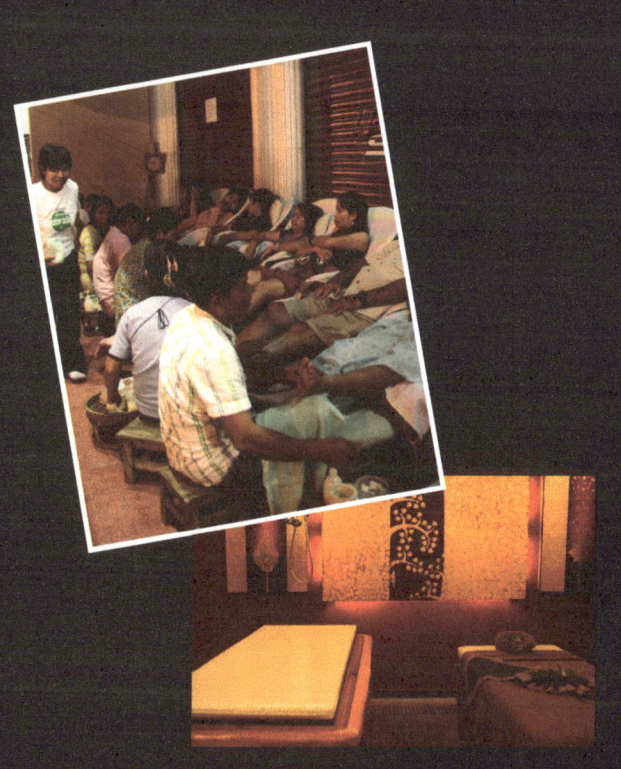

왓포 등의 맛사지

문화

태국 맛사지가 유명한 것은 세계가 다 아는 사실이다. 맛사지의 산실은 에메랄드 사원 바로 옆에 있는 왓포이다. 이 사원은 왓체뚜폰이고도 하는데 18세기부터 왕실 학문의 전당이었다. 그 후 중국의 영향을 많이 받게 되면서 중국의 침술이나 경락에 대한 학문이 들어와 태국식 의료방법과 접합이 되었다. 그래서 맛사지는 병 치료의 한 방법으로 인식된다. 맹인이 하는 경우도 많다. 전문교육을 시키는 학교가 왓포를 비롯한 여러 곳에 있다. 이곳에서 맛사지 전문사를 배출해 낸다.

백화점이나 관광 거리, 온천이 있는 곳 어디든 사람이 모이는 곳이면 맛사지와 스파가 있다. 발맛사지도 한 몫 한다. 재래시장이나 야시장에 가면 물고기를 이용해 발을 치료하거나 맛사지하는 경우도 흔히 본다.

입에서 톡(talk) 태국어

지금체크아웃을 하려고 합니다. ขอเช็คเอาท์เดี๋ยวนี้ ค-เช็คอาวท์디아우니-

제50과
귀국하는 날 호텔을 나서는 기호. 카운터에서 체크아웃을 한다

🎧 บทสนทนา

기호	ขอเช็คเอาท์ตอนนี้ นะครับ	
	커-첵아웃떠-ㄴ니- 나크랍	
พนักงาน	ห้องหมายเลขอะไรครับ	
	허-ㅇ 마-이레-ㄱ아라이크랍	
	ทานอะไรในตู้เย็นบ้างครับ	
	타-ㄴ 아라이나이뚜-옌바-ㅇ 크랍	
기호	ดื่มน้ำหนึ่งขวดครับ	
	드-ㅁ 남능쿠엇크랍	
พนักงาน	กรุณารอเดี๋ยวครับ น้ำดื่ม ๑ ขวด	
	까루나-러-디아우크랍 남드-ㅁ 능 쿠엇	
기호	จ่ายเป็นบัตรเครดิตได้ไหม	
	짜-이뻰밧크레딧자이마이	
พนักงาน	ไม่มีปัญหาครับ ช่วยเซ็นชื่อที่นี่ นี่ใบเสร็จครับ	
	마이미-빤하크랍 추어이쎈츠-티-니- 니-바이쎗크랍	

⊙• คำศัพท์

เดี๋ยวนี้	ตู้เย็น	จ่าย	ปัญหา	ใบเสร็จ
디아우니-	뚜-옌	짜-이	빤하-	바이쎗
지금, 현재	냉장고	지불하다	문제	영수증
หมายเลข	**ขวด**	**บัตรเครดิต**	**เซ็น(ชื่อ)**	**บัตร**
마-이레-ㄱ	쿠엇	밧크레딧	쎈(츠-)	밧
번호	병	신용 카드	서명하다	카드

기 호 : 지금 체크아웃 하려는데요.
직 원 : 몇 호실이시죠? 냉장고에서 뭘 잡수셨나요?
기 호 : 물 한 병 마셨어요.
직 원 : 잠깐만 기다려주세요. 물 한 병.
기 호 : 신용카드로 지불해도 되나요?
직 원 : 물론 됩니다. 여기 서명 부탁합니다. 여기 영수증 입니다.

การใช้ภาษา

ขอเช็คเอาท์ตอนนี้

태국인들은 Check out, Check in 과 같이 외래어를 일상생활에서 많이 사용합니다. 영어 발음 그대로 사용하는 경우도 있고, 태국식 발음으로 고쳐 발음하는 경우도 있는데, 요새는 영어 사용이 더욱더 많아졌습니다. care, queue 등은 태국어처럼 사용됩니다.

예 : 나는 상관없어요. ฉันไม่แคร์   줄을 섰어요. เข้าคิวแล้ว

태국인들이 영어를 태국어 문장 속에 섞어 말할 경우 대체로 태국식 억양으로 말합니다. 맨마지막 음절을 올리면서 강하게 발음합니다.

ห้องหมายเลขอะไร

숙박하고 있는 호텔의 방 번호를 묻는 표현입니다. 흔히 ห้องเบอร์อะไร 또는 (พัก)ห้องไหน, ห้องอะไร 라고 물을 수도 있습니다.

ไม่มีปัญหา

'문제가 없다' 다시 말해서 가도 좋다는 허락 또는 통과와 같은 의미입니다. O.K. 처럼 흔히 사용되는 표현입니다.

ช่วยเซ็น

이 표현에서 ช่วย 는 '돕는다'는 의미보다는 상투적인 표현으로 보는 편이 더 나을 것입니다.
따라서 해석할 필요는 없으며 단지 서명을 해 달라는 가벼운 요구를 한다는 의미가 있을 뿐입니다.

ไวยากรณ์

전치사 III

1. นอกจาก, เว้นแต่ ··· 이외에, ···을 제외하고 ปราศจาก ···이 없이

상의 외에 바지도 있다.   นอกจากเสื้อยังมีกางเกงอีกด้วย
월요일을 제외하고 매일 가르치러 간다.   ฉันไปสอนทุกวันเว้นแต่วันจันทร์
그는 분별이 없는 사람이다.   เขาเป็นคนปราศจากความคิด

2. ยัง, สู่

우리는 동쪽으로 얼굴을 돌렸다.   เราหันหน้าสู่ทิศตะวันออก
짜오프라야 강은 타이만으로 흐른다.   แม่น้ำเจ้าพระยาไหลไปยังอ่าวไทย

3. ทาง

그 사람 아들은 법을 공부한다.   ลูกเขาเรียนทางกฎหมาย
나는 이 것을 보통우편으로 보낼 것이다.   ฉันจะส่งอันนี้ทางไปรษณีย์ธรรมดา

4. ก่อน ··· 전에, หลัง ··· 후에

차가 정지한 후에 내려요.   ลงรถหลังรถหยุด
그 사람보다 먼저 손을 씻었다.   ล้างมือก่อนเขา
이 약을 식후에 드세요.   ทานยานี้หลังอาหาร
일을 끝낸 후에 그는 서둘러 집으로 갔다.   หลังเลิกงานแล้วเขารีบกลับบ้าน

5. ก่อน ··· 전에, หลัง ··· 후에

내가 우리 선생님 대신에 그곳에 갔다.   ฉันไปที่นั่นแทนครูฉัน
간장 대신에 소금을 넣어요.   ใส่เกลือแทนน้ำปลา
같은 물건으로 대신 사용할 수 있어요.   ของเหมือนกันใช้แทนกันได้

6. เพื่อ ···을 위하여

나는 가족을 위해 요리한다.   ฉันทำอาหารเพื่อครอบครัว
그는 어머니를 위해 과자를 주문했다.   เขาสั่งขนมเพื่อคุณแม่

7. เกี่ยวกับ, ถึง, เกี่ยวข้องกับ ···เกี่ยวกับ, ··· เกี่ยวกับ ···에 관하여, ··· 에 대하여

친구는 태국정치에 대해 이야기하기를 좋아한다.   เพื่อนชอบคุยถึงการเมืองไทย
그녀 과거에 대해 아는 사람이 없다.   ไม่มีใครรู้เกี่ยวกับความหลังของเธอ
이 문제는 그 문제와 깊은 관련이 있다.   ปัญหานี้เกี่ยวข้องกับปัญหานั้นอย่างลึกซึ้ง

8. เพียงแต่, แต่เพียง, แต่ อิจ, ดังนี้, ···뿐

요즘 죽만 먹어요.   หมู่นี้กินแต่ข้าวต้ม
그건 꿈일뿐이야.   มันเป็นแต่เพียงความฝัน
나는 너 한 사람만을 사랑해.   ฉันรักเพียงเธอคนเดียว

문화

대학교, 대학생

태국 대학교의 효시는 1926년에 설립된 쭐라롱껀 대학교이다. 그 후 많은 대학이 설립되어 태국인의 고등교육을 책임졌다. 그러나 경제와 산업이 발전되며 1990년대에는 국립대를 비롯해 사립대의 수가 늘었다. 이는 고등교육의 수혜가 사회적 신분 상승의 지름길이 되었기 때문이다. 특히 높은 교육이 종전에는 공무원이 되는 지름길이었다. 공무원은 모두 제복을 입는다. 군인과 경찰은 물론 교사까지 모두 제복을 입는다. 학생은 초등학교부터 대학교까지 교복을 입는다. 태국경제가 발달하면서 이러한 사고에는 변화가 일어 안정된 공무원보다는 약간의 리스크는 있어도 자신의 노력에 따라 높은 보수를 받는 직장을 더 원하게 되었다. 대학교육은 바로 이러한 인생을 개척하는 지름길이다. 그래서 부모가 힘이 들어도 대학교육을 시키려고 애를 쓴다.

태국의 대학생은 모두 교복을 입는다. 여학생은 검정이나 진한 남색 치마에 하얀 블라우스를 입는다. 치마 모양은 중요하지 않다. 색깔이 중요하다. 남학생도 역시 검정이나 진한 남색 바지에 하얀 셔츠를 입는다. 전국의 교복이 모두 같다. 다른 것은 단추와 벨트장식이다.

1학년은 선배들과 달리 여학생은 하얀 짧은 양말을 신고, 남학생은 학교 교표가 수놓아진 넥타이를 맨다.

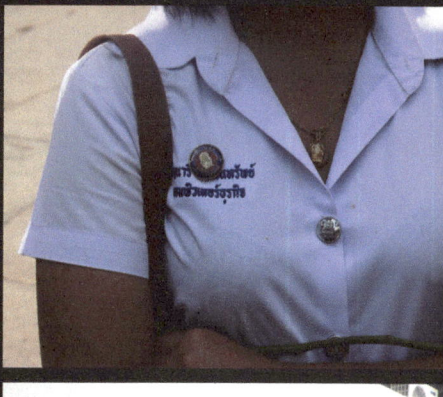

입에서 톡(talk) 태국어

제 짐을 서울로 직접 부쳐 주세요.
สัมภาระของผม กรุณาส่งไปที่กรุงโซลโดยตรง _{쌈파–라커–ㅇ폼 까루나–쏭빠이티–끄룽서울도–이ㄷ}

공항으로 간 기호. 집으로 짐을 부친다.

🎧 บทสนทนา

คีโฮ	สวัสดีครับ นี่หนังสือเดินทางและตั๋วเครื่องบินของผมครับ	
	_{싸왓디크랍 니–낭쓰–드ㅓ ㄴ타–ㅇ 래뚜어크르엉빈커–ㅇ폼크랍}	
พนักงาน	สวัสดีค่ะ มีสัมภาระไหมคะ	
	_{싸왓디카 미–쌈파–라마이카}	
คีโฮ	มีกระเป๋าสองใบครับ	
	_{미–끄라빠오써–ㅇ 바이크랍}	
พนักงาน	วางกระเป๋าบนเครื่องชั่งนะคะ	
	_{와–ㅇ 끄라빠오본크르엉창나카}	
คีโฮ	ครับ สัมภาระผมนั้นขอส่งไปเกาหลีโดยตรงนะครับ	
	_{크랍 쌈파–라폼난커–ㅇ쏭빠이까올리도–이뜨롱나크랍}	
พนักงาน	ค่ะ ชอบนั่งข้างหน้าต่างหรือข้างทางเดินคะ	
	_{카 처–ㅂ 낭카–ㅇ 나–따–ㅇ 르–카–ㅇ 타–ㅇ 드ㅓ ㄴ카}	
คีโฮ	ขอข้างหน้าต่างครับ	
	_{커–카–ㅇ 나–따–ㅇ 크랍}	
พนักงาน	นี่ หนังสือเดินทางและตั๋วค่ะ	
	_{니–낭쓰–드ㅓ ㄴ타–ㅇ래뚜어카}	
	ขึ้นเครื่องได้ตั้งแต่ ๒๒.๔๐ น.ที่ประตู ๗	
	_{큰크르엉다이땅때– 이씹썽 날리까 씨–씹나–티–티–쁘라뚜–쩻}	
	ขอให้เดินทางปลอดภัยนะคะ	
	_{커–하이드ㅓ ㄴ타–ㅇ쁠러–ㅅ파이나카}	

🔵 คำศัพท์

สัมภาระ	เครื่องชั่ง	ทางเดิน	ปลอดภัย	หนังสือเดินทาง
_{쌈파–라}	_{크으앙창}	_{탕드ㅓ ㄴ}	_{쁠러–ㅅ파이}	_{낭쓰–드ㅓ ㄴ타–ㅇ}
짐	저울	보도	안전	여권
วาง	หน้าต่าง	ประตู	โดยตรง	ขึ้นเครื่อง
_{와–ㅇ}	_{나–따–ㅇ}	_{쁘라뚜–}	_{도–아뜨롱}	_{큰크르엉}
놓다	창문	문	직접	비행기에 타다

기호 : 안녕하세요? 여기 여권과 비행기표입니다.
직원 : 안녕하세요? 짐이 있으신가요?
기호 : 가방이 두 개 있어요.
직원 : 저울 위에 놓으세요.
기호 : 네. 제 짐을 한국으로 직접 보내주세요.
직원 : 네. 좌석은 창가를 좋아하세요? 보도 옆을 좋아하세요?
기호 : 창문쪽으로 주세요.
직원 : 여기 여권과 표가 있습니다. 10시 40분부터 탑승하실 수 있어요. 7번 gate 입니다.
안전하게 여행하세요.

การใช้ภาษา

โดยตรง
간접적이거나 우회적이 아닌 '직접적'인 것을 말합니다. 형용사 '똑바로'에 전치사 โดย를 붙여 부사로 만드는 경우입니다. 같은 의미로는 ทางตรง 이 있고, 반대의 뜻인 '돌아서', '간접적으로', '우회적으로' 는 โดยอ้อม 또는 ทางอ้อม 이 있습니다.

ขอ...
다른 사람에게 어떤 일을 부탁할 때 가장 보편적으로 많이 사용하는 표현법입니다. 문장을 ขอ 로 시작하고 이어서 동사나 명사 등 원하는 것을 넣으면 됩니다.

예 : 저도 데리고 가요.   ขอไปด้วยคน
　　 물 좀 줘요.　　　　 ขอน้ำหน่อย

ขอให้เดินทางปลอดภัย
여행을 떠나거나 먼 길을 가는 사람에게 안전을 기원하는 표현입니다.
이외의 표현으로는 ขอให้เดินทางโดยสวัสดิภาพ, ขอให้โชคดี 또는 โชคดี 등이 있습니다.

๒๒.๔๐ น.
군인이나 경찰 또는 공항 등에서 시간에 대해 사용하는 방법입니다. 하루를 24시간으로 계산하는 방법이지요. 맨 뒤의 น. 는 태국어로 '날리까' นาฬิกา(時) 라고 읽습니다. 22.40 น.는 22 นาฬิกา 40 นาที 라고 풀어서 읽습니다.

ไวยากรณ์

감탄사

감탄사는 화자의 감정이나 정서를 그대로 나타내는 한 두개 음절이나 문장으로 되어 있는 표현입니다. 종류는 다양합니다만 문장의 앞이나 뒤에 위치하는 게 보통입니다. 어디까지나 화자의 감정에 따른다는 것에 유의해야 합니다. 자세히 다루기는 어렵고 많이 사용되는 것을 중심으로 살피면 다음과 같습니다.

1. (아름답거나 보통 때와 달라서) 경탄할 때 โอ้โฮ, เอ้อเฮอ
    오!(어머나!) 아주 예뻐..   โอ้โฮ สวยจัง

2. 놀라거나 아플 때 อุ๊ย, อ้าว, ตายจริง
    아이구 깜짝이야!   อุ๊ย (อ้าว) ตกใจ
    아이쿠 깜짝야!   อุ๊ยตาย
    어머나! 물건을 두고 왔네.   ตายจริง ลืมของไว้ที่บ้าน

3. 애석하거나 안타까울 때 โธ่, พุทโธ่, โอ้, โว้ย
    저런! 그렇게 빨리 가다니…   โธ่ ไม่น่าจะอายุสั้นเลย
    오! 실연했어.   อกหักแล้วโว้ย
    오! 내 가슴이여.   โอ้ใจเราเอ๋ย

4. 의아하거나 이상할 때 또는 신비로울 때 แหม, เอ
    아이참! 왜 이렇게 늦지?   แหม ทำไมมาช้าอย่างนี้
    응… 그게 뭐였지?   เอ นั่นอะไรนะ

5. 슬프거나 가엾을 때 อนิจจัง, อนิจจา, เวรกรรมจริงหนอ,
    가엾어라. 부모님이 다 돌아가시다니.   อนิจจัง พ่อแม่เสียชีวิตทั้งคู่แล้ว

6. 뜻밖이거나 납득이 안 갈 때 เอะ, เอ๊ะ
    아이참! 알 수가 없네.   เอ๊ะ ไม่เข้าใจแล้ว

7. 생각나거나 이해했을 때 อ๋อ, โอ
    어! 생각났어.   อ๋อ นึกออกแล้ว

8. 불만스럽거나 아깝거나 분할 때 또는 실망했을 때 ชิๆ, ชิชะ, แหม่,
9. 불만스럽거나 위협할 때 ฮึ, เฮ้, ฮึ่
10. 실망(절망)했을 때 ว้า, เฮ้

숙박시설-호텔

문화

동남아 관광대국인 태국은 호텔이 많다. 방콕의 유명한 대형호텔은 대부분이 짜오프라야 강에 연해 있다. 세계적으로 유명한 오리엔탈 호텔을 비롯하여, 맨다린 호텔, 샹그릴라 호텔, 페닌슐라 호텔 등 5성 호텔들이 모두 그렇다. 지상철을 타고 강을 건널 때 양쪽으로 보이는 고급스런 대형 건물은 거의 호텔이다. 물론 시내에도 그런 호텔이 많다.

호텔마다 독특한 실내 장식과 구조를 가지고 있어서 여행객들은 자신의 기호에 맞추어 호텔을 찾기도 한다. 이런 고가의 호텔도 있지만 젊은 여행객을 위한 저가 호텔과 게스트하우스도 많다.

젊은이들이 깨끗하고 편리하며 부담이 많이 가지 않는 숙소를 찾음에 따라 산뜻하고 세련된 숙박시설이 점점 늘어나고 있는 추세이다.

도시 외곽에 저택을 가지고 있는 비교적 부유한 태국인들은 주중에는 시내에 있는 오피스텔이나 작지만 시설을 갖춘 아파트 또는 콘도에 거주한다. 그리고 주말이면 집으로 가는 두 세 집 살림 추세에 있다.

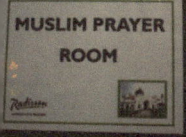

서울서 다시 만나. พบกันใหม่ที่กรุงโซล 폽깐마이티-끄룽서울

잉어-ㄴ과 하직인사를 하는 기호. 잉어-ㄴ은 한국에 있는 친구에게 안부를 전해달라고 부탁한다.

 บทสนทนา

키호	อีก ๓๐ นาทีเครื่องจะออก	
	이-ㄱ싸-ㅁ씹나-티-크르엉짜어-ㄱ	
잉어	ไปขึ้นเครื่องบินเถอะ	
	빠이큰크르엉빈터ㅓ	
키호	ขอบคุณมาก ฝากความคิดถึงถึงคุณพ่อคุณแม่ด้วยนะ	
	커-ㅂ쿤마-ㄱ 화-ㄱ콰-ㅁ 킷틍쿤퍼-쿤매-두어이나	
잉어	ค่ะ แต่เราเป็นเพื่อนกัน จึงไม่ต้องพูดว่า ขอบคุณบ่อย ๆ	
	카 때-라오뻰 프언깐 쯩마이떠-ㅇ 푸-ㅅ와- 커-ㅂ 쿤버이버-이	
키호	อยากพบเธอที่เกาหลีอีก เธอจะไปเกาหลีเมื่อไร	
	야-ㄱ폽ㅓ티-까올리-이-ㄱㅓ 싸빠이까올리-므어라이	
잉어	คิดว่าจะไปช่วงพักร้อนคราวหน้า เราพบกันตอนนั้น	
	킷와-짜빠이추엉팍러-ㄴ 크라-우나- 라오폽깐떠-ㄴ 난	
키호	ดี ผมจะรอพบกันที่กรุงโซล อย่าลืมบอกล่วงหน้านะ	
	디- 폼짜러-폽깐티-끄룽서울 야-름버-ㄱ루엉나-나	
잉어	จะโทรบอกก่อนแน่นอน	
	짜토-버-ㄱ꺼-ㄴ 내-너-ㄴ	
	ฝากความคิดถึงถึงเพื่อนฉันในเกาหลีด้วยนะ	
	화-ㄱ콰-ㅁ 킷틍프언찬나이까올리두어이나	

คำศัพท์

ใหม่	ความคิดถึง	ช่วงพักร้อน	ตอนนั้น	แน่นอน	ฝาก
마이	쾀킷틍	추엉팍러-ㄴ	떠-ㄴ난	내-너-ㄴ	화-ㄱ
새롭다	그리움	여름휴가기간	그 때	분명히, 확실히	(전해달라고) 부탁하다
ออก	เพื่อน	คราวหน้า	ล่วงหน้า		
어-ㄱ	프어-ㄴ	크라-우나-	루엉나-		
나가다	친구	다음	미리		

기 호 : 30 분 후면 비행기가 출발해.
잉어-ㄴ : 비행기에 타.
기 호 : 고마워. 부모님께 안부좀 전해줘.
잉어-ㄴ : 그럴게. 우린 친구니까 고맙다는 말을 자주 하지 않아도 돼.
기 호 : 한국서 다시 널 만나고 싶어. 넌 언제 한국에 올래?
잉어-ㄴ : 다음 여름 휴가 때 가려고 해. 그 때 보자.
기 호 : 좋아. 기다릴게. 서울서 만나자. 미리 알리는 거 잊지마.
잉어-ㄴ : 꼭 미리 전화할 게. 한국에 있는 내 친구에게 안부 전해 줘.

การใช้ภาษา

เป็นเพื่อนกัน

เป็นเพื่อน 은 '친구이다'라는 뜻이지만 뒤에 간을 넣으면 '친구 사이이다'가 됩니다. 간은 '서로', '상호 간에' 라는 의미를 가집니다.
이러한 표현은 '아는 사이' (알고간), '서로 돕는 사이' (도와간), '사랑하는 사이'(사랑한간) 등이 있습니다.

예 : 저 두사람은 친구 사이이지 연인사이가 아닙니다. เขา๒คนโน้นเป็นเพื่อนกัน ไม่ใช่แฟนกัน
우리는 아는 사이에요.   เรารู้จักกัน

อยาก...อีก

'또 … 하고 싶다'라는 표현입니다. '또 만나고 싶다'(อยากพบอีก), '더 먹고 싶다'(อยากกินอีก)등의 표현에서 사용되는 표현법입니다.
'또', '더' 라는 의미를 가진 อีก 은 용도가 많습니다.

예 : 두 개 더 사도 되나요?   ซื้ออีกสองอันได้ไหม
태국에 한 번 더 가고 싶다.   อยากไปเมืองไทยอีกทีหนึ่ง
3일 후에 여기서 만나요.   อีกสามวันพบกันที่นี่

อย่าลืม...ล่วงหน้า

'미리 …하는 거 잊지마' 라는 뜻입니다. อย่า는 보통 동사 앞에 붙어 '…하지 말라'하는 금지에 대한 권고를 나타냅니다. อย่าไป(가지 마), อย่ากิน(먹지 마), อย่าดู(보지 마), อย่าลืม(잊지마) 등이 있습니다.
ล่วงหน้า 는 '미리', '앞서서' 라는 의미를 가집니다.

예 : 미리 연락드릴 게요.   จะติดต่อล่วงหน้า
미리 말하는 거 잊지마세요.   อย่าลืมบอกล่วงหน้า

ไวยากรณ์ไทย

동사 มี, ไป, มา, ได้ 의 용법

1. **มี**
   1) 가지고 있다. 소유하다
      예 : 나는 형제가 둘입니다. **ฉันมีพี่น้องสองคน**   아버지는 자동차를 2대 가지고 있다. **พ่อมีรถสองคัน**
   2) 존재하다, 있다
      예 : 태국에는 원숭이가 많다. **ในเมืองไทยมีลิงมาก**   (이 좌석)사람있어요. **มีคนที่นี่**
   3) 발생하다
      예 : 언니가 임신했어요. **พี่สาวมีครรภ์แล้ว**   저 남자가 바람피었어요. **ผู้ชายคนนั้นมีชู้**

2. **ไป**
   1) 가다
      예 : 동생이 학교에 간다. **น้องไปโรงเรียน**
   2) 방향동사 – 화자에게 멀어지는 경우
      예 : 그는 자기 집으로 걸어갔다. **เขาเดินไปบ้านเขา**
   3) 동사뒤에서 동사의 지속적인 행위설명
      예 : 먹어댄다. **กินไป**
   4) 수식사 뒤에서 수식사 강조
      예 : 새하얗다. **ขาวไป**

3. **มา**
   1) 오다
      예 : 왔어요. **มาแล้ว**
   2) 방향동사 – 화자에게 가까워지는 경우
      예 : 그가 내게로 다가왔다. **เขาเดินมาทางผม**
   3) 수식사와 함께 그 상태가 현재까지 지속됨을 나타냄
      예 : 그때부터 오늘까지 그는 주인에게 충실하다. **ตั้งแต่วันนั้นมาจนถึงวันนี้เขาจงรักภักดี**

4. **ได้**
   1) 얻다, 획득하다
      예 : 이익이 났다. **ได้กำไร**
   2) 도래하다, 이르다
      예 : 출발시간이 되었다. **ได้เวลาออกเดินทาง**
   3) 동사 뒤에서 여러 의미 가짐
      예 : 술을 마실수 있다. **ดื่มเหล้าได้**   승리하다. **เล่นได้**   시험에 붙다. **สอบได้**   가도 된다. **ไปได้**
      반드시 가겠다. **ไปให้ได้**   꼭 가게 할 것이다. **ให้ไปจนได้**   기가 막히다. **ถามได้!**
   4) 동사 앞에서 과거의 행위 나타냄
      예 : 갔다. **ได้ไป**

공항 내부

문화

공항은 이별과 만남의 장소이기도 하지만 비행기를 갈아타야 하는 사람에게는 휴식의 공간이기도 하다. 사실 방콕은 동서양을 잇는 관문과 같은 곳이다. 우리가 방콕을 벗어나 더 서쪽으로 가면 이질적인 문화 속으로 가게 되고, 거기서 비행기를 타고 동쪽으로 날아오다 방콕에 도달하면 집에 다 온듯한 감에 젖는 것도 다 이런 때문이다.

한 십 년 전만 해도 방콕 공항은 시내 가까이 있는 '던므엉'이었다. 현재는 방콕 시내에서 약 25 km 떨어진 쑤완나품 공항이다. 공항 한 가운데에는 '우유의 강'을 묘사한 거대한 나라이상이 놓여 있어 인도문화권에, 불교국가에 온 것을 실감나게 한다. 이곳에는 휴식공간을 비롯하여 상품 및 특산품을 비롯해 세계의 상품을 구매할 수 있는 상가가 곳곳에 있어 편리하다. 좀 많이 걷는다는 느낌 외에는 불편함을 못 느낀다.

부록

알아두면 좋은 표현

안녕하세요? 안녕히 가세요. 안녕히 계세요. สวัสดีครับ(ค่ะ)
고맙습니다. 감사합니다. ขอบคุณค่ะ(ครับ)
미안합니다. 죄송합니다. ขอโทษครับ(ค่ะ)

1. 축하드립니다.
…에 대해 축하드립니다. **ขอแสดงความยินดีที่**   축하합니다. **ยินดีด้วย**
축하드립니다. **ขอแสดงความยินดีด้วย**

2. 애석함, 슬픔, 유감
… 에 대해 유감스럽습니다. **ขอแสดงความเสียใจที่...**   유감입니다. **เสียใจด้วย**
유감을 표합니다. **ขอแสดงความเสียใจด้วย**

3. 환영하거나 손님을 맞이할 때
어서 오세요. **ขอต้อนรับ**   환영합니다. **ยินดีต้อนรับ**
우리 집에 와주셔서 고맙습니다. **ขอบคุณที่มาเยี่ยมบ้านเรา**

4. 첫만남 인사
만나서 반갑습니다. **ยินดีที่ได้รู้จัก**   만나서 영광입니다. **รู้สึกเป็นเกียรติที่ได้รู้จักคุณ**
…씨가 당신에 대해 자주 얘기했어요. **ได้ยินชื่อคุณบ่อย คุณ...พูดถึงคุณบ่อย ๆ**

5. 하직인사와 답
먼저 가겠어요. **ขอลาก่อน**   하직인사 드리려고 합니다. **ขอกราบลา**
먼저 자리를 뜨겠어요. **ขอตัวก่อน**   먼저 가야 할 것 같아요. **ขอลากลับก่อน, เห็นจะต้องรีบกลับ**
또 만나죠. / 언제 또 만나죠? **แล้วพบกัน / จะพบกันอีกเมื่อไร**
시간 나면 또 놀러오세요. **ว่าง ๆ มาเที่ยวอีก**   …에게 안부전해 주세요. **ฝากความคิดถึงถึง...ด้วยนะ**
조심해서 편히 가요. **ขอให้เดินทางกลับโดยสวัสดิภาพ**   행운을 빌어요. **ขอให้โชคดี**

6. 안부를 물을 때
편안해요? / 어떻게 지내요? **สบายดีหรือ / เป็นยังไงบ้าง**
사업이 잘 되나요?(어때요?) **ธุรกิจเป็นอย่างไรบ้าง**
편안합니다. **สบายดี**   잘 돼가요. **ดี(มาก)**   그냥 그래요.(그럭저럭 그래요) **ก็เรื่อย ๆ**
별로 좋지 않아요. 좀 힘들어요. **ไม่ค่อยดี**

7. 오랜만에 만났을 때
오랫동안 못 뵈었어요. **ไม่ได้พบกันตั้งนาน(ไม่เห็นหน้าตั้งนาน)**
다시 뵙게 되어 반갑습니다.(기쁩니다) **ดีใจที่ได้พบกันอีกครั้ง**
조금도 변하지 않으셨어요. **ยังดูเหมือนเดิม ไม่เปลี่ยนเลย**

8. 감사 인사
…해서 고맙습니다. **ขอขอบคุณที่...**   은혜 잊지 않겠어요. **ผม(ดิฉัน)จะไม่ลืมบุญคุณของท่าน**

태국의 공식적 휴일

특징 : 공휴일이 토요일이나 일요일이 된 경우 그 다음주 월요일이 대체휴일입니다.
요일이 대체휴일입니다. 태음력은 양력보다 약 한달 앞서 갑니다.
(우리가 사용하는 음력은 양력보다 약 한 달 뒤서 갑니다.)

1월 1일	완큰삐마이 New Year's Days – 새해
2월 경	완 마카부차 Makha Bucha Day (만불절) – 태음력 2월 보름날 석가무니가 4 대부 중 앞에서 처음으로 설법한 날
4월 6일	완짝끄리 Chakri Memorial Day – 현왕조 창건일
4월 13-15일	완쏭끄란 Songkran Festival Day – 태국의 전통 새해
5월 1일	완랭안행찻 National Labour Day (MAY DAY)
5월 5일	완찻몽콘 Coronation Day – 현 푸미폰왕이 대관식한 날
5월 경	완위싸카부차 Visakha Bucha Day – 태음력 6월 보름날 석가무니의 탄생, 득도, 열반 기념일
5월 경	완풋몽콘 Royal Ploughing Ceremony Day – 권농일 매년 정부가 5월 중 하루를 골라 발표
7월 경	완아싼하부차 Asarnha Bucha Day – 태음력 8월 보름날 부처의 설법기념일
7월 경	완카오판싸 Buddhist Lent Day – 완아싼하부차 다음날 하안거 시작일 참고 : 완억판싸(하안거 회향날은 태음력 11월 보름)
8월 12일	어머니 날 H.M. The Queen's BirthDay
10월 23일	완삐야마하랏 Chulalongkorn Memorial Day (라마 5세 서거일, 현충일)
12월 5일	아버지의 날 H.M. The King's BirthDay
12월 10일	완프라라차탄 랏타탐마눈 Constitution Day (제헌절)
12월 31일	완씬삐 New Year's Eve

다양한 새로움을 발견하는 여행
코끼리들이 반기는 태국에서
모험과 탐험이 주는 새로움을 경험해 보세요.
놀라운 행복을 느끼게 될 것입니다.

www.tourismthailand.org